产权交易
实践探索

PRACTICE EXPLORATION OF PROPERTY RIGHTS TRANSACTION

马志春 ◎ 著

中国金融出版社

责任编辑：王雪珂　赵　哲
策划编辑：丁志可
责任校对：李俊英
责任印制：程　颖

图书在版编目（CIP）数据

产权交易实践探索/马志春著. —北京：中国金融出版社，2020.9
ISBN 978 - 7 - 5220 - 0712 - 0

Ⅰ. ①产…　Ⅱ. ①马…　Ⅲ. ①产权转让—产权市场—研究—中国
Ⅳ. ①F723.8

中国版本图书馆 CIP 数据核字（2020）第 124997 号

产权交易实践探索
CHANQUAN JIAOYI SHIJIAN TANSUO

出版
发行　　中国金融出版社

社址　　北京市丰台区益泽路 2 号
市场开发部　（010）66024766，63805472，63439533（传真）
网 上 书 店　http://www.chinafph.com
　　　　　　　（010）66024766，63372837（传真）
读者服务部　（010）66070833，62568380
邮编　　100071
经销　　新华书店
印刷　　保利达印务有限公司
尺寸　　169 毫米 × 239 毫米
印张　　23.25
字数　　310 千
版次　　2020 年 9 月第 1 版
印次　　2020 年 9 月第 1 次印刷
定价　　89.00 元
ISBN 978 - 7 - 5220 - 0712 - 0
如出现印装错误本社负责调换　联系电话（010）63263947

序①

改革开放 41 年来，党领导全国人民解放思想、实事求是，大胆地试、勇敢地闯，在各方面都干出了一片新天地。市场体系建设也是这样。现在，我国已从传统的计划经济体制改革发展到社会主义市场经济体制，市场已在资源配置中起到决定性作用，并更好发挥了政府的作用。

资本市场是市场体系的核心内容。就企业资本的资源配置而言，"使市场在资源配置中起决定性作用"要求建立起两类资本市场，一个是交易上市公司股票和债券的证券市场，另一个是交易非上市企业特别是企业国有资产的产权市场。证券市场是资本市场的头部市场，为上市公司资本运作服务，产权市场是资本市场的长尾市场，为非上市企业的资本运作服务，二者构成复合资本市场体系。和其他长尾市

① 本序作者邓志雄，1957 年生，湖南人，1974 年参加工作，中南大学毕业，教授级高级工程师。

中央党校中青班第十期学员，中国人民大学、中国政法大学、中山大学、中国大连高级经理学院特聘教授，中信改革发展研究基金会咨询委员，深创投博士后流动工作站导师。

曾任湖南新晃汞矿矿长，广东中金岭南有色金属集团副董事长，海南金海股份公司（000657）董事长，中国有色金属工业总公司计划部副主任，国家有色金属工业局企事业改革司司长，国家经贸委综合司副司长，国务院国资委产权局局长、规划发展局局长，现任中国电信集团、中国铝业集团和中国保利集团专职外部董事。

发现并证明了三等分角线性质与判定定律，参与发明 PVC 合成用复合触媒，参与组织了有色金属行业矿山转产、有色金属行业三年脱困和结构调整工作，推动了国有企业管理信息化工作，牵头推进了中国产权市场建设，参与建立了企业国有权进场交易制度体系，主持起草中央企业投资管理办法、中央企业结构调整与重组指导意见、中央企业十三五发展规划，推动了中央企业创新基金系建设，对企业发展战略与资本运作、世界经济危机的企业制度成因、复合资本市场建设理论、混合所有制发展理论与操作等有独到见解。

场一样，在信息化时代到来之前，产权市场因交易成本较高而未能发展起来。

2003 年，国务院国资委联合财政部颁布 3 号令——《企业国有产权转让管理暂行办法》，建立起了企业国有产权转让进场交易制度。2016 年，国资委联合财政部颁布 32 号令——《企业国有资产交易监督管理办法》，明确国有企业增资扩股交易要进场操作。在 3 号令和 32 号令之间，国资委还针对产权市场规范和交易过程创新出台了一系列相关文件，促进了国企改革深化和产权市场发展。

2015 年 8 月，中共中央、国务院出台《关于深化国有企业改革的指导意见》，明确产权市场和证券市场都是"资本市场"，使产权市场的资本市场地位在国家顶层制度设计中正式得以确认。自此，中国在世界资本市场上率先创建出了由证券市场和产权市场复合而成的资本市场。用复合资本市场分别为上市公司和非上市企业提供产权形成与流转的资本运作服务，使包括国有企业和小微企业在内的各类企业的资本配置都由市场起决定性作用，同时又更好发挥出政府的作用，这就是资本市场的中国特色！这一特色既使企业国有产权实现了阳光下的市场化运动，极大减少了国有产权流转中的暗箱操作与各种腐败，为社会主义市场经济体制落地发展开辟了坚实道路，又使广大非上市企业得以进入资本市场与各类社会资本有机结合，使上市公司与非上市企业的融资能力更加均衡，减小了企业之间的马太效应，抑制了社会的两极分化。

贯彻落实企业国有资产进场交易制度，离不开各地产权交易市场的建设和发展。2004 年底，全国各省区市政府分别选择确认了 66 个产权交易机构作为企业国有产权交易平台。京津沪渝四市的国有产权交易机构获得了中央企业国有产权交易资质。湖北、山东、河北、广东等先后实现了省域产权交易市场的统一整合。2011 年 2 月，经国务院同意，民政部批准设立了中国企业国有产权交易机构协会，使之成为全国产权交易机构建设规范与创新合作的大平台。近年来，多个跨省域联合的企业国有资产线上交易系统正在不断探索中加快发展。

事在人为，任何市场制度都要靠人来执行、落实和发展。企业国有产权进场交易制度的落实，靠的是国资委、相关部委和产权交易机构的积极作为。产权交易市场的发展，靠的是一代代产权人的执着追求和倾情奉献。我国产权界有一大批产权交易机构主要负责人连续任职10年以上，有的甚至长达20年，他们成为推动当地产权市场发展的领军力量。这支队伍绝大多数人想干事、能干事、不出事。他们对产权市场的开拓创新有着源源不竭的激情，他们有志存高远、公道正派、维护契约、坚守底线的高尚品格，有专注、创新、担当、实干、奉献的产权人精神，有对产权事业无怨无悔、情系一生的市场情怀，非常难能可贵，值得总结弘扬。

庚子年初，时逢大疫，人人宅家，微信上的产权群却更加热闹。突然有了大把富余时间的人们，有了坐下来总结交流的宝贵机会。作为群主，湖北产权何亚斌同志向我提议请大家一起就产权制度、产权市场、产权人写点东西。这个想法得到上海产权蔡敏勇、北京产权熊焰、内蒙古产权马志春等同志的积极响应。在我看来，他们四位同意将各自己发表的产权经济文章整理出来，结集出版，将他们从事产权事业以来的心路历程如实报告出来，将他们对产权市场规范创新问题的思考展望全面分享出来，将一个个产权交易的生动故事陈述解读出来，是在对产权交易行业未来高质量发展贡献智慧，是在给未来的一代代产权人提供史料与参考，确实是一件大好事。他们的文章，过去我读过一些，这次系统整理出来，我又读了不少，感觉非常亲切，从中可以感受到我国企业国有产权进场交易制度的巨大力量，感受到当代中国产权市场的壮丽气象，感受到产权人的创新智慧和执着追求。我深信，由这样的著作组成的丛书一定会对我国未来产权人队伍建设具有参考价值，更希望丛书的出版能激励产权界更多新老朋友也积极加入进来，共同书写好中国特色复合资本市场的发展故事和历史经验。

是为序！

邓志雄

2020 年春节于北京家中

打造与众不同的产权市场（自序）

我的家乡内蒙古是一个不平凡的地方，不仅是因为其幅员辽阔、资源丰富，更主要的是这片土地与中华民族繁衍生息密不可分的独特联系。内蒙古绝大部分区域处于我国气候学上著名的400毫米等降雨量线附近，也就是历史上半湿润区的农耕文明与半干旱区的游牧文明交汇处和重要地理分界线，这片区域伴随着上千年中原民族与草原民族的冲突与交融，间接影响着中国历史的发展进程与社会进步，注定了它的与众不同。作为内蒙古产权市场的第一批建设者，我始终在思考一个问题，内蒙古在经济上属于相对欠发达省区，如何能让内蒙古产权市场参与到全国产权市场体系当中，并使内蒙古产权交易中心成为一家受人尊敬的企业？

中国产权市场是国家经济体制改革的产物，是伴随着国资国企改革应运而生的制度性市场，但市场地位始终处于相对模糊的状态，很长一段时间产权交易机构所代表的产权市场仅仅被外界认为是反腐倡廉基地，并不被称为资本市场。市场建设方面一直都是以政策引导、区域探索为主，形成了各省（市、自治区）分散建设、机构参差不齐的局面，与传统意义上的资本市场——证券市场形成鲜明对照。这种自下而上建设的产权市场现状增加了构建统一开放的全国性产权市场体系的难度，但也为创建中国特色社会主义制度下的资本市场体系提供了机会。党的十八以来，国家在制度层面越来越重视产权市场建设，先后在国企产权、农村产权、自然资源产权和知识产权等领域出台新的管理制度；党的十九大报告指出："经济体制改革，必须以完善产权制度和要

1

素市场化配置为重点。"证明了产权市场在包括国有产权在内的全社会要素优化配置方面所应当发挥的作用。作为从业者，我为中央明确的顶层设计和市场发展方向而感到欢欣鼓舞。每个时代的人都应当担负每个时代所赋予的责任和使命，在不同的环境下自然也会有不同的方法和路径，这从内蒙古产权市场建设过程可见一斑。

内蒙古产权市场在全国区域市场之中属于中型规模，我们一直以来都以学习借鉴发达地区成功经验作为成长壮大的法宝，也取得了一些可喜的成绩，但总体上仍有不少瓶颈有待突破，尚未摆脱跟随发展的局面。全区产权市场活力不足，如何突围、如何高效成长是我长期思考的问题。

产权交易机构作为产权市场的核心服务机构必须有双重任务，既要做好平台也要做好企业自身，因为产权市场具有业务非标化和交易品种广泛性的特点，分布在不同区域的产权交易机构应当寻找自己独特的发展空间和成长模式，打造与众不同的产权市场和优秀的产权交易机构。确立了这样一个目标，我开始思考我们的独特优势到底是什么，我们的发展短板如何能够得到弥补，怎样才能找到产权市场可持续发展的真正动力。

一、打好团队信念基础，树立正确的价值观

长期以来，产权交易机构很容易被多方寻租，因此能不能坚持"三公"原则至关重要。起初我并没有太关注这个问题，只是认为做事关键在人，一个人很难做成事，做大事要靠团队，而团队的成功离不开坚定的信念。所以内蒙古产权交易中心发展初期，我就提出了"忠诚、责任、创新、合作"的团队理念，主要强调团队中每个人所应当坚守的态度和原则。我相信，没有忠诚，再高的能力都没有用；不肩负起责任，谁也不敢把重要的资产交给我们来处置；没有创新，大家会质疑我

们的能力，那时经常被问的一句话就是："卖东西谁不会呀，为什么要交给你们？"没有合作就没有伙伴，产权市场的范围无限大，我们的团队再有能力也不可能懂得所有的行业和领域。这八个字虽然简单，但却道出了我们最早对于这个市场的从业信念。

随着业务不断拓展，我越来越发现，规范是交易机构的生命线。坚持"三公原则"重在坚守底线，这一点一个人可能相对容易做到，一个团队要做到就难了；大家短时间坚持可以，但时间长就难了。如何确保机构的长治久安，基本上有两种做法：一是不断增加交易场所软硬件投入，通过信息化系统实现全流程阳光化运行，让违规行为基本上无法实现，但这个办法更多地依靠技术，需要大量的资金投入，成本太高；二是出台严格的纪律和处罚办法，形成强大的监督运行机制，始终保持高压态势，这个办法更多依靠强有力的监督力量，需要配备足够的专业团队，不但成本高，不确定性也很强。我们结合自身机构较小、人员较少的实际，在同步推进上述两类做法、尽可能节省资金投入的同时，长期专注于员工核心价值观教育，通过提升团队的"心商"来打造战斗力。经过几年的总结，我们逐步提炼出以"智、信、仁、勇、严"为核心的价值观体系，形成了具有自身内涵的独特解读，让员工在工作中不断内化于心，外化于形，渐渐地在内心深处树立了一个信念目标。我则不断引导大家由浅信、深信、坚信最后过渡到真信，努力实现理想信念引导员工工作和生活、团队文化引领企业可持续发展的目标。

二、确立产权市场理论框架，厘清业务边界

当年我初入产权市场，感觉就是政府把国有资产强制在产权交易机构公开挂牌，通过阳光化来防止腐败发生，这是国家赋予产权交易机构的特许职能和制度红利，交易机构自身的价值似乎并不重要。我

常常问自己，工作的意义到底在哪里呢？因此，我不但要理解自己的角色，还要想清楚自己所从事事业的价值。因为只有自己相信才能说服别人，自己觉得工作有价值，才能给客户带来价值，自己能搞清楚风险点，才能保护客户利益，也能保护好自己。这就渐渐形成了我们团队的做法。

首先，不断进行理论学习，了解了什么是产权，什么是产权市场。我们阅读有关"科斯定理"的书籍，知道了产权是一束权利，而且范围包括物权、股权、债权和知识产权，还知道了交易成本不仅是直接成本，还包括社会成本和潜在成本等等。我们不断研讨产权市场为什么是资本市场，尽可能厘清产权市场与传统要素市场和证券市场的区别，明晰了产权市场的发展空间。我们重点了解了资本市场中关于拆细和连续交易的制度边界，找到了产权市场作为长尾市场的特点和发展趋势，特别是我们认识到只有在互联网技术不断进步的环境下产权市场才能成为更加高效的资本市场。

其次，依托我们的认识大胆实践，不断拓宽产权市场的交易品种，提高业务操作的工作效率，为实现全要素产权交易不懈努力。有了理论的指引，在我们眼里可以说产权无处不在，就看你有没有想象力，即使是大家都认为不可能的交易标的，我们也坚持做下去并取得了一些宝贵的突破。久而久之，这不但让我们对产权市场的广阔前景深信不疑，更增强了整个团队做好产权交易市场平台的事业心和进取心。

最后，不断探索产权市场的资本市场功能，主要是增强融资功能。我们不遗余力地在项目直接融资和间接融资方面开拓业务，虽然很多情况下融资的难度很大，但寻求业务创新的脚步从未停止过。我们积极探索股权托管、产权代持、资产托管甚至探讨企业托管业务，目的就是为了开辟股权融资、产权质押以及从交易层面引入融资业务链，不断地探索非标资产的"交易金融"业务，重点是依托平台，使产权市场通过整合中介服务成为功能更加丰富的全要素投融资市场，在这个方面的大胆尝试也让内蒙古产权交易中心成为自治区一家很有特色的创新型企业。

三、针对自身资源禀赋，探索差异化发展之路

内蒙古的经济总量并不大，产业链短，主要的经济资源还分散于全区100多万平方公里的土地上，近十几年自治区的经济发展水平虽然进步很大，但与发达地区还有不小的差距。因此，内蒙古产权市场的发展模式一定有着自己的特点。

一是通过借助分支机构和会员机构的力量汇聚资源。为了打造全区统一产权市场，构建基本的客户群体，我们必须在广阔的区域内挖掘业务来弥补单点业务不足的缺陷，更多地借助当地力量开展工作，采取分佣的办法吸引合作伙伴。实践证明这种做法使我们较快地在全区主要盟市抓住了业务机会，拓展了我们的品牌影响力，也检验了产权市场在各盟市的成熟度，同时还将合作伙伴拓展到了自治区之外。

二是通过互联网平台共享全国的信息和资源。我一直认为，越是欠发达地区越是信息闭塞、观念落后，要想活跃当地产权市场就必须借助互联网来实现与发达地区的互联互通，增加交易机会、拓展市场空间。因此，我特别关注企业信息化建设，带领团队积极参与全国产权行业所有关于信息系统的共建工作，而且从主动参与到积极引领，一直走的是联合发展的道路。事实证明信息化的效果确实明显，我们市场的成交率、竞价率、增值率随着每一次信息化改造都有大的提升。从最初参与中国产权北方共同市场的异地同步挂牌系统，到入股由20多个省市共建的金马甲竞价系统，再到我们牵头采取"共建、共用、共享、共治、共赢"原则出资建设产全云平台和e交易系统，从企业信息化走到"互联网＋产权交易"，再到探索产权市场大数据商业分析的实践，我们一直紧跟着产权行业业态的转型升级步伐。

三是抓住特色交易品种快速体现市场优势。产权市场不同于局限在当地的区域股权市场，产权市场天生就是跨区域存在的差异化竞争性市场，全国66家具备资质的产权交易机构都有可能组织形成有特色的全国性产权市场。例如，我们在学习兄弟机构开展煤炭产能权益指标转让业务时发现，内蒙古由于煤炭储量大、开采成本低、热量标准高，因而成为全国最大的煤炭高效产能区，与其他省区的煤矿形成互补关系，无论是央企还是民企都聚集了大量的煤炭资本，也就成为全国最大的煤炭产能指标需求方。因而我们及时调整策略，将产能指标转让变为挂牌采购，这让我们一度成为全国煤炭产能指标交易业务领先的产权交易机构。还有，我们学习兄弟机构开展企业阳光采购业务，推出了不同于传统招投标业务的平台化采购模式，积极支持互联网采购系统上线，从技术上和资源上实现了跨省区共享，从机制上保证了企业采购阳光透明、专业分工、相互监督和业态转型，产权市场采购业务迅速在自治区推开并取得了很好的示范效应，成为全国产权界企业阳光采购的标杆之一。

四、把握时代脉搏，创新引领机构转型升级

产权市场是参考有形要素市场和证券资本市场的模式逐步演化而来的，因此行业内主流的市场形态依然是以当地有形市场为主体，不断强化资本市场功能，尽可能大地覆盖广阔区域，这样就逐步形成两种不同的发展模式。

一是交易机构精耕当地市场，实现区域市场立体化、全覆盖和无死角，交易机构主要是从本地客户委托方的角度开辟业务，确保实现区域内全要素产权进场交易，依托当地政府强有力的监管手段和丰富的市场资源，成为当地政府在区域资本市场领域的重要抓手。二是立足于无边界市场定位，依托自身强大的经济实力和影响力，通过在区域外设立

分支机构，与大量的专业机构形成利益共同体，采取抓大放小策略，不断积累大项目，形成全国性产权市场格局。

内蒙古产权交易中心作为产权交易行业的中小企业，深知独立发展的难处和痛点，在互联网环境和平台化商业模式的不断优化和升级背景下，只有依托全国性互联网云平台和线下交易机构联盟实现"线上＋线下"的模式才能具有竞争优势，也才能弥补我们自身短板和开拓全国市场线下力量不足的缺陷。另外，整个市场不能嫌贫爱富，一定要形成对大客户和中小客户的无差别服务才更加符合长尾市场的特点，从交易成本考虑要强调对于大客户以专业人才队伍来支撑，而对于广大中小客户要依靠先进的交易系统便捷地提供服务，这才是理想中的产权市场。

事实上，我们曾经尝试过引进区外大交易机构通过股权合作实现做强做大，也想通过加入行业或区域市场共同体实现联合发展，也参与过全国统一信息平台建设。我们始终相信，全国产权市场交易规则、信息披露、交易系统和过程监测"四统一"是未来建设统一、开放产权市场体系的目标。因此，2015 年我们积极牵头创建了行业内第一个以统一交易系统为核心的交易机构联盟组织——产全云科技投资有限公司，并在江苏常州投资成立"e 交易"，成为全行业首个全流程互联网产权交易云平台，也是目前国内最大的跨区域产权交易云平台。借助这个平台，内蒙古产权市场已经融入全国产权大市场，我们这个小机构就像一滴水已经汇入大海一样永不会干涸。

五、规划先行，打造更好地服务于地方经济的市场基础设施

从业这么多年，我深刻地认识到产权市场是服务实体经济最接地气的资本市场，在当前推动实体经济发展、增加经济发展韧性的大环境

下，产权市场作为资产权益交易领域重要的基础设施不可或缺，但来自外部的市场竞争也不容忽视。

近几年公共资源交易平台已经将不少产权交易机构纳入公益性政府平台体系，有的交易机构失去了独立经营的市场主体地位；国内的大电商平台早已看到了产权市场的巨大发展空间和基础设施功能不足的问题，已然从部分行业的资产领域深度介入，跨界竞争来势汹汹。不谋全局不足以谋一隅，我们采取什么样的组织模式才能更好地构建高效、稳固的市场体系呢？一般情况下，各省市都采取了集团化发展的模式，很多经济较为发达的省市都形成了以产权交易集团为龙头，控股或参股若干个有地方特色的专业子平台，通过资源共享和平台共建在当地形成以龙头企业为标志的产权交易大市场，服务于当地的要素市场化配置和构建区域性要素资本市场体系，同时以此来应对来自外部的激烈竞争。

内蒙古产权市场也不例外，2005 年我们在制定公司第一个五年规划时提出了"一个中心、多家支点、统一鉴证、功能齐全"的战略目标，侧重点明显在于形成和巩固一体化的内蒙古区域市场，但对于交易机构的组织形式还没有明确的目标。2015 年，我们在制定公司第三个五年规划时就提出了"汇聚资源、融通产权"的市场愿景，也提出了要构建"企业化运营、市场化生存、信息化支撑、金融化发展的交易集团"目标。这既描述了内蒙古产权市场是无边界的全国性产权市场目标，也将集团化作为内蒙古产权交易中心的组织模式以巩固当地市场、应对外部竞争；并且特别强调企业化的机构性质和市场化的发展路径，为的就是保持一个自主发展、直面竞争的市场主体形态，还要顺应互联网化社会现状，突出资本市场功能的目标导向和发展路径，最终实现内蒙古产权交易中心服务地方经济发展，实现内蒙古产权市场融入全国性产权资本市场的初心和使命。

孔子在解读《易经》时说："举而措之天下之民，谓之事业。"德鲁克在《创新与企业家精神》中说过："企业家始终是将资源从生产力和产出较低的领域，转移到生产力和产出较高的领域，这样的事情叫做事业。"不管怎样，我希望用自己微薄的力量为国家、为集体也为自己做一点有意义的事情，这就是我的一份事业。

马志春

目　　录

第三编　产权交易机构建设

第四编　内蒙古产权市场的实践

第五编　产权市场未来展望

第一编

产权市场理论研究

第一章
产权市场的作用机理

产权市场是推动经济转型的重要力量[①]

　　随着中国工业化、城镇化、市场化、信息化的持续发展，中国经济进入一个重要的转型时期，"刘易斯拐点"说[②]使国家的下一步发展模式备受关注，特别是个人高储蓄、国家高投资、经济高增长的发展模式遇到了前所未有的挑战，人们对于更高层次的社会公平、系统性改善等问题的解决寄予厚望。笔者认为，产权市场的产生和发展本来就是对这样一种社会变革的持续关注和积极响应，必将会对产业结构调整、技术进步和制度创新发挥更大的作用。

　　可以预见，大量的国有资产权益需要盘活、反腐败和防止国有资产流失的任务艰巨，近 80 万亿元人民币的民间资产和权益流动不顺畅，金融服务领域的投资品严重缺乏；近 30 万亿元人民币的居民储蓄需要有更多的更好的投资渠道去保值增值。因此，产权市场将进一步扩大开放，无论国资、民资还是外资的资产和权益都会逐步进场交易，以小批量、多品种为特征的长尾市场将汇聚成更广阔的市场空间。

一、产权市场就是让社会资本拥有平等的机会参与国企改革

　　产权市场的诞生本来就是国资改革的产物，或者说是政府减政放

---

　　① 原载于《产权导刊》，2012 年第 5 期，第 26—27 页。
　　② 刘易斯拐点：即劳动力过剩向短缺的转折点。在 20 世纪 50 年代，美国著名经济学家刘易斯提出了"二元经济"理论。他认为，发展中国家的经济发展是劳动力和其他资源由传统农业部门不断向现代部门转移的工业化过程。随着农业部门的剩余劳动力向非农部门的逐渐转移，滞留在农业部门的剩余劳动力越来越少。剩余劳动力转移完毕之日，就是所谓的"刘易斯拐点"到来之时。

权和系统性改善的重要举措，这项改革意义重大、影响深远。国有经济的特殊定位本来已使得国有企业整体上活力不足、效率不高，尤其是在国有资产处置和国有经济退出过程中更容易发生特权干预和寻租行为。因此普通的民营资本想通过阳光通道参与国资经营其实是很难的事情，而产权市场正是摆脱了传统体制和机制的限制，用一整套系统的制度安排激活了国资市场的价格发现机制和合格投资人筛选机制，在国有资产交易领域首次以统一信息平台的模式来揭示真正的供求关系，用公开的价格竞争系统和非价格因素评估系统来决定国有资产价值，使国有资本、民营资本甚至外资都有机会平等的参与国资国企改革，更使得国有资本和民营资本可以很好地结合，让国有资本借助民营资本来改善企业经营管理中的效率、效益和效能，也让民营资本共享国有资本所带来的政策、资金、人才方面的优势资源。产权交易的整个过程都在公众的监督下进行，各类社会资源都得以合理配置。

二、产权市场通过加速资产流转实现社会财富的增长

资产、资本和资源通过跨区域、跨时间的交换实现调剂余缺，从而实现新的价值增值，所以社会财富的增长与资产、资本和资源的交易市场息息相关，如果没有合适的交易市场就没有合理价格，新的财富也就不会被创造出来。产权市场一直在努力创造公平合理的市场交易规则，搭建安全高效的交易手段与平台，促进各类产权在市场内迅速对接和流动。中国的民营资本和社会财富已经积累到一定程度，人口结构也发生了巨大变化，国家逐步进入老龄化社会阶段，管理好存量财富似乎比积累新财富更具有现实意义。因此民间储蓄如何转化为投资是国家经济转型的重大课题，产权市场所创造的资产、资本和资源投资机会已成为众多基金和投资人关注的热点，我们相信产权市场完全可以创造出适合民营资本参与的理财产品和交易方式，使产权投资成为新的投资

时尚和理财首选，从而加速资产、资本、资源的流动和增值，挖掘财富持续增长的新空间。

三、产权市场的实体交易特征抑制了经济泡沫的发生

2011 年，国务院印发了《国务院关于清理整顿各类交易场所切实防范金融风险的决定》（国发〔2011〕38 号，简称 38 号文），产权市场经历了一次全系统的免疫性体检，更加明确了产权市场之于证券市场的发展方向和业务边界。规范的产权市场是典型的投资市场，因而对于各类社会资本有着天生的吸引力，不但是因为产权交易行业的底线是不进行产权的标准化拆细和连续性交易，很难进行短期的投机行为，更重要的是产权交易要让交易双方在交易所的主持下进行实体交割和结算，以保证各方权益落到实处，这就让高度谨慎的民营资本可以安心投资。这样看来，产权市场理论上不存在价格泡沫，只要聚集了足够多的产权交易样本，未来产权市场的价格指数也会成为现实经济走势的真实反应，成为各类民间资本自动汇聚的投融资平台。此外，产权市场不但可以形成相对合理、真实的市场价格，而且其价格还会间接影响证券市场的价格走势，对股票市场形成价格参照，使股票投资更趋于理性，因而会在一定程度上抑制经济泡沫的膨胀。

四、产权市场为民营企业创造更多的融资机会

中小企业融资难已成为制约民营经济发展的首要问题，在银行信贷无法满足的情况下，大量中小企业通过其他民间融资渠道获取资金已是不争的事实，民间金融已经成为中小企业发展中必不可少的资金来源。民间金融的野蛮生长，造成社会矛盾和问题不断积累，甚至出现极端事件。因此在内外部压力下，银行系统进行了系列改革，包括利率

市场化、民间金融阳光化、金融机构制度创新，以及民间资本参股国有银行系统等等。但产权市场作为中小企业直接融资的新渠道，应当为中小企业作出更多贡献。

产权市场通过汇集中小企业的股权资源、资产资源、知识产权资源，吸引各类金融机构、中介服务机构、投资人资源不断汇聚，以自身的公信力为中小企业的资产、资本和资源流动和增值搭建阳光交易平台，使各类资金和服务从全方位、多角度和全要素方向与中小企业自由对接，而不仅仅是股权，这就拓宽了中小企业投融资的新视野，为金融机构业务创新开辟了新途径。产权市场还通过提供系统性的风险防范设计、信用担保措施、投资筛选机制，以及收益覆盖风险的资源整合思路，来开拓中小企业的融资新渠道和新方法，必将使产权市场成为中小企业融资的重要平台。

如何发挥产权市场
配置资源的决定性作用[①]

  2013 年 11 月，党的十八届三中全会通过了《中共中央关于全面深化改革若干重大问题的决定》，其中一个重要的理论突破是，"要紧紧围绕使市场在资源配置中起决定性作用深化经济体制改革，坚持和完善基本经济制度，加快完善现代市场体系、宏观调控体系、开放型经济体系，加快转变经济发展方式"。在加快完善现代市场体系部分，进一步强调，"建设统一开放、竞争有序的市场体系，是使市场在资源配置中起决定性作用的基础"。这些提法是党中央经济体制改革的总纲领，是新时期经济建设和社会治理的基本原则，产权市场从业人员在欢欣鼓舞之际也要冷静思考如何去把握这一重要历史机遇。

  现代中国的市场经济从商品市场、要素市场到资本市场的逐步探索和突破中一路走过不平凡的历程，从市场类型来看，有政府引导的制度推动型市场，也有需求拉动的民间自发型市场，有全国性市场也有区域性市场，共同构成中国特色社会主义市场体系，但同时也有着各自的时间与空间演进过程，造成了现实中区域的不平衡与市场结构的不合理。特别是资本市场、要素市场的建设远远落后于经济发展的规模与速度，大量的社会财富无法通过市场得到正常的释放与疏导，使有限的市场聚集了大量的投机性，资产和权益的价格与价值出现非理性的背离。当然市场建设是一个复杂的系统工程，随着政府的一系列减政放权，更

[①] 原载于《碰撞》（内刊），2013 年 11 月号，第 1—2 页。

多改革措施进一步落实，市场的制度体系更加健全完善，各类市场所需的人才资源更加聚集，要素和资本市场将会大有作为。

产权市场是新型要素资本市场，我们始终相信中国的市场体系必然会给产权市场留出足够的发展空间，产权市场也终将会成为中国特色资本市场的重要组成部分，这个前景是显而易见的。国务院明确地提出了产权交易市场化改革的目标是实现"信息披露、交易规则、交易系统、过程监测"四统一，而且实现四统一的路径是通过建立功能强大的第四方综合信息服务平台，并将采取共同所有、共同建设、共同使用、共同分享的方法，使全国产权交易机构一步到位地实现公共服务标准化、特色服务专业化、市场功能集成化。我们有理由相信，由全国产权交易机构共建的统一产权交易市场体系，是完全有别于证券市场的新型要素资本市场，是立体化、全覆盖、多支点、个性化的非标准化资本市场。

在上述目标和方法下，产权交易机构从业人员应当从机构公信力、业务吸引力、全面服务能力和市场核心竞争力等"四力"上下功夫。

一是打造产权交易机构的公信力。公信力是产权交易机构的生命，它是由明确的企业文化核心理念与一系列的规章制度与员工行为习惯所决定的，包括交易机构如何保证各类交易标的产权清晰、风险可控，提高交易过程的透明度与产权价值，保证交易行为的高质量、高效率，使产权交易机构能够摆脱劣币驱逐良币的规律干扰，逐步在全社会形成公开、公平、公正的市场环境，形成良性循环的消费习惯，打造现代商业社会的契约精神。因此，产权交易机构，除了要在先进的企业文化引领下，建设科学、严谨、规范、严格的市场规则，还要有完善、高效、合理、灵活的交易流程，专业、敬业、勤勉、负责的执行团队，人性化的机制保障，持之以恒的团队建设，规范严格的外部监管，全面到位的惩处预防机制等，上述因素缺一不可。

二是打造产权市场业务的吸引力。产权市场目前仍然是在国家政策的扶持与保障下，主要开展国有产权交易业务，参与市场交易的客户主要是出于对于国家法律法规的敬畏，而不完全是出于对于市场价值的认同，包括笔者在内的很多人都曾认为产权交易机构是国家特许经营下的制度建设，是不可讨论的。但我们必须承认，党的十八届三中全会的精神实质让我们的头脑进一步清醒，市场终究要回归市场的本来面目，靠政策保护的市场则没有生命力，所以产权市场如何吸引客户进场交易是新时期产权人的重要课题。这也就是我们常常提到的市场功能比较优势，包括如何让标的物第一时间展示在全部有效投资人面前，如何通过专业设计实现客户产权价值的保值增值，如何通过会员制度降低客户的交易成本而不被中介机构所绑架，如何保证交易的效率又同时避开无处不在的风险和陷阱。总之，我们要告诉客户，选择产权交易机构是最佳选择，而不需要再强调国家政策的强制力。

三是提升产权交易机构的全面服务能力。交易机构是一种现代服务业中的高端业态，而且交易机构本身也存在着不断转型升级的过程。交易机构是市场经济发展到高端阶段的必然产物，同时也会引领社会生产组织模式的变革与升级。因此交易机构的能力建设不仅仅来源于专业人才的储备与优化，还来源于信息通信技术的发展和应用，更来源于交易机构的组织创新和交易业务的模式创新。交易机构的服务是多层面、多种类型的服务，不能局限于针对客户交易过程中的尽职调查、咨询策划、推介宣传、流程控制、风险防范等微观服务，还要针对政府的社会治理需要，针对民众的媒体宣传需要，针对产权供需双方群体的数据查询分析需要，针对企业对资金、技术、人才、产业链等生产要素的整合与导入需要，针对研究机构的数据信息需要，只有全面提供上述市场服务的产权交易机构才是真正具备高端服务能力的市场化机构。

四是打造产权市场独具特色的核心竞争力。简单地说，企业的核心竞争力就是为社会提供特色产品或差异化服务的能力。产权市场的核心竞争力主要体现在两个方面：一个方面是基于市场定位的业务边界

11

优势。产权市场的最大特点是经营非标准化的产品与服务，这个界限一定要清晰，产权市场存在的目的是为了实现产权的商品化、可流通，但并不等于产权就是一般意义上的商品。商品的品种再多也仍然是可以标准化衡量的，商品批量再小也具有同质化的特点；而产权的品种再多也是独一无二的，每一宗产权都代表着不同的权益边界。另一个方面是基于产权特点的专业服务优势。产权交易机构不是无所不能、样样精通的机构，它为客户提供的是集成化、低成本、高层次、专业化服务，其核心优势是对资源的整合利用，并且采取与合作机构完全不同的盈利模式。产权交易机构的盈利主要依托市场规模，而合作机构的盈利主要依托专业服务。也就是说，产权交易机构是站在专业机构的肩膀上组织最有利于产权价值发现的过程，实现最大限度的保值增值活动。这是产权市场核心竞争力的方向，由方向变为优势其实还有很长的路要走，但毕竟我们有了明确的目标。

产权市场迈向资本市场的逻辑[①]

产权市场是一个有中国特色资本市场，无论是业界同仁还是监管部门都在努力摸索和实践，并为这样一个命题不断寻找着依据，证明这是一个正确的逻辑。资本市场是西方传入中国的舶来品，既然以产权交易机构为核心的产权市场是资本市场，那么为什么没有在资本市场已经存在了两三百年的市场经济国家产生，而是在市场经济刚刚走过三十年的中国产生呢？产权市场为什么可以成为资本市场呢？只有想清楚这些问题，我们才能够准确把握产权市场的发展方向，及时调整产权交易机构的战略规则和经营目标。

众所周知，各地产权交易机构无一例外的都是以国有资产流转为主业，交易品种涉及企业股权、实物资产、知识产权、债权等全要素的国有产权，即使是在民营经济比较发达的长三角、珠三角地区也是如此。这是否意味着，只有国有产权才有流动需求吗？肯定不是。国有资产依靠强制力约束进场交易吗？虽然国有资产量很大，但这不是产权市场成为资本市场的主要原因。资本市场居于一个国家金融活动的核心层面，资本市场的功能包括资本的形成和资本的流动，是满足投资人对资本权益现实的需要和基于对未来收入预期的乐观判断而产生的对未来现金流的需要。既然这种基于资本的投融资活动是针对未来的还没有发生的现金流，因此在文化、制度、法规保护下的信用体系才是资本市场形成的最重要的因素。

---

① 原载于曹和平主编：《中国产权市场发展报告（2009—2010）》，北京：社会科学文献出版社，2010.10，第144—147页。

从以上分析我们可以看清楚产权市场迈向资本市场要解决的两个问题。

一、产权市场的信用体系如何建立

产权市场交易品种的主流是以企业股权为代表的各类生产要素的集合体，因此产权交易通常是一项需要投入大量精力、物力和财力的复杂交易过程，即所谓的企业并购行为。在这个过程中投资方往往是交易的主导，是风险和收益的直接承担者。投资方在作出投资决策前最大的成本是获取真实、全面、准确信息的成本，而保证这些信息的真实、全面、准确就只能依靠市场的信用体系了，这是活跃投融资活动的必备要素，更是市场生命力的根本所在。作为资本市场主流的证券市场是最能体现这种信用体系重要性的市场了，而且还在不断地强化和完善。证券市场的信用体系包括以诚信文化为主导的市场规则体系，以国家信用为背景的证监部门监管体系，以及以法律法规为支撑的司法制裁体系，最终形成了以政府监管部门和法律约束为主导的信用保障体系。在这样的信用保障体系下，绝大多数投资人才敢于依托信息披露的内容作出投资决策，否则交易根本无从谈起。因此可以说证券市场主要是依靠国家信用来支撑和维护企业信用，从而形成规范的资本市场，而在当前社会环境下靠商业契约的信用是很难做到这一点的，所以并购交易的规模比证券交易的规模要小得多，企业并购的门槛要高得多，并购产权的流动性要差得多。那么，产权市场的信用体系是怎样的呢？

由于产权市场刚刚起步，市场的监管系统、中介服务体系和交易所都还处于很不完善的阶段，特别是履行社会公共管理职能的市场监管部门缺位，因此产权市场的信用保障体系不能仅仅参照证券市场的方式建设，而是建设以出资人监管为主导、交易所自律为辅助的信用保障体系，这既是企业国有产权处置的需要，也是产权市场发展初期无奈的选择。虽然国资委作为产权市场最大的转让方，其作为国有资产出资人为产权市场注入了部分国家信用，也制定了相应的操作规则，但毕竟不能涵盖各类国有产权或公有产权，而国有资产条块分割的管理体制和交易所数量较多的现状更是增加了建设产权信用保障体系的难度。所以目前的产权市场均以国有资产交易为主业，同时囿于区域市场的政策环境差异和区域文化特点，不同地区交易品种和交易规模差距较大也就不足为奇了。

既然产权市场的信用保障体系是以作为交易一方的公共部门为主导来建立的，那么它就是公共部门所代表的政府信用的延伸，如果此类交易品种和交易方式在不同的公共部门不断地复制，产权市场也就相应地成为以国有产权为主的公共资源实现资本化过程的特色资本市场了。当然，随着国家民营经济比例不断增长，私有产权得到更加完整的保护，公民社会的法律、制度环境得到进一步强化，按照上述逻辑，专业从事产权投融资的民营机构是否也可以通过不断建立和积累自身的商业信用，成为产权市场这类特色资本市场的交易主体呢？有理由相信，随着产权市场在公共资源资本化的过程中不断发展壮大，国家必然会出台相应的法律法规来保护和完善这个特色资本市场的信用体系，并逐步将部门信用、个体信用保障体系演化为国家信用保障体系，产权市场作为真正的资本市场也将服务于全社会，并实现系统性繁荣。

二、产权市场当以哪类产权为交易主体

目前产权市场的交易品种品类齐全、丰富多彩。当然出于生存发展的需要，各地交易机构在实践中不断创新和摸索也是非常有必要的。虽然各地交易机构的交易额连年大幅攀升，表现增值率出现"奇迹"的案例也不断涌现，交易机构对于交易品种的考虑并未刻意去区别一般商品交易和资本品交易的界限，对于产权投融资活动也并未揭示产权

资本的增值路径和财富效应，因此也就造成了社会各界对产权市场定位模糊的质疑，致使很多人甚至不能理解产权交易机构和拍卖公司、房地产交易中心等机构的区别。

人们普遍认为资本市场的交易品种理所应当是资本品。所谓资本品应当是能够带来未来现金流的权益性资产，而不是一般的商品，这也可能是资本市场和商品市场最重要的区别。资本品的范围非常广，包括企业的股权，政府、企业和个人信用形成的债权，土地矿产等自然资源，以及知识产权、技术产权、特许经营权、商品期权等，因此资本品不在于是以什么形式存在，而在于其有没有预期收益的功能，并依此延伸出资本的形成或产权融资的功能。当然这是一个长期和复杂的过程，需要产权市场不断努力，创造更多的产权交易品种，创新产权融资服务。由此看来，产权市场这个特色的资本市场范围非常广、创新空间非常大，但精细化的资本运作要求也非常高。

我们再次感叹中国产权市场为资本市场发展所作的创新与探索，也进一步厘清了产权市场主业品种和操作模式的发展方向。当前产权市场作为资本市场重要的组成部分面临着极大的市场需求，而中国金融资源的资本化过程还远远不及发达国家的水平，应当说产权资本市场还有非常大的发展空间。从目前来看，最大需求要算中小企业投融资和权益产品资本化过程了。面对这样的市场需求，不断创新是产权市场唯一的出路，开发资本品的交易和融资功能是产权市场的长远目标。内蒙古产权交易中心正是从这样一个思路出发，不断研发产权市场的主业品种，并制定和形成产品手册，抓住区域交易机构的核心竞争力，为打造规范的区域资本市场夯实基础。

总之，产权市场的定位问题是系统性问题，而不是地区或品种问题，只有从根本上厘清产权市场迈向资本市场的基本逻辑，才能找到产权市场正确的发展路径。产权市场作为服务于全社会的资本市场，建设初期没有政府的行政强制力支持是无法生存和发展的，而政府的政策资源不应当仅仅停留在个别部门的层面，而应当从全社会公共需求的角度，从资本市场体系建设的高度来促进产权市场的快速发展。因此我们建议国家能够尽快出台《产权交易法》，赋予产权市场或产权交易所服务于全社会的资本市场法律地位，明确从事市场监管的公共管理部门，规划市场交易的品种和服务，制定市场基本的交易规则，尽快形成有中国特色的、统一的多层次、多元化资本市场体系。

论产权市场真正繁荣的条件①

产权市场已经成为国内普遍认可的新型资本市场，经过全国大部分地区产权交易机构的努力，整体上形成了产权市场欣欣向荣的局面。由于产权市场的政策背景，政府其实是产权市场繁荣发展的背后推手。但是产权市场必然要遵循资本市场的价值规律方能走向真正的繁荣和持久，重点是以下四个方面。

一、达到或超过临界点的区域经济发展水平

资本市场的主要功能是直接融资，而直接融资的方式主要是通过资本市场发行股票、债券来完成。在经济发展的初级阶段，区域的人均GDP通常很低，企业的收入和利润水平也普遍不高，国民财富不足，企业投融资双方不愿或无力承担资本市场那种系统服务的交易成本，而只有委托金融机构（例如商业银行）一对一的来融资。这样就导致客户参与资本市场融资的需求不足，作为区域性资本市场的产权交易所的交易量就不会很大，交易所为了维持运转也无法使单笔交易的成本降下来，更阻碍了交易进场，市场容易进入恶性循环。

随着区域经济的发展，地区的人均GDP达到某个临界点，这个临界点就是区域资本市场形成的"门槛"。地区的收入水平提高使企业和个人愿意付出更高的成本去实现融资，因此出现各方广泛参与的资本

① 原载于《碰撞》（内刊），2011年7月号，第1—2页。

市场成为可能，同时产权交易所的交易量也会不断增大，交易所负担的单笔交易成本也才能逐步摊薄，这样产权市场不但实现了规模效应，提高了市场效率，同时反过来增强区域资本的流动性，促进经济增长和活跃。

所以说，当年证券交易所诞生时除了时任领导人的强力推动以外，国家经济发展水平的临界点也是非常重要的。按照这个逻辑我们就很容易理解，国家虽然是要利用产权市场规范国有资产的民营化过程，但是很多地方政府却看到了市场背后的逻辑，积极以区域产权市场为抓手，用强制国有资产进场交易来带动各类要素进场交易，希望强大的产权交易所能带动地方经济发展。

二、健全的风险控制机制

从有效资本市场的角度来讲，资本市场应该在信息获取、信息安全和信息聚集上具有明显的优势，可以准确地反映出企业的市场价值，并形成市场价格反馈给企业的经营者和投资人，从而促进其改善企业绩效，推动企业交投活跃。但从实际的人性出发，企业在进行直接融资时往往会出现管理层的道德风险，包括过度包装资产质量、隐瞒企业的不利信息、逃避融资的回报责任等。因此资本市场的风险控制机制就特别重要。

一是信息的强制披露。如果不在固定交易所的组织下，在一定范围内建立起强制信息披露制度，就无法体现出交易所的公信力优势，投资人的交易信息获取成本也会居高不下，最终这个交易也无法完成。2010年财政部已经正式发布了中国的可扩展商业报告（XBRL）语言标准，并已经在上海证券交易所和深圳证券交易所的上市公司中应用，很快将会推向全国。这种与国际趋同的商业报告不仅仅是智能化的企业通用财务报告软件，更重要的是其强大的财务数据自动分析和商业报告自动形成功能。类似市场语言标准的推出必将彻底改变企业的信息披露模式，扩展信息披露深度和广度，使投资人可以以自主的方式更加客观和清晰地了解企业的运营情况，从本质上提高信息的对称性。

二是产权拆分交易。交易双方通过产权交易实现了资产转移，同时也实现了风险转移，而投资方必须将转移过来的风险成功地化解才能达到交易目的，投资人并不愿意无休止地去进行信息博弈，而是愿意用便捷的产权市场顺畅流通来使风险得以有效控制。从当前的情况看，产权市场只有通过资产权益的证券化和适度拆分的市场交易，才能让更多的投资人参与投资，从而实现有效的风险分散和收益分享。当然，在现行的法律框架下，权益化的证券产品如何设计是事关投资品或金融衍生品本质属性的重要环节，而产权如何拆细是个有可能涉及公众集资等敏感法律问题的重要环节，这都需要认真研究。

三、合适的市场监管机制

根据科斯定理①，在信息对称的前提下，产权交易的成本为零，市场会自动达到资源优化配置，政府不需要对交易进行监管。但实际上市场往往是信息不对称的，包括资本市场监管制度非常严格的美国也是如此。信息披露、交易合同的订立、产权的交割、资金的安全结算以及对利益相关方的法律保护都是有成本的。因此，建立政府的监管体系，保护交易各方的利益，树立投资者对产权市场的信心，已成为产权市场的基本理念。但是合适的市场监管并不是仅靠强大的监管机构和集中的权力就可以了，更重要的是对监管对象的无区别对待和有案必查、有责必究、独立执法和问责到底的监管机制。

---

① 科斯定理是指在某些条件下，经济的外部性或者说非效率可以通过当事人的谈判而得到纠正，从而达到社会效益最大化。科斯本人从未将定理写成文字，而其他人如果试图将科斯定理写成文字，则无法避免表达偏差。

众所周知，迄今为止产权市场仍然没有一个明确的统一监管部门，导致部分机构定位模糊、交易品种宽泛、竞争无序时有发生。虽然在上海等发达省市做出了监管机构创新的试点，但这显然是不够的，政府不但要迅速建立起独立的产权市场监管机构，制定完善的市场监管法规和制度，最为重要的是通过监管法规和制度的执行，令行禁止，同时重点限制政府部门对市场的行政干预，用严格的监管机制来打造诚信的市场环境。

四、完善的会员制合作模式

国内部分规模较大的产权交易所实行会员制，目标是建设角色分工明确的产权市场。其中交易所的定位是为买方、卖方和会员中介机构服务的中立鉴证方，会员主要是代理买方、卖方开展交易活动的专业机构。会员制是提升资本市场专业服务水平的根本制度设计，是国际资本市场长年实践的结晶。产权市场发展初期，由于社会认可度差和制度性、专业性相对较强，产权交易所的运行往往是依靠内部人员来维持运转和发展壮大的，甚至有些交易所一度担任着产权并购服务的大投行角色，应当说，其专业性甚至不逊色于一般的投资银行。但是一个交易所或产权市场能够成功不应当仅依靠交易所内部的"能人"来保障交易所的顺利运行，这种"能人"模式的交易所是不可持续的，关键是这种交易所成为直接操作业务的代理服务方，与其保护"公开、公平、公正"原则的中立鉴证方角色混淆，不利于市场规则的严格执行。

因此，产权市场应当形成全面、有序的服务会员组织群体，用社会上广泛的专业力量来扩充交易所的业务数量和业务质量，用专业的服务来保障交易各方的权益，促进交易的顺畅完成。从目前来看，会员制的发展壮大是产权市场繁荣的重要标志，但会员制并不代表产权市场的最终模式，产权市场还会根据资本市场的发展、信息技术的进步而进一步提升，最终将形成完善的会员管理制度和会员监督体系，而众多的产权交易机构也不可能全部都成为产权市场平台，未来一定会有更大力度的市场整合，到那时能够汇聚大量资源的"产权交易所"才能称得上是繁荣昌盛的新型资本市场。

产权市场的本质就是服务实体经济[①]

就我国当前实体经济而言，由于大部分企业盈利能力相对较弱，造成外部资金投入到实体经济比例较低，使实体经济对金融、房地产等高回报行业趋之若鹜，因此目前振兴实体经济主要解决的问题是如何提高企业的核心竞争力，在现有基础上、在不同层面上帮助实体经济，力争通过外部力量创造条件支持其发展。

一、产权市场的交易品种主要针对实体经济

实体经济是国家经济的根本支撑，通常包括关系国计民生的部门和行业，例如电力机械、种养加工、服装纺织、建筑安装、采掘冶炼、交通运输等行业，实体经济繁荣，国家经济才会充满活力。

如今，实体经济的范畴已经扩大，从企业类型来讲不仅包括物质生产企业，也包括服务于生产过程的各类服务型企业，如教育培训、医疗卫生、交通运输、批发零售等，所以说，实体经济已经覆盖了第一、第二、第三产业。甚至互联网企业也可以是实体经济，例如淘宝网和京东网，因为他们促进了实体经济的销售和生产；还有许多金融业也是实体经济，例如银行给企业发放贷款、企业上市、企业发行债券等。

以实体经济为基础发挥作用，能够起到对资本引导流向、调剂余缺和防范风险的作用。鉴于此，从产权市场的角度来看，我们从实体经济

---

① 原载于《产权导刊》，2017 年第 6 期，第 32—34 页。

中可以看到非常广泛的交易对象，所有基于生产要素原有属性的权益和资产都可以直接与社会资本在产权市场中进行流动匹配，完全符合当今产权市场所概括的非标准、全要素的产权交易标的范围，包括物权、股权、债权、知识产权都可以进入产权市场直接挂牌流转和融资，直接发现公允价格、发现合格投资人。实体经济通过产权交易市场实现调整企业的资产结构、资本结构的目标，起到瘦身健体、提质增效的作用，最终从国家宏观经济方面促进产业结构调整，深化供给侧结构性改革。

二、产权市场提高了实体经济的运营效率

在我国现有的企业结构当中，国企是实体经济的最重要组成部分，而深化国企改革是我国众多改革任务的重中之重，其目的之一就是提高国企的资本流转、资本运营和企业经营的效率，中央提出的"三去一降一补"（去产能、去库存、去杠杆、降成本、补短板）政策针对国企而言更是抓住了要害。例如，国企作为企业的核心竞争力主要体现在主业的强大上面，为了让企业瘦身健体、轻装上阵，加快剥离辅业和淘汰落后产能就成为企业提质增效的主要措施。还有针对持续深化国企的混合所有制改革，包括政府推出的 PPP 项目，意图非常明确，就是要通过市场化手段来实现国有资本与民营资本的有序结合，中央也在国企深改意见中特别提出要求国企要利用好产权交易和证券交易两个资本市场，高效合规地实现国有资本与民营资本的结合。因此，国务院国资委和财政部 2016 年联合出台《企业国有资产交易管理办法》（以下简称32 号令），是继企业产股权进场交易之后，又将国企增资扩股和实物资产交易列入产权市场操作的范围，这是对产权市场功能的高度认可。根据中国企业国有产权交易机构协会（以下简称协会）公布的数据，2016 年，全国产权交易机构共成交国有产权（资产）合计金额2 199.1 亿元，平均增值率近20%，引入超过 720 亿元的各类社会资本

参与国企改制重组，市场配置资源的作用得到有效发挥。以内蒙古产权交易中心为例，2016 年全年进场交易的企业产股权和实物资产达到 10.7 亿元，平均增值率达到 11%，通过竞价增值直接增加实体经济企业的资产权益超过 1 亿元。

由于体制机制弊端的影响，以及国企采购的寻租等问题存在，国企降成本问题饱受社会关注和诟病，成为纪检部门反腐工作的重点对象。为了解决这个问题，近年来，许多大型国企都纷纷推出自己的物资采购电商化平台，力争通过系统支撑、内部监督，将供应商与采购方的中介化服务去掉，实现减少中间环节和节约采购成本的目的。但中小型企业从提高效率的角度，更多地选择第三方电商平台实施集中采购，也收到了很好的效果。产权市场正是看到这一商机，率先开发先进的招标采购信息平台，配套交易场所服务和金融等产业链服务，发挥了帮助企业降低成本的作用。在 2016 年随着能源价格的不断上行，带动大宗商品和制造业价格上升的背景下，内蒙古产权交易中心为国企提供物资集中采购业务服务 1 188 宗，采购金额达到 10.3 亿元，平均节资率达到 7%，通过节资直接提升这些企业的利润总额 8 000 多万元，在一定程度上抵消了涨价因素造成的不利影响，实实在在地起到了降成本、增效益的作用。而且国有经济进场交易效果明显，民营经济应当同样适用。

三、产权市场的技术创新能够不断满足实体经济的交易需要

实体经济的一大特点是聚合大量物质和非物质生产要素，不可能全都采取人为标准化的模式流转，非标交易虽然是产权市场的强项，但这庞大而分散存在的全要素交易标的对产权交易机构的专业能力和市场化平台要求比较高。说白了，没有强大的统一平台资源共享，没有众多的专业机构多点服务是不可能完成好这些任务的。

多年来，产权市场都停留在区域有形市场的拍卖交易阶段，这也是造成其资本市场地位一直不被认可的原因之一。由于非标产权的多样化、唯一性特点使产权交易对于互联网技术的应用要求非常高，特别是对于交易信息系统的先进性、安全性、适用性和便捷性要求更高。产权交易的互联网信息系统必须要与有形市场的线下服务高度融合和协同，形成真正意义上的O2O（即在线、离线或线上、线下）市场新业态，才能服务好实体经济的交易需求。产权市场的服务属于典型的技术创新支撑的金融服务，涉及的知识面涵盖互联网信息、法律风险管理、交易契约管理、心理博弈管理、大数据应用等多个学科，技术标准不亚于甚至高于证券市场的技术难度，才有可能满足实体经济的高标准交易需求，也才有可能形成全国统一标准的高效率资本市场。目前，产权行业在互联网技术应用方面已经实现了成功转型，已经由过去局域网竞价工具、互联网竞价工具，转型发展到互联网云平台服务模式。产权市场已成功开发了全流程互联网交易系统，并携带 CA 认证（CA 是 Certificate Authority 的简称，指电子商务认证授权机构）、时间戳、电子印章、支付金融等多项创新技术和商业模式，实际应用在实体经济交易的众多品种当中。云平台采取模块化设计加上交易机构多年积累的线下服务经验和跨区域合作共享的经营理念，可以很好满足实体经济日益增长的交易创新需求。

综上述之，产权市场的本质就是服务于实体经济。

地方政府应集中精力建设产权市场^①

2003 年国务院国资委成立以后，按照党的十六届三中全会确定的改革目标要求，马上就面临着大规模的央企并购重组和国有产权流转需求，时间紧急、任务繁重。在当时的情况下，国务院国资委一方面考虑到全国各省、市、自治区已经分别组建了本区域的产权交易机构，目标是服务于当地国有产权交易和区域经济发展需要，而分布于全国各地的央企产权流转可以利用现成的交易机构；另一方面也考虑到通过选择交易机构的方式可以增强交易机构的危机感和市场化服务意识，并通过机构竞争保持产权交易的市场化机制和效果，因此国务院国资委就从众多产权交易机构中选择确定了京、津、沪、渝四个直辖市的产权交易机构作为央企业务的承办机构。各地国资监管部门如法炮制，都以本地区的一家或多家产权交易机构为基础，迅速选择了服务于本区域的交易机构并报国务院国资委备案，于是就形成了由两级国资委共同确定的产权交易机构特许经营资格制度和分布式建设的产权市场群。

由此形成的产权市场有两个鲜明的特征：一是与区域股权市场限制跨区域开展业务不同，每一家产权交易机构都没有开展业务的区域限制，从市场设计的角度就要求各机构之间充分开展跨区域竞争，尽可能避免画地为牢。二是与证券市场由国家统一建设体制不同，各地产权市场都由当地政府建设，没有统一的标准和模式，必须在全国竞争中优胜劣汰。经过十几年的发展，各地区环境差异大，市场建设意见不统

① 原载于《碰撞》（内刊），2019 年 6 月号，第 1—5 页。

一，边远地区和中小交易机构竞争劣势明显，最终形成了"发达地区大机构渐次过渡到边缘地区中小机构"的多层级市场格局，全国产权市场发展不平衡、不充分。

按照科斯的交易成本理论，市场的出现就是为了降低交易成本而存在的，区域产权市场的相互竞争，在推动国有资产规范流转的同时，也促进了国家重要的资本市场制度建设。由于产权市场交易品种的非标准化和长尾化特征，产权市场的覆盖面和创新空间都比证券市场要宽广得多。随着互联网技术的提升和金融创新的持续改进，产权市场的全要素资本市场功能也越来越强，所以产权市场所承担的责任不仅仅是解决了国有资产保值增值和降低社会交易成本问题，更重要的还有国家和社会治理问题，例如防范寻租、官员腐败和产业转型升级等。因此产权市场就成为掌握巨大国有资产体量，并以发展混合所有制经济为目标的各级政府最具经济价值和社会价值的要素资本市场。

2015 年中共中央国务院关于深化国企改革的文件已明确指出证券市场和产权市场的资本市场属性，而且中国证监会随即推出科创板、沪伦通等具体市场改革措施，国务院国资委和财政部也修订出台了《企业国有资产交易监督管理办法》，成效显著。笔者认为，一方面改革开放以来，学习西方发达国家市场经济理论的后果之一是关于资本市场的概念一直受西方资本市场理论影响，而有中国特色的市场体系建设仍然在路上，理论界对产权市场是资本市场的制度认同还处于讨论阶段。另一方面是因为产权市场由各地政府主办，市场改革发展的问题自然应当由地方政府负责，而除了少数发达地区的地方政府在当地将产权市场列入区域要素资本市场建设领域以外，大多数地方并没有真正将产权市场作为当地重点去建设与维护。

2019 年 2 月 18 日中共中央、国务院印发了《粤港澳大湾区发展建设规划纲要》，明确提出要"支持广州完善现代金融服务体系，建设区域性私募股权交易市场，建设产权、大宗商品区域交易中心，提升国际化水平",还特别提出依托现有交易所,开展知识产权和版权交易。此外,国家正在审议的《长江三角洲区域一体化规划纲要》也提出技术和知识产权交易平台建设问题,早在 2015 年就出台的《京津冀协同发展规划纲要》更是提出构建包括产权市场在内的京津冀要素市场一体化问题。从以上区域发展规划的内容可以看出,产权市场建设虽有提及但并不突出,而且还在于地方政府的认识程度和对于中央政策的理解与应用,在于各地产权交易机构在当地政策出台前自下而上的舆论引导和自身能力现状。这就折射出两个问题:一是大多数产权交易机构多为国有独资企业其至事业单位,很多地区特别是欠发达地区机构主要依托政府的资源开展业务,市场化能力并不够强大,市场功能也并不突出,社会广泛认可程度不高。二是各地交易机构竞争的结果是大家的跨区域影响力都不大,产权行业没有一家机构形成了覆盖全国的统一市场,绝大多数交易机构没有跨出区域市场,对于当地经济社会发展的辐射带动作用不太强。

资本市场既然是一个国家或地区现代服务业的重要基础设施,那么就必须要作出系统的规划安排,按照国务院国资委产权局原局长邓志雄的观点,中国的资本市场应当是一个包括证券交易和产权交易两个资本市场在内的复合型市场体系,而证券市场是国家统一安排建设的中心化市场,产权市场是由各地政府有组织构建的分布式市场群,这两个市场共同来承担所有企业的资本形成、运营与流转的任务。在这样一个市场框架下,证券市场主要服务于目前的 4 000 家左右上市公司股票、40 000 家左右新三板和各省区域股权市场挂牌企业的股权交易;产权市场面对的非上市企业(包括个体工商户)数量至少在 5 000 万家以上。

因此针对上市公司的服务,国家可以抓大放小,举全国之力自上而下重点办好深圳证券交易所、上海证券交易所和北京的全国中小企业股份转让系统这三家证券交易场所,形成主板、中小板、创业板、科创板以及新三板在内的多层次证券交易市场；而地方政府应当举全省（市、自治区）之力主要办好本区域内的一家或几家产权交易所，采取市场化改革、标准化改造、信息化整合、平台化运营的模式，既可以选择独立发展成有全国影响力的产权市场，也可以选择通过全国统一的云平台形成各地交易机构"标准统一、多点支撑、资源共享、合作共赢"模式下的共同市场，逐步形成"多节点交易场所＋统一网络平台"和"单一交易场所＋网络平台"共存的产权市场业态模式和市场格局。

　　无论是独立发展还是联合发展，地方政府的责任都在所难免。各地交易机构应在地方政府的引领下，发挥各地资源禀赋优势，充分满足各类产权、各种所有制、各地投资人和客户个性化需求的综合解决方案，通过实践真正丰富中国要素资本市场的理论内涵与实践成果，为中国特色社会主义新时代下的资本市场作出有意义的探索。

第二章
产权市场的问题与对策

产权市场要保持行业定力[①]

从 1988 年至今，特别是经过了 1994 年、1998 年和 2011 年三次国务院对交易场所的清理整顿，产权市场走到了一个更为成熟的发展阶段，环境逼迫产权市场必须思考系统性的发展规划、重新审视自身的发展道路。近一两年来，全行业各个机构都不约而同地感受到了来自外部的、系统性的、全局性的调整与变化，机构所面对的不再是制度落实、观念转变、操作技巧、品种创新等方面的局部问题，而是如何面对越来越复杂的外部发展大环境，如何进行战略调整的问题。所以，有定见才能有定力，上述问题值得我们深思。

一、如何应对产权市场生存环境的挑战

产权交易机构应当是由政府依法授予特许经营资质，按照依法制定的制度和规则从事资产和权益交易的公共服务平台，但由于存在巨大的利益诱惑，一度出现大量并无资质的交易场所，如火如荼地开展各类交易活动的局面。近几年来，针对公共建设招投标领域出现的腐败问题，国家提出建立统一规范的公共资源交易市场的指导意见，并在新一届政府的工作计划中设定了时间表和路线图，全国各地的市场整合工作也在有序进行。随着互联网金融行业的发展，网上交易已逐步成为人们的消费习惯，并且新兴的互联网交易品种已经由生活资料（商品）

[①]　原载于《碰撞》（内刊），2013 年 4 月号，第 1—2 页。

交易向生产资料（大宗商品）交易延伸，甚至已开始向金融衍生品交易、权益资产和融资交易进军，某些大型互联网企业依托其占有的异常丰富的客户资源有一网打尽各类交易场所之势。

上述这些环境的变化并非危言耸听，产权市场必须要针对自身的发展作出规划，否则这个行业将有可能被替代和分割。通常情况下人们的思维习惯决定了我们的上述判断，因为我们思考这个问题的角度就只是争夺和吞并，并没有业态共存、错位竞争、妥协均衡、和谐共生的理念。事实上，我们必然要按照这样一种新的发展观来应对当前的挑战，既然存在是合理的，那么每一个存在者都必须要抛弃从局部利益的角度看全局的观点，而是通过沟通与合作实现相互承认基础上的均衡与竞争。当然应对这样的挑战凭一个机构的力量是不行的，而必须依靠全行业的力量。

二、如何判断与取舍产权市场的定位

产权市场到底是什么市场？从传统的市场分类而言，中国的市场经济经历了三个阶段，第一个阶段是产生了以经营生活消费品为主的商品市场，第二个阶段是产生了以经营生产资料为主的要素市场，第三个阶段是产生了以经营权益资本为主的资本市场，包括股票市场、债券市场与产权市场等。中国社会科学院金融研究所所长王国刚曾清楚定义产权市场是资本市场，理由是涉及权益交易和权益未来收益交易均属于资本市场范畴。但在互联网经济模式日益深入发展的现阶段，技术进步导致了信息获得、交易方式、交易环境等情况发生巨大变化，在很多领域以物理空间为主的单体有形市场已无法与虚拟空间的无形市场抗衡，产权市场领域也开始逐步形成以互联网环境为支撑、以专业服务体系为配套的综合类产权交易市场的新定位，市场组织模式出现重大变化。

这样看来，产权市场似乎已经无所不在，经营范围似乎也可以无所不包，但是我们恰恰认为产权市场一定有个操作边界，如果没有这个边界也就没有市场组织和交易机构，更无须讨论其定位。产权市场的边界就是以制度、法律的规范性和公信力为基础，具备特许经营的行业标准与操作规范的专业性市场平台。因此产权市场的定位，就是基于特许经营制度下的综合交易服务平台。即便是产权市场的交易品种极其广泛，但基于交易成本的考虑也一定有必须上平台交易的品种和不适宜上平台交易的品种，产权交易市场与互联网电商平台谁都无法替代谁。从竞争的角度来看，两类机构在今后的市场竞争中并不会相互排斥，而且必然会产生差异化生存和融合化发展的局面。

三、如何抓住产权市场的核心竞争优势

针对当前产权市场之于互联网行业的进入威胁与其他交易场所的市场竞争，我们必须要清楚自己的核心竞争力。曾几何时，我们将政府赋予产权市场的特许经营资质和公信力视为市场的核心竞争力，但这也是最容易被误解、常被人诟病为垄断的地方。但我们同时也可以看到，许多优秀的互联网交易平台经过了长时间的积累，已经具备了广泛的社会认可度，其公信力远胜于很多超大型组织，就更别说分散建设且规模都不算很大的产权交易机构了，这就使我们不得不重新考虑这一竞争优势。

其实产权市场的核心竞争优势不是某一个方面的优势，而是一个系统的资源优势，包括完善的交易规则体系、政府职能部门的联动、交易服务机构的组织网络、中介机构的专业配套、市场非营利性的模式安排、系统风险防控手段的整合，以及非标准化产权的区域性、差异化服务等。任何一笔产权交易，都关系到方方面面的权益变化、依靠各种专业力量的介入、涉及多个部门的职责履行，而这种系统的竞争优势在很

多权益和资产产权交易过程中会体现得相当明显，需要相关法律、法规、市场规则、执行机构对社会资源的强大整合能力，否则很难做到这一点。而这些正是产权市场当前所具备的核心优势，也是产权市场平台化发展的长期努力方向。

总之，产权交易行业的发展离不开政府部门的支持，也离不开行业协会组织的推动，针对行业当前所面临的市场环境变化，全国行业协会的会员机构应当共同努力，团结一致，以同一个口径来表达整个行业的呼声，共同与相关部门沟通，出台有利于行业发展的政策法规，实现行业的发展与进步。

用新理念打造产权市场新格局[①]

2016 年是我国"十三五"开局之年，在当前国家政治新生态、经济新常态、社会新形态的宏观背景下，在产权行业亟待转型、公共资源整合未定、各类机构跨界竞争的背景下，产权交易机构应当采取怎样的心态来应对是我们要认真讨论的问题。

一、如何应对外部经济环境变化

2015 年底结束的中央经济工作会议提出，2016 年的五大重点工作目标：一是积极化解产能过剩，淘汰落后产能，让僵尸企业市场出清，集中资源于先进生产力之上。产权市场当前最大的机会是围绕国企改革的去产能计划，特别是在钢铁、煤炭、多晶硅、水泥、玻璃等落后产能过剩行业参与国有企业的兼并重组、关停并转、产权转让、关闭破产等工作。二是帮助企业降低成本，全方位支持实体经济企业，减少其制度性支出，尽可能提高经济效益。围绕企业降成本计划，除了要改变传统盈利模式、提高服务效率以外，主要开辟产权市场新的融资方式，支持"普惠金融＋产权交易"服务模式，提高中小企业融资成功率。三是化解房地产库存，扭转房地产市场乱象，创造条件消化存量房，让房地产回归应有的功能和价值。围绕房地产去库存计划，产权市场应积极为房地产交易提供全线上交易平台，加快新房和二手房地产流动性和

---

① 原载于《产权导刊》，2016 年第 4 期，第 29—33 页。

促进房地产租赁业务。四是扩大有效供给，补齐企业发展的要素短板，提高全社会的生产效率。围绕补短板计划，产权市场要加强与金融机构合作，针对新技术、新材料、新产品、新业态、新商业模式、新管理模式等创新企业形成的新商业价值，提供各类要素权益投融资品种，满足其对于股权、物权、债权、知识产权、矿权、农村产权的新型投融资和产权交易需求，通过流动性防范风险，达到调整企业融资结构，间接调整企业结构和产业结构的目的。五是防范金融风险，加强金融监管，疏堵结合理顺金融投资的资金供给渠道。围绕金融去杠杆，产权市场应积极参与创新金融研发与合作，提升产权市场的服务供给水平，搭建资金与项目之间的直接投融资通道，对接混合所有制改革、基金发行与投资、参与 PPP 项目融资等，使产权市场成为非标准金融权益交易平台。这是中央首次提出供给侧结构性改革的政策目标和行动指南，这不仅仅是应对全球经济危机的战术选择，更是实实在在地影响着产权交易机构的具体经营决策。

（一）改变大宗产权交易质量不高的现状

正因为有多年来全社会对我国资本市场的诸多批评，才推动资本市场的一系列改革和发展。产权市场经过 20 多年的逐步发展，也面临着不能仅强调制度的规范性而忽视了市场功能的现状，特别是对国有股权转让、增资扩股方面，绝大多数机构还停留在办手续、走通道的业务层面上。产权市场的传统服务供给已经老化，不能适应复杂交易的需求，如果持续下去，产权市场也会出现产能过剩情况，而且产权交易机构的功能也可能会被其他依法设立的机构所替代。因此作为非公开、非标准化的要素资本市场，不但要知道区域股权交易中心的存在，还要了解"天使会""36 氪"等上百家新型业态下的股权募集和交易平台，这些新成立的互联网公司已经成为影响不小的股权交易平台。因此产权交易机构的供给不能停留在股权和资产拍卖层面，还要涉及股权募集、股权融资、股权转让、股权托管等全产业链，并且要向其他非标准化权益资产的流动和融资方向拓展。

（二）改变盈利模式突出平台公益性

产权市场既然定位为平台，就必须要面临平台经济的所有问题，否则方向错了无论如何努力都不可能走向成功。无论是国资委对产权交易机构的定位还是公共资源交易平台的整合措施，公益性是产权行业绕不开的话题，但公益性并不代表不盈利，而事实上世界上很多公益性组织非常盈利，差别就在于盈利模式不同。例如产权交易机构常纠结于按宗收费还是按交易额收费的问题，说明仍未摆脱中介服务模式，更别说免费策略了，所以也就很难降低所谓的制度性交易成本。这样就很可能会与其他中介机构竞争所谓合理收费问题，难免会陷入价格恶性竞争的局面，还经常被诟病行政垄断、程序复杂，更找不到与大电商平台竞争的法宝。因此，产权交易机构需要认真研究客户的真正需求，尽可能用收费来满足其专业需求，而以免费来满足其强制性需求，在传统公益基础上为客户提供增值服务。例如，可以对转让方的专业咨询收费，依托投资人资源收费，对投资人的资金融通收费，推介路演收费，利用数据服务收费，对交易后投资人的未来收益分成，甚至政府购买服务收费，可以统称为平台服务费，而恰恰不对交易鉴证通道收费，使产权市场的收费物有所值，避开恶性竞争，对客户形成真正的需求黏性。

（三）市场拓展变政策推动为营销推动

产权市场因政策而建也因政策而兴，政府政策强制力在市场经济前期或边远落后地区无疑是最为有效的。但在新常态下，政府与企业的界限要划清，企业的发展不能也不应再靠政策推动，而是要靠基于自愿的契约、靠给客户创造价值吸引客户进场。因为市场已经进化到被迫或主动发挥决定性作用的时候。政府陆续出台的权力清单已经划清了政策界限，产权交易机构只有主动提供市场价值，才能弥补传统意义上的环境差异，通过发挥机构自身的专业力量才有机会在区域竞争中胜出，这是必须要作出的改变。通常情况下，交易机构应当作出系统的营销策略安排，让有需求的客户深入了解产权市场的功能与作用，不断扩大自身的品牌影响力，逐渐形成广泛的业务机会和持续的业务流，形成常态化的稳定交易场景。

二、利用"互联网＋"成就产权市场平台

"互联网＋"并不等同于"传统行业＋互联网"，而是通过互联网的广泛连接作用，对传统行业的生产流程进行互联网化的改造及重构。通过信息的实时连接，减少实体交易的成本，提升整体运营效率。"互联网＋"同样是成就产权市场的重要支撑力量，这不仅仅是产权交易品种长尾化的需求，更是交易流程互联网化的体现，可以有以下五个方面的做法。

（一）搭建平台

产权市场首先要摆脱有形市场的概念，搭建互联网化的基于大数据和云服务的系统平台，这个平台不再是区域分割的，而是后台统一、全行业一体的格局，至少要形成众多区域的差异化竞争与合作格局。因为客户的分布是跨区域的、需求是全方位的。只有搭起互联网平台，才能改变过去客户不确定、交易偶然性的现象，实现客户对接精准化；只有通过全流程线上交易，才能彻底改变人为干扰的现象，实现内部操作精细化；只有采用统一的互联网交易系统，才能改变非标产权的区域限制和交易系统的工具化特点，使更多的跨区域交易在系统的支撑下得以实现，并形成真正意义的产权交易云服务。另外还要尽快开发移动终

端服务，紧跟互联网发展节奏，帮助产权交易快速高效发展。

（二）创新模式

基于互联网系统的广泛连接性和产权交易机构线下的贴身服务，结合业务在互联网系统内运行和调整的资源配置方向和速率，交易机构就可以针对客户的需求设计出创新的投融资服务与金融产品，既解决了客户的刚性需求，也可实现产权交易市场的金融化发展，从而彻底改变产权交易机构传统的盈利模式，实现高附加值的经营转型。

（三）精准营销

互联网平台开发一个重要的目标就是如何基于电子化渠道方便交易机构与客户和投资人的沟通互联，并在"六度空间理论"[①] 的支撑下实现信息传播全覆盖和项目精准营销。产权市场获得客户的模式主要通过互联网实现，将一改过去主动收集无效数据，在单向沟通中浪费大量时间和精力的问题，形成在共享、共治、共有理念指导下的经营变革，例如通过后台大数据建立客户画像，并作针对性营销；利用粉丝经济和朋友圈生态建立产权交易社区，在社区互动与参与的过程中促进产权交易产品的广泛使用和服务的深度开发。

（四）强化服务

有了互联网平台，产权交易的服务不是弱化了，而应当是强化了，互联网平台可以拉长项目交易的前后端服务链，包括信用服务、资金服务、推介服务、数据服务等产业延伸增值服务，加大了项目成交的可能

---

① "六度空间"理论又称作六度分隔（Six Degrees of Separation）理论。1967 年，哈佛大学的心理学教授斯坦利·米尔格兰姆（Stanley Milgram，1933—1984）想要描绘一个联结人与社区的人际联系网，做了一次连锁信实验，结果发现了"六度分隔"现象。简单地说："你和任何一个陌生人之间所间隔的人不会超过五个，也就是说，最多通过五个中间人你就能够认识任何一个陌生人。"

性。很多在线下没有时间了解、没有精力关注的内容都可以通过线上完成，而且资料深入细致，参与主体专业及时。以股权交易全程线上推介为例，交易机构自有媒体对成交的股权项目全周期跟踪报道，相当于交易机构替投资人从专业角度即时关注和了解所投资企业的发展状况，为其作下一步决策提供参考。

（五）防范风险

任何事物都有两面性，"互联网＋"在产权市场的应用必然带来交易风险防范问题，产权交易机构除了要加强软硬件建设以外，还应当关注金融监管政策、人为网络破坏、国家法律底线、过程信息和证据链的保存等制度安排，重点防止创新过度和公众化的风险聚集。

三、打造跨界服务的综合性资本市场

我国的金融监管是典型的条线式分业监管格局，因此监管习惯上的所谓主流资本市场也被人为划分为分业运行的资本市场。而产权市场的功能优势恰恰在于跨交易品种、跨监管部门、跨法律法规和全要素的共享金融服务特点，当然这也是工作中的难点。虽然产权市场符合未来金融混业发展的趋势，但改革的制度法规往往要滞后于企业的实践，所以当前产权交易机构必须在综合协调好各方面监管关系、部门利益的前提下开展自身的供给侧结构性改革，让产权交易市场能够不断创造社会经济中各类主体在混业经营的市场平台上平等参与、主动参与、享受贴身服务的机会，并且不断提高全要素产权交易的流动性，不断维护交易的安全性，不断增强交易的收益性，从而打造和巩固产权市场作为创新型、综合性、全要素资本市场的地位。

（一）打造综合服务的平台认同感

对于任何一个产权交易机构而言，如果能在业务方面做到足够熟练细致并且得到广泛认同，业务相关企业往往希望一站式解决其所有问题。因此产权市场必须满足对于客户跨界连接、跨区域合作、跨所有制服务的需求，才能够给客户一个认同感，这也是产权市场供给侧结构性改革的重点之一。更重要的是，产权市场要将这种认同感广泛传播，使综合市场服务形成客户的思维习惯，与客户建立相互尊重、平等互利的合作关系，逐步形成产权市场特有的文化氛围，从而形成业务持续拓展的动力和凝聚力。

（二）以企业为核心开展全要素服务

企业作为需求侧，传统的金融服务已经不能满足需要，高品质、综合性的服务供给才是企业真正的需求。产权市场是基于权益交易的资本市场，理论上应当覆盖企业的各类权益登记、交易和融资，实际上改变了以传统金融服务机构的金融产品为核心的服务理念，形成了以交易平台托管企业为核心的综合金融服务理念，包括权益产品设计、权益确权登记、权属依法公示、交易信息传播、撮合交易、融资服务、财务法律和咨询服务。即由中介机构有什么服务，企业就接受什么服务，变为企业需要什么服务，平台就提供什么服务的格局。这不仅是产权交易机构思维习惯的转变，更是交易平台整合中介服务能力的体现。

（三）建立以合作共享为目的金融支撑体系

共享经济理念不是简单的查漏补缺、避免浪费，而是在一站式服务基础上的增值性升级，因为所有的金融机构、运营公司、投资公司，甚至媒体、实体企业、互联网公司都自称是平台或打平台战略。因此跨界平台合作就显得更有价值了，这也是新的盈利模式。例如"单读租车"

"创客空间"等，多以互联网平台实现跨界合作。产权交易机构以自己为核心也可以打造很多创新的共享服务项目，产生意想不到的盈利空间，如"银行＋产权交易机构""众筹网＋产权交易平台""企业托管＋基金运营""房产中介＋产权交易平台"等都是类似思路，这样才可以为产权市场创造新的增长空间。

产权市场"四统一"的核心问题^①

伴随着中国改革开放一路走过来的产权市场，不知经过了多少次的跌宕起伏，但始终未能实现完全由分散服务向统一市场转型，其中最为突出的问题之一就是各省产权交易机构的区域分割、互不隶属、同质竞争、标准不一，因此建立全国统一的产权市场不但是老一辈产权人的梦想，更是一代代产权人为之努力奋斗的目标。

2013年11月，出台的《中共中央　国务院关于地方政府职能转变和机构改革的指导意见》（中发〔2013〕9号）明确指出，"依托现有的政务服务平台，整合工程建设项目招投标、土地使用权和矿业权出让、国有产权交易、政府采购等平台，建立统一规范的公共资源交易平台"。随后国务院印发《国务院办公厅关于实施〈国务院机构改革和职能转变方案〉任务分工的通知》（国办发〔2013〕22号）和《国务院办公厅关于贯彻落实国务院第一次廉政工作会议精神任务分工的通知》（国办函〔2013〕63号），分别对整合建立公共资源交易平台、对国有产权交易平台的市场化改革和"四统一"提出明确要求。其中对于国有产权交易平台的整合方案，明确提出围绕推进产权交易市场化改革，推进"统一信息披露、统一交易规则、统一交易系统、统一过程监测"的"四统一"工作目标。国务院责成国资委牵头，建立包括财政、工商、发改、证监、纪检、审计的联合监管机制，就此，"四统一"目标终于看到一线曙光。

---

① 原载于《产权导刊》，2016年第3期，第61—63页。

2013年9月，国务院国资委产权局和中国企业国有产权交易机构协会在北京联合举办推进产权市场"四统一"座谈会，会议分析了产权市场面临的市场环境与政策机遇，明确提出"四统一"的实现路径与未来远景，其中关键的关键就是第四方信息公共服务平台的建立，同时还清醒地分析出来其核心竞争力在于：一是"四统一"平台的业务操作系统先进性必须是一流的，特别不能够输给股票操作系统；二是"四统一"平台基于互联网的平台性商业模式必须能够全流程操作，特别要优于电商巨头；三是产权交易机构必须走联合发展之路，通过信息化实现"四统一"的同步提升，并实现线上和线下一体化才是最终成功的现实基础。虽然当时的产权市场信息化操作环境仍然局限于互联网信息发布和竞价系统，但这次会议的前瞻性已经足以指明产权市场的发展方向在哪里，未来的路应当如何走。

可以说上述的预判是基于产权市场是要素资本市场，进场交易的资源配置要让市场来发挥决定性作用这一大前提的，符合当前深化市场经济体制改革的基本理念，因此如何来继续推进产权市场的"四统一"建设，联手推动产权市场成为统一公共资源交易平台当中最为先进亮丽、最有社会公信力、最能支持实体经济发展、最具投资价值和流动性的非标准、全要素资本市场，成为了我们当前首要的任务，也是未来产权市场能否成功转型提升的关键所在。

在这个历史阶段，产权市场发展当如逆水行舟，不进则退。因为"互联网＋"正在不断颠覆着一个又一个行业，基于互联网的金融服务已经形成了多个亚品种的金融交易平台，作为交易所的业态已不是传统意义上的交易所了。以平安集团的"陆金所"为代表，金融中介与全要素交易已经融为一体，资本的形成、流转、运营正在被一个大网络系统整合起来。项目、投资人和专业服务正在向平台汇聚，各类中介服务、创新金融产品、交易平台、互联网工具接近做到你中有我、我中有你了。这么看来，此时此刻的产权市场"四统一"已经是实现产权市场转型提升的最低目标了，这也是行业面临危机的核心所在。那么，我们再凭所有制限制、政策性保护、区域化分割这些传统优势已无法守住产权市场的基业了。当然这并不意味着我们无法超越，我们的传统优势如果按照传统的路子走下去反而成了我们的劣势，但如果按照"四统一"的精神将其进行整合和放大，形成我们共建、共用、共享的全流程互联网线上平台，辅之以金融中介服务的集成汇聚，加上覆盖全国的专业线下交易机构，一举形成产权市场O2O的全流程交易平台，我们就不但可以超越电商、迅速崛起，甚至可以同步实现统一中国产权市场的目标，以至于统领公共资源交易平台。这就是为什么当前"产权市场+互联网"要比"互联网+产权市场"来得更快些，因为根基还是在产权市场的"四统一"目标上面。当然，如果产权行业再不联合起来聚沙成塔，很有可能出现行业大分化、大衰退，这就是产权行业大变局来临前的环境特征。

那么，如何来建立产权行业的第四方公共信息平台是重塑行业核心竞争力的关键，而且要支撑起整个行业的需求，同步提升各个交易机构的信息化水平可不是一件容易的事。综观各电商平台与交易所系统，产权行业的第四方平台要想在竞争中胜出，其难点不是交易规则的成熟程度，也不是业务品种的丰富程度，而首先是信息平台对于非标化产权项目的普遍适用性，包括产权交易机构和交易双方的舒适体验，以及自定义的业务品种在系统内的方便拓展与衔接；其次是信息平台的操作便捷性，包括基于需求解决的系统功能和全流程线上操作，以及交易对接金融服务的快捷高效；最后是信息平台辅助衍生的大数据应用与联通，包括投资人数据库、客户数据库、专家数据库、信用数据库、即时交易行为数据分析等等。基于上述内涵的统一第四方平台再加上各地产权交易机构的业务导入和专业贴身、异地同步的地面服务网络，必将成为完全基于互联网的、全国最大的各类非标资产和权益交易市场，产权市场统一的梦想有望实现。

产权行业的事还要靠产权人自己来解决，全国各省、市、自治区的产权交易机构无一不在思考这件事，有的机构已经行动起来，例如由内蒙古产权交易中心牵头，全国八家产权交易所共同出资成立的"产全云"及其投资开发的"e交易"系统就是在这样一种思想观念下不断摸索实践的产物，也是迄今为止最接近产权市场第四方公共信息服务平台思路的一套操作系统，如果能够基于类似系统迅速集结产权市场的有生力量，在坚持共同愿景、民主决策、均衡治权、汇聚资源的合作原则，一定能够实现产权市场关键环节的重大突破；同时还分摊了成本、提高了效率、分散了风险、抓住了机遇，不失为产权交易机构特别是中小产权交易机构转型突围的捷径。

产权资本市场的统一亟待破局[①]

2018 年是中国改革开放 40 周年也是中国产权市场建立 30 周年。以 1988 年武汉市企业兼并市场事务所作为全国第一家交易机构设立为标志，中国产权市场发展至今，形成了全国产权交易机构的统一认识，即区域产权交易机构就是产权市场。这就给了我们这个行业一个战略性的既定前提，所有的理论研究和实践探索都不断在强化这一路径。但我们需要注意的是，这个路径依赖带来的发展结果既可以是继往开来的成就，也可能是转型升级的障碍。

一、明确市场发展目标

全国的产权交易机构 30 年来为国有资产规范交易和保值增值所作出的贡献有目共睹，特别是自 2003 年 3 月 16 日国务院国资委成立后，本着先立后破的原则在产权交易领域所做的一系列制度建设，以及通过分级授权指定的全国各省市产权交易机构所做的大量实践都很重要，正是这些成绩成就了中共中央、国务院作出"产权市场就是资本市场"的新论断。当前在政策机遇出现的同时，我们也应当看到严峻的竞争局面，全国公共资源交易平台正在蓬勃兴起并趋向于形成全国统一的大平台或大市场，多个大型电商平台正在攻城掠地、不断蚕食产权交易的传统业务领域，各级政府的"放管服"改革更让产权交易机构的原有

---

① 原载于《产权导刊》，2018 年第 12 期，第 34—36 页。原标题为《产权资本市场亟待破局》。

盈利模式遭遇重大挑战，这些趋势让我们几乎可以断言，因政策而生的产权交易机构，如果不因市场而变必将失去未来。

在这样一个关键的历史节点上，我们必须要明确产权市场的发展目标，否则我们可能错失新的历史机遇。其实，近年来国务院国资委的各级领导在不同场合都不约而同地对产权市场提出了相似的要求：产权市场要牢牢把握服务国资国企改革和服务实体经济的资本市场定位，立足国家战略不断拓展市场规模和领域；产权市场要在坚持规范、防范风险的基础上不断创新发展，加强交易机构内部管理，提升发展质量；要加强交易机构之间的业务协同和资源共享，打破区域分割，把握行业大局，树立产权资本市场整体的良好形象。这几点要求，实际上已经明确提出了产权市场向资本市场演进的目标方向和发展路径，同时也在提醒产权交易机构要勇于正视自身存在的问题，打破既有的路径依赖，找到整个产权市场转型升级的创新之路。我们应当清楚地看到这一点，否则仍然会囿于机构既得利益，陷于相对固化的发展困境，只能维持碎片化市场现状，无法担负起产权资本市场转型升级的历史责任。

二、权威描述市场愿景

当前，国内以常修泽等知名专家和学者为核心的理论权威们对产权市场的研究已经相当深入，行业内基本形成了以"广义产权论"为主导的产权市场理论体系。特别是党的十九大提出了市场经济体制改革的两个重点是"完善产权制度和要素市场化配置"这一论断，更激发了产权交易机构对于产权市场广阔前途的憧憬。随着经济结构的逐步转型，面对结构调整带来的资产结构调整需求，面对企业去杠杆带来的直接融资需求，面对国企改革优化股权结构带来的混合所有制改革需求等，资本市场亟待建设包括股权、债权、物权和知识产权在内的各类非标资产的全要素交易平台，而产权市场以非标准化、非连续性交易为特征，正是大有作为之时。

按照资本市场的监管模式和发展规律，国家统一部门监管和统一市场平台才是未来产权资本市场的发展目标，而当前由各省、市、自治区分别建设的碎片化市场能否胜任这一改革重担值得我们思考，这种具有中国特色的有组织分散建设的非标场外市场的交易机构成了整个市场转型升级的关键。当前业界的主流观点其实在几年前就已经形成，总结一下就是：各地机构基于自身的比较优势或资源禀赋，选择符合各地经济特色的发展道路，逐步形成统一平台、多点支撑、差异化竞争、功能上互补的全国产权市场格局，各地机构都是跨区域的全国性交易机构。但是对于各地产权交易机构如何不约而同地实现这一目标却莫衷一是。"不谋一世不足谋一时，不谋全局不足谋一域"，各地交易机构始终要面对市场竞争、政策、技术、人才、体制机制等条件的不断变化，而每个成功机构的经验并不一定能被其他机构复制，所以应当不断尝试创新的解决方案。

三、创新就要打破原有格局

产权市场的政策性资本市场属性决定了其必然首先服务于国家战略，而且要较其他市场更为紧密和直接。随着国家经济发展阶段的不同，产权市场表现出不同的市场建设目标和要求。经过 30 年的发展，产权市场已经很好地完成了交易规范的建设目标，今后要更多地转向交易质量提升的新目标上，因为整个国家的高质量发展也要求产权市场的质量跟上时代。

未来产权交易机构要更多地考虑如何降低交易成本、动员交易资源、管控交易风险、有效覆盖信息和提升增值服务，这是别人无法替代、全局性和系统性的竞争优势。因为我们所面对的是全国性战略任务，是整个国有资产布局和结构调整以及国有资本战略性重组的重大要素配置，其核心竞争力就表现在高效率、高质量和强创新上，而且要用国家层面甚至全球层面的建设水平来衡量和评估产权交易机构的能力。一家区域性产权交易机构的能力再强，相较于举全国之力建设的证券市场和大型跨国电商平台而言，竞争的结果也不难预测，更别说市场间的地位对等和实力匹配问题了。此外，产权交易市场是具有非标、小众、个性化、区域性特点的长尾市场，而全国绝大多数产权交易机构都是依靠当地国资部门支撑的中小规模机构，如果没有一个统一的大平台、大数据，我们很难想象这些分布在各地的项目的成交率，所以区域产权交易机构只有构建起互联互通的统一市场平台，才能真正重塑产权市场的供给端，让众多个性化项目，在覆盖面足够大、能力足够强的全国性产权市场平台中找到合适的匹配方，这样各地中小产权交易机构也才有生存发展的机会，否则，别说是一枝独秀，可能想独善其身都难。

党的十八大提出五大发展理念，其中创新是排在第一位的。而创新往往受到人的思维局限、组织局限和既得利益的局限，因此要实施真正的创新就是要打破原有的局限。首先要打破思维局限，突破产权交易机构独立发展、划疆而治的思维框框，立足行业、放眼全国，以更大的气魄和更广的胸怀来思考本机构的发展路径，要将本机构的发展放置于整个产权市场中来衡量，以满足市场进步的要求来定位自身的角色。其次要打破组织局限，要改变交易机构就是产权市场的传统观念，将构建全国统一的市场平台作为产权市场，而把本机构更多定位在代理服务层面，这就要求我们以高超的智慧来处理好机构独立性与平台整合的关系，如何通过有原则的妥协获得绝大部分机构的支持，是衡量统一市场的标尺。最后要打破利益局限，在各地机构支持的前提下打破原有的利益格局，关键要能够帮助各地机构顺利转型和能力提升，使全国统一平台在不损害各地机构核心利益的同时，给各地机构带来更多的增量业务流入、市场功能拓展和团队能力提升。

其实，国务院国资委和行业协会早就看到了这一点，只是条件不具备，难以打破既有格局。可喜的是，目前已有部分机构在以不同方式进行类似实践，只是这种创新力量还比较薄弱，前进的道路还充满着曲折，但我们相信产权行业统一市场平台的实践必将像当年井冈山的星星之火，未来一定能够形成产权资本市场的燎原之势。

关于制定产权行业发展规划的思考①

随着国家西部大开发战略和"十二五"规划纲要出台，全国上下各地区、各行业、各部门以及各企业都在研究自身的"十二五"发展规划。近期产权交易机构在行业协会筹备成立大会上也提出了产权市场或机构发展规划的问题，这不禁让我想起产权市场的发展历史和我们走过的曲折道路。制定市场或机构发展规划要紧紧依托历史对未来作出判断，这个新兴行业面临转型和提升的时期至关重要，但仅仅考虑历史因素是远远不够的，对发展战略的研究和制定规划的方法论才是关键。

一、发展规划不是历史的延长线，而是指向战略目标的矢量

受传统的规划发展模式影响，我们很容易惯性地认为，"十二五"规划应当是对"十一五"的自然延伸，沿着过去成功的步伐，规划可以预见的未来稳健而有序。其实不然，近 20 年来中国的和平崛起引起了全世界的关注，中国的经济和政治活动影响力波及全球，内外部环境的不断变化和未来的不确定性非常突出，历史已然将中国推到了一个极其复杂的发展阶段，所以常规眼光、传统线性思维已不能适应新的发展要求，不断变革已成为不变的主题。因此党中央适时提出科学发展

---

① 原载于《碰撞》（内刊），2010 年 11 月号，第 1—2 页。

观、转变经济发展模式，这说明中央已经认识到并积极开始了调整行动。

产权市场作为国家和地区经济建设的组成部分，就应当深刻理解党中央的指导思想，从根本上反思发展过程中的成功经验和失败教训对于未来的意义，在全球化视角下以科学发展观为指导确定我们的战略目标，从而规划出未来五年甚至更长远的行动方案和阶段性目标。我们需要做的是用"以终为始"的思维方法，围绕目标规划路径，放宽视野解决问题——这是制定规划的思维支点；然后结合本地区、本部门、本企业的资源禀赋形成可执行可操作的具体安排，方向明确加上措施得力才能成为可执行的好规划，才有望实现使命和愿景。

二、产权市场建设规划与交易机构发展规划是两个层面的事

产权市场的出现如果是以产权交易机构的出现为标志则可以追溯到 1988 年第一家产权交易机构诞生，但我始终认为产权市场绝不仅仅是由产权交易机构组成的，其中监管部门、中介服务机构、产权持有者和投资人群体都是必不可少的组成部分，即使是当前很多人都还没有清晰地界定这一概念，我仍然认为广义的产权市场应当是以产权交易机构为核心服务机构的大市场和生态圈，而不是交易机构独步天下、封闭运行的市场。既然产权交易机构不等同于产权市场，那么对于长远发展规划的制定也应当是两个层面的事情。产权市场建设覆盖面广、涉及领域宽，因此只有从政府角度拿出区域市场建设规划才有意义，至少是产权市场的监管部门代表政府来规划产权市场对于区域经济的功能与作用，厘清区域性产权市场之于全国性产权市场的关系，确定产权交易机构在市场中的角色定位与发展方向，这样的产权市场才能够成为区域经济建设的重要组成部分，要素资本流动平台的作用也才能够真正

发挥出来。

产权交易机构应当在明确自身定位与职能作用的前提下，依托区域产权市场的发展规划，重点规划机构自身的运行方向与经营方针，这样才能成为市场的核心建设力量，而不是一个普通的市场服务机构。这两个层面的发展规划应当说联系非常紧密，但也完全不是一回事，俗语说："皮之不存，毛将焉附"。因为产权交易机构的发展壮大是依存于产权市场建设的方向和目标，是非有不可的，区域产权交易机构发展规划是产权市场发展目标的具体措施和落实手段，更是不可或缺的。

三、交易机构的长远发展与机构管理体制机制关系最为密切

全国的产权交易机构从管理体制上看至少包含三种体制：事业单位、国有企业和公司制企业，因此各机构的治理结构和管理模式大相径庭，虽然理论上机构体制对于机构发展战略规划而言并不构成实质影响，但每种体制的优缺点会在机构战略规划执行过程中充分体现，所以区域产权市场建设规划也直接受机构体制的影响，从而最终会影响产权市场和产权交易机构的发展。因此地方政府在制定区域产权市场建设规划时就必须要明确产权交易机构管理体制，明确其顺畅发展的空间和通道。

并不是说哪一种体制的机构就绝对最优，而是在本区域产权市场中，哪一个阶段与哪一种体制的产权交易机构最合适才是正确的选择，但可以肯定的是，企业化和市场化是大趋势。合适的体制是产权交易机构在这个区域产权市场中最有利于争取资源，最有利于机构竞争，最有利于团队运作，最有利于成功操作项目的选择，也是实现多样化、均衡化和综合性产权市场目标的基础。当前的区域产权交易机构中还有相当一部分机构仍然存在一定的体制障碍，所以交易机构要紧紧抓住现

有体制的优点，尽可能将体制优势发挥得淋漓尽致，同时要顶住环境压力克服体制劣势，待时机成熟再谋求体制的调整与转变。

总之，在机构面临新一轮发展机遇之时，认真规划自身的发展方向与操作措施至关重要，因为方向错则无论我们多努力都不会成功，方向对则规划的执行和落实更有希望水到渠成。

现代产权制度建设渐行渐近^①

《孟子·滕文公章句上》说：滕文公问为国，孟子曰："民事不可缓也。《诗》云：昼尔于茅，宵尔索绹，亟其乘屋，其始播百谷。民之为道也，有恒产者有恒心，无恒产者无恒心。苟无恒心，放辟邪侈，无不为已。及陷乎罪，然后从而刑之，是罔民也。焉有仁人在位，罔民而可为也？"这是孟子对于治理国家的一个基本看法，其中核心要义是说国以民为本，民以食为天，百姓最为重视的是稼穑田产，有恒产则自然恒心向善，否则必然不免于为非之罪。孟子认为仁人治国，当以民生为本，以民产为要，这是我们中华民族的优秀传统文化所体现出来的价值观，所以历朝历代明君贤相都很重视民生问题和产权问题，产权制度当属国家的崇法重典，当今社会更是不能例外。

由于我国实行以公有制为主体的基本经济制度，所以新中国成立后在消灭私有制的大背景下，对于建立产权制度特别是私有产权制度并没有给予高度关注，这就必然会在后来的国家经济体制改革过程中产生一系列制约因素。党的十一届三中全会召开后，为了唤起广大人民群众创造财富的积极性，以农村土地承包经营权改革为突破口，逐步向城市个体工商户和民营资本领域拓展，取得了改革开放40年经济建设的辉煌成就。同时，无论是在农村还是城市，私人资本也都积累了大量财富，广大人民对于私人产权的安全性、收益性、流动性都产生了越来越明确的诉求。这就要求国家必须对于各类产权给予清晰界定、法律保

---

① 原载于《碰撞》（内刊），2019年3月号，第1—9页。

护和明确预期，彻底解决两千多年前孔子在《论语·季氏》中所担心的"丘也闻有国有家者，不患寡而患不均，不患贫而患不安"的问题。对于这个涉及百姓恒产、恒心的千年之问，如何回答却是考验着我们这个时代的执政党和国家领导集体的智慧。

党的十六大提出了建立现代产权制度的目标是构建"归属清晰、权责明确、保护严格、流转顺畅"的制度体系，但我们必须要清楚地认识到，这个产权制度体系是建立在以公有制为主体的基本经济制度之上的制度建设，始终不能混淆不同经济制度下私人产权的权、责、利关系的差别，这其中对于"产权"这个概念的理解和应用至关重要。按照通俗产权理论来解释产权的内涵至少包括财产的所有权、占有权、支配权、使用权、收益权和处置权等，随着国家经济体制改革的不断深入，特别是市场经济体制的建立和全面依法治国政策的落地，产权的经济实体特征、可分离特征和可流转特征就显得特别重要了，因为这些特征真正代表着产权的财富价值和对产权拥有者的现实意义，这也为能够保证在公有制为主体、多种所有制并存的基础上，私人同样可以实现对于所拥有产权的财产意义。因此，国家如何去实现不同产权拥有者的财富价值才是我国现代产权制度建设要解决的核心问题。

党的十八大以来，党中央、国务院高度重视产权保护工作，党的十八届三中、四中、五中全会就此提出明确要求，强调国家要保护各种所有制经济产权及其合法利益，健全以公平为核心原则的产权保护制度，大力推进产权保护法治化。2016年11月27日，《中共中央　国务院关于完善产权保护制度依法保护产权的意见》正式对外公布，这是我国首次以中央名义出台产权保护的顶层设计。随后，党的十九大提出"经济体制改革的重点是完善现代产权制度和要素市场化配置"这一重要战略目标，正是在产权保护的基础上，国家要继续循着创新不同类型产权的价值实现形式和流转配置方式，以更好地实现产权的财富价值这样一个逻辑提出的。2016年12月29日，《中共中央　国务院关于稳步推进农村集体产权制度改革的意见》正式对外发布，从农村产权领域的财富价值实现开始了探索。2019 年 4 月 14 日中共中央办公厅、国务院办公厅发布的《关于统筹推进自然资源资产产权制度的指导意见》，在已经提出的现代产权制度十六字方针外，加上了"监管有效"的 20 字自然资源产权制度体系目标。其范围更是涵盖了农村土地资源、矿产资源、海洋资源等全方位的资源产权体系。这是我国首先在自然资源领域率先提出补充产权制度短板的重要举措，相信相关部门随后会迅速出台规章制度，以至于全国人大启动立法程序，完善相关具体实施细则。

随着现代产权制度的逐步完善，要素市场化配置改革工作也应当提上日程。按照亚当·斯密的《国富论》① 提出的逻辑，产品或要素的价值通过交换才能得以实现，而交换的原因是社会生产分工的存在，而生产分工的范围又受到市场范围的制约，也就是说市场范围越大，分工越细，交换越频繁，产品或产权的价值发现越充分，同时市场也就越活跃。所以市场的建设和发展是实现商品交换、要素交易、经济发展甚至生产力提升的一道关键门槛，也就是马克思在《资本论》中所描述的"惊险的跳跃"②，可见市场体系建设无疑是产权制度建设的重中之重。

作为市场体系中的重要组成部分——中国资本市场也迅速作出反应，2019 年 1 月 30 日，中国证监会在证券市场成立近 30 年的时候，正式发布了《关于在上海证券交易所设立科创板并试点注册制的实施意见》，将其作为证券资本市场改革的重要举措之一。这一举措是针对极少数创新型高科技企业的专业市场改革，但那些绝大多数暂时发展层次不高、技术不够先进、模式相对传统、盈利预期不佳的企业该怎么办

---

① 观点采自汉译《国富论》第 1 篇第 3 章，陕西师范大学出版社，2010 年 5 月第 2 版，第 25 页。

② 汉译马克思《资本论》第 1 篇第 3 章，人民出版社，1973 年 4 月北京第一次印刷，第 124 页。

呢？很显然，必要的引领要有，普惠的服务也要有。我们还需要从有中国特色的要素市场体系建设着手。无论是土地市场、技术市场还是资本市场，生产要素顺畅流动的核心还是建立和完善产权制度和覆盖全要素的各类产权交易活动。所以，建设产权市场才是完善要素市场体系的关键一招，大产权市场是全要素市场体系的基础。

近年来，在国务院国资委和各省产权交易机构的实践探索和集中呼吁之下，中央逐步将产权市场定位提升到相应的高度，但由于相应的理论研究、机构改革和部门职责调整都没有及时跟上，国家至今没有就产权市场如何更好地配置全社会的要素资源作出细化规定，更没有启动类似《产权法》或《产权交易法》的立法工作，所以产权市场的规范发展还有很长的路要走。

即使这样，经过40年的改革开放，现代产权制度建设已经渐行渐近了，而产权市场制度建设是弥补要素市场制度的短板，更是完善现代产权制度的核心，我们也相信在全国产权市场从业人员的合力推动下，完成这一产权市场的"惊险跳跃"也并非没有可能。

第二编

产权市场实务运作

第一章
企业国有产权交易实务

产权交易机构是国企提质增效的好帮手[①]

2016 年是"十三五"开局之年，宏观经济仍然面临严峻考验，按照中央经济工作会议精神，国有企业作为我国经济支柱落实全年供给侧结构性改革的五大工作任务，仍然肩负着重要的职责和使命。为什么这么说？一方面，国有企业从数量上约占全国各类企业十分之一，注册资本约占全国企业三分之一，收入占全国 GDP 五分之一，税收约占全国企业三分之一，很多国有企业都是全国的行业龙头，因此国企发展的好坏关系着国计民生和发展大局。但另一方面，由于国有企业整体而言资产重、产业深、布局广、机制僵，面对国家调结构、促改革的深度调整，国有企业的提质增效是难点中的难点，也是关键中的关键。

国有企业提质增效是一个全方位、系统化的改革目标，要想完成这个目标，国企员工要在态度上层层传导使命、狠抓落实，国有企业要在文化上倡导工匠精神、精益求精；国资委要在体制上改革完善、激发活力；政府更要在政策上给予各种保障和创造条件。但是要想尽快扭转国企效益下滑的局面，关键还是方法上得力，这就要求国有企业领导层要在优化资源配置、强化内部管理、调整产业结构、加大创业创新上做文章，而这正是产权交易机构可以大有作为的领域。

一、协助国有企业内部挖潜，在降成本上施展力量

国有企业降成本主要包括降低制度性交易成本、降低融资成本、降

---

① 原载于《现代国企研究》，2016 年第 6 期，第 10—12 页。

低用能（煤电等）成本、降低物流成本、降低企业原材料采购成本和降低内部管理成本等。在这个过程当中绝大多数降成本的工作实际上都存在一个交易的行为，也就是都存在价格发现的需求，除了个别交易存在无法抗拒的制度瓶颈或卖方市场以外，所有交易的核心还是国有企业本身操作行为的方式方法选择问题。当前我国现代市场体系还不健全，加上国有企业内部管理方面存在一些固化或传统做法和习惯，因此在成本管理方面似乎存在一些不可逾越的门槛。其实，产权交易市场作为各类交易信息汇聚中心，完全可以通过交易业务品种创新，发挥公信力资质作用、广泛的信息平台和公开竞价的系统优势在国有企业降成本方面大展拳脚。例如，内蒙古产权交易中心在国有企业原材料采购、能源采购、资产采购方面为企业降低成本都在 10% 左右，较好地显现出市场化方式降成本的成效，其他类的成本也可参考此类做法达到相同的效果。

二、协助国有企业盘活存量，在去产能上发挥作用

由于国企的产业存量布局大量集中于钢铁、煤炭、化工等传统大型工业，在供给侧结构性改革背景下，盘活存量的主要做法之一就是坚定的去产能，因此去产能的重点仍然是国有企业。针对中央对国有僵尸企业该去则去、该控则控、该死则死的决心，如何保证国企能够有利、有序地去产能成为一个关键，除了内外部条件和系列保障措施要到位以外，去产能的过程管理和资产价值实现就变得特别重要，而这些又恰恰是产权市场的优势功能。由于国有企业与民营企业在经营管理方面相比确实存在着一些差距，很多国有企业占据优势资源但未发挥优势作用，例如在 2016 年的前三个月全国国有企业收入和利润仍然在下降的同时，民营企业整体效益则有所增长，因此在国有企业淘汰落后产能的过程中民营企业仍然有机会通过盘活和重整，让这些落后产能重新焕

发生机。所以在这些国有存量资产民营化的过程中，产权市场凭借广泛的信息覆盖面、多年积累的投资人群体、规范的交易流程、先进的网络竞价工具等，可以让这些淘汰资产的未来价值充分折现，不但可以让国有企业尽快降低资产运营成本，还可以引进战略投资、提升资产含金量，实现国有资产的保值增值。例如，十年来通过内蒙古产权交易中心转让成交国有存量资产约 150 多亿元，超出评估值约 12 亿元，而且近几年的转让交易竞价率始终在 80% 以上，可见产权市场是国有资产盘活存量的重要平台和有效手段。

三、协助国有企业并购重组，在调整结构上快速推进

企业的并购重组是典型的资本市场业务，但是对于绝大多数未上市国有企业的并购、重组、上市而言制度规范性和专业服务性同等重要，因为这些项目既要符合《证券法》的要求，也要服从《企业国有资产法》的约束。这也就是在中央出台的一系列国企深化改革意见中把产权交易市场和证券交易市场同样作为服务于国有企业并购重组的资本市场的原因。国有企业无论是主动并购还是被动并购，依然要把握国有企业混合所有制改革的基本要求，操作过程阳光透明，防范国有资产流失。产权市场发挥的作用就是用公开的标准和规范的流程来判断和识别重组企业之间的投资人充分发现、产业协同关系、资产配置效率、竞合回报预期、结算交割风险等，从制度上避免盲目乱投资、乱上项目、人为定价、监督缺位等责任乱象的出现。同时产权市场还是一个中介服务汇聚平台和金融服务支撑平台，产权交易机构可以用较低成本为国有企业并购重组提供优质集成中介服务，保证重组并购的专业性保持在较高水平。

四、协助国有企业创新创业，在改造升级上提供平台

国务院总理李克强 2015 年在河南考察时强调[①]，越来越多的实践证明，大众创业、万众创新不仅是小微企业生存和兴盛之道，大企业通过"双创"更能够集聚全员智慧，迸发更大能量。集众智、汇众力，攻坚克难激发活力，进一步解放和发展社会生产力，把国有企业改革和"双创"结合起来，发展混合所有制。瞄准市场需求，努力推动装备制造业智能转型，提高企业核心竞争力。一提大众创业、万众创新，人们往往想到小微企业。其实，国有大企业在这方面不但可以，而且应该会做得更好，因为大企业"双创"所释放的能量，要远高于小微企业。国有企业先天的资源优势、技术优势、人才优势，不仅大幅提升"双创"效率，激发员工创新意识，也为深化国企改革、激发企业活力创造条件。国有企业搞双创重点是将自身闲置资源或者创新权益进行优化配置，也可以看作是将社会资源与自身优势资源按照某种交易规则进行有机组合。而在这个资源再配置的过程当中，产权交易机构完全可以承担起国有企业各类创新权益的汇聚信息、登记确权、阳光招商、公开竞价、风险防范的功能，并可以整合各类中介服务，将国有企业的众创、众包、众筹等共享理念下的公私合作事业纳入规范有序的操作平台，从而为实现国有企业改造升级闯出一条新路。

五、推动国有企业互帮互助，在合力推动国企提质增效方面彰显优势

一直以来国有企业之间的合作仍然是危机时刻的国企脱困法宝之

---

① 2015 年 9 月 23 日至 25 日，中共中央政治局常委、国务院总理李克强在洛阳、许昌、郑州考察。

一，特别是在共同面对国际竞争、实施跨国投资战略或全球产业布局调整时显得更加重要，虽然有一些国有企业的同行恶性竞争案例被媒体放大曝光，但国企之间的成功合作依然是主流。内蒙古产权交易中心就参与过很多次不同区域的国企特别是中央、地方国企的合作并购重组项目，几乎每个项目都成功提高了产业集中度，化解了标的国企的困局。因此在供给侧结构性改革的大背景下，国有企业之间非常需要产权交易平台这样一个共同的国企合作平台，特别是上下游产业之间，资源互补、产业配套的国企之间，按照公开阳光的协作机制，为信息共享、业务协同、相互持股、战略合作提供综合产权投融资服务，为国有企业提质增效创造高效率、低成本的优质合作典型。

六、推动国有资产进场交易制度落地，在国有企业保护干部方面发挥作用

国有资产进场交易制度是国家在国有经济管理工作中重要顶层设计之一，也是党的十八届三中全会所倡导的市场在资源配置中起决定性作的实践典范。包括国有企业提质增效在内的一系列改革举措要落地，关键还是在于人的因素，而人特别是领导干部在改革过程中难免会遇到一些问题，如果因此而裹足不前必将贻误改革发展大计。中央提出经济社会建设工作中的"三个区分开来"，其中特别提到把上级尚无明确限制的探索性实验中的失误和错误，同上级明令禁止后依然我行我素的违纪违法行为区分开来。国有产权进场交易制度是国家明令发布的法律和规章，无论是国资监管部门还是国有企业都应当严格按照《企业国有资产法》的要求实施国有产权的规范流转，客观上起到明确责任、保护干部的作用，为国企改革创造良好环境。

混合所有制改革要通过产权市场进行①

"混合所有制"是党的十五大提出来的改革方向，在党的十八届三中全会上全面确立为国家"基本经济制度的重要实现形式"，而且混合所有制的全面实施将"有利于国有资本放大功能、保值增值、提高竞争力"。这意味着混合所有制改革成为大部分国有企业的改革方向。未来将有相当数量的国有资本与民营资本全面融合，国家将会通过资本混合不断放开垄断行业，不断发挥制度优势焕发国有资本的活力，最终实现国家经济的持续稳定增长。

混合所有制改革将成为国企改革一种常态，产权市场应当如何来参与国企混合所有制改革呢？关键是切入点的问题。2014 年 3 月 9 日下午，习近平在参加十二届全国人大二次会议安徽代表团审议时说："发展混合所有制经济，基本政策已经明确，关键是细则，成败也在细则。不能借改革之名把国有资产变成谋取暴利的机会。改革关键是公开透明"②。总书记的发言告诉我们，如今的改革更关注过程，只有过程精细规范、阳光透明，才能不再出现国有资产流失问题，而产权市场的机会也恰好就在这里。

众所周知，在国企混合所有制改革当中，国有资本管理者首先重视的是过程规范，主要关注国有资产保值增值的责任承担问题，民营资本所有者特别重视混改后的效果和效益，主要关注的是投资回报的收益

---

① 原载于《碰撞》（内刊），2015 年 3 月号，第 1—2 页。原标题为《混合所有制改革为何通过产权市场进行》。

② 见《人民日报》2014 年 3 月 13 日。

多少问题，因此这种通过第三方平台来建立信任的合作就要求有过程的规范化和平台的公信力。

产权市场的价值就在于其天生就是国有企业混合所有制改革的成熟平台，无论从制度、经验还是效果上看，当今中国没有任何一类机构能够比产权交易机构更适合来充当混合所有制改革的操作平台。具体来说主要有以下原因：

一、产权市场能够解决好混合所有制改革目标问题

从大的意义上讲混改的意图很明确，就是利用民营资本的逐利性、操作积极性和责任心，去转换国有企业的经营机制，实现国有资本搭便车式的保值增值。而具体到每一个企业都会有其"特殊性"，存在着对政策"意图"的不同理解和对产权利益的博弈，因此混改"方案"的重要性可想而知。这个方案之所以重要，是因为它不同于一般的并购案例，除了考虑私人资本的逐利性也要考虑国有资本的公开性，还要考虑企业本身和员工利益的稳定性，并从中找到各方权责利的均衡点。制订方案的工作既不能交给国有企业的经营者去决定，也不应交给非国有的投资方，而应当在监管部门确定的混改制度和大原则基础上，由具备政策公信力的交易平台作为第三方，也就是产权交易机构来统一组织中介服务，形成特殊意义上的投行、律师、会计师团队。交易机构监督执行并按制度要求进行合规性审核，平等对待各方面资本的诉求，客观分析具体企业的特殊性，以专业策划为基础，才能把方案的专业性和规范性完美结合，实现真正的符合国家意图的混改目标。

二、产权市场能够解决好混合所有制改革的对价问题

所有的混改方案始终都避不开一个最为敏感的价格问题，如何能

够证明价格的公允是国有资本与民营资本结合过程中的老问题，也是责任最大的问题。有人说通过评估，有人说参考同类上市公司市值，有人则说要通过竞争比选，其实都不完善。产权交易的价值确定问题在国资委成立之初就已经确定了成熟的制度体系并不断完善至今，归纳起来就是"清产核资＋审计评估＋审核备案＋指定媒体固定期限挂牌公示＋互联网上公开竞价"，再加上成熟的加价、降价和防串标制度设计已基本趋于完善。其中每一个环节都有着明确的政策界限和把握尺度，这种价格确定机制和技巧是其他中介机构所没有的，是产权交易机构整合多个部门和中介服务后的全流程操作创新，是完全符合公有资本与私有资本结合过程中的公允原则的，是迄今为止被联合国公认的解决国有资本民营化过程中的最优解决方案。随着互联网特别是移动互联网的创新和发展，产权交易机构又与时俱进地建立起覆盖线上与线下资源的信息服务平台，使得国有资本的价格得到了最充分的发现，也使混改的对价成为最经得起质疑和检验的成果。

三、产权市场能够解决好混合所有制改革的阳光透明问题

阳光是最强的反腐剂。任何参与操作的公务人员都会有一个顾虑就是混改过程中的责任，事实上通过一般中介机构操作，其实并不可行或过于简单，通过产权交易机构，才是解决混合所有制改革阳光透明问题的正确选择。首先，中介服务机构是接受委托人的委托，按照委托人的意图去设计服务，而产权交易机构是按照制度的规范性去系统把握整件事情，并不简单以委托方的意图所转移。其次，国企混合所有制改革主要有八种方式，包括股权转让、增资扩股、发起新设公司、职工持股和股权激励、投资合作、改制上市、发行可转债和成立混改基金等。无论哪一种方式都会涉及信息公示问题，这就是国有资本强制履行民

众知情权、参与权、决策权的具体体现，而产权市场交易国有资产这么多年，已经成为民企心目中参与国企改革的规范通道和平台，有毋庸置疑的信息公信力，因此国有企业除了改制上市，无论采取何种方式，要实现混改都应当与产权市场合作，规范完成整个过程。

总之，国企混合所有制改革到底如何进行尚无定论，姑且认为这是国企改革过程中的一种选择，无论今后怎样改，产权市场制度化、流程化、信息化、规范化的要求不会变，产权交易业务阳光化和市场化的方向不会变，产权市场必然会在国企混合所制改革过程中发挥不可替代的重要作用。

产权交易机构应打开采购市场新领域①

　　企业采购属于广义的资本运用管理范畴，企业集中采购业务进场交易越来越为产权交易机构所青睐，黑龙江、内蒙古、江苏等省、自治区的产权产易机构在这个领域都取得了不错的成绩。以内蒙古产权交易中心为例，2017 年 1 至 7 月，共完成企业集中采购 1 330 宗，采购金额达 28.2 亿元，平均节资率达 15%。② 早在 2012 年国务院国资委就要求中央企业要不断加大集中采购力度，通过充分利用信息化手段、向供应链管理转变，加强惩防体系建设，不断创新采购管理等手段，准确把握采购管理发展方向，尽快建立集中、高效、透明的采购管理体系，但效果差强人意。2017 年上半年，中纪委公布了首轮巡视对 26 家央企列出的问题清单，其中采购招标仍是腐败易发、多发的重点领域，还指出十余家央企在物资采购、工程项目招标过程中存在缺乏监管问题，涉及金额上千亿元。在当前供给侧结构性改革不断深化的背景下，充分发挥产权市场公开阳光交易的功能和作用，帮助企业提升采购管理水平，完善供应链管理，从根本上影响企业的经营成本，为企业提质增效、增强核心竞争力做出实质性贡献意义重大，企业集中采购业务成为产权市场一块亟待开发的重要领域。

---

　　① 原载于《产权导刊》，2017 年第 10 期，第 59—62 页。原标题为《交易机构打开采购市场新领域》。
　　② 数据来源于内蒙古产权交易中心的业务统计报表。

一、产权市场开展集中采购业务的法律依据与逻辑基础

一是产权市场的设立源于现代产权制度的兴起与出资人地位的确立，而出资人权益特别是国有资本出资人权益的保护主要体现在国有资本的形成、流转与运营阶段如何做到公开、公平、公正。2009 年公布实施的《企业国有资产法》第五章"关系国有资产出资人权益的重大事项"中的"一般规定"第三十六条明确提出："国家出资企业投资应当符合国家产业政策，并按照国家规定进行可行性研究；与他人交易应当公平、有偿、取得合理对价。"这就很明确提出了出资人对企业在投资、采购、转让、增资扩股等各种交易领域的权益保障要求，说明这与企业法人财产权并不冲突，因为这个交易结果会直接影响出资人所出资本的收益性、安全性和流动性，只是在现实操作中国家并未对企业国有资产采购方面作进一步细化规定，但并不代表出资人对采购等交易行为没有要求。换句话说，虽然企业依法享有经营自主权，甚至出资人也不得干预，但前提是企业必须首先保障出资人的合法权益，如果企业的经营自主权是以侵蚀出资人的合法权益为代价，或无法证明交易的公平、有偿与合理对价就不是合法的经营自主权。

二是产权市场作为非标准要素资本市场，其服务于企业国有资产的范围应当是全要素交易，而产权市场公开、公平、公正交易正是帮助企业在进行国有资产采购交易过程中实现上述目标需要的具体机制，各类国有物权、股权、债权、知识产权在与民营资本交易过程中，通过产权市场这个第三方平台来保障出资人的权益，确保国有资产不流失，本身就是产权市场功能的正常拓展和合理延伸，也是产权市场供给侧结构性改革的方向。当然从另一个角度看，国家对国有企业集中采购进场交易的具体制度未作规定，也不排除其他机构和交易平台也可以通

过某种机制设计或专业支撑达到同样的目标，并可以与产权市场公平竞争，以便更好地完成这项工作任务。

二、产权市场集采业务模式的竞争优势

企业提高经济效益无非两种手段，即增加收入和节约支出，因此降成本是企业通过管理提升效益的直接路径之一，企业采购管理部门也由企业的成本中心转变成为企业重要的利润中心。

一是从采购管理体制来看，绝大部分国企通过建立健全制度、优化改进流程、实施权力分置、开展激励约束等措施，实现采购管理中"隐蔽的权力公开化，集中的权力分散化"和"权责明确，奖惩严明"，但在具体操作环节往往通过引入招投标中介环节来实施集中采购。从国有企业来讲，有第三方的介入确实在一定程度上能够公开采购过程、防范腐败的发生，但为什么传统的招投标采购并没能够有效遏制腐败的持续蔓延，甚至使招投标机制为不法人员所利用，究其原因是这种采购模式并未形成真正的激励约束机制。招投标公司作为第三方采购中介掌握采购过程中所有信息，却主要负责隔离招标、投标、评标各方，关键是结果由谁来中标并不影响招标服务费的收取。而招投标双方特别是招标方如果内部约束不强，就会导致有人可能利用这个机制获取和运用关键信息，这就使采购的实际效果完全依赖人员的职业操守，而人性的复杂导致制度的严肃性很可能被人为攻破。如果是这样的话，采购的权力并没有被制度真正分置，传统招标采购也就很难达到较好的效果。

二是企业采购成本管理的关键节点主要集中在去中介环节，以及产品质量把关、交易流程控制和价格竞争环节，除了产品质量把关环节以企业内部为主导以外，其余三个环节都应当考虑利用交易平台来实现权力分置。产权市场作为国有资产阳光交易平台正是创造出平台化

采购的交易模式、力图解决传统招投标采购可能存在的不足来参与市场竞争的。产权市场平台化采购模式的重点是产权交易机构参与招投标采购的流程配置，通过与招标机构的分工协作，客观上阻断招投标权力链条，改招标方委托招标公司的合同关系为招标方进入平台自主或委托交易机构采购的合作关系。招标方将部分权力同时分给两个机构完成，并以招投标机构与产权交易机构的相互制约来履行权力，使招标公司主要履行了规范专业流程的职责而较少承担违规责任的风险，产权交易机构主要承担了违规责任的风险而不主要履行规范招标流程的职责，更多地担当监督招标机构的角色。投标方则自主进入平台同时面对交易机构和招标公司，增加了串标的风险与成本，一定程度降低了违规的可能性。产权市场采取了"菱形"的平台化模式，用更精细化的制度和流程安排阻断了内外勾结的途径，平台的覆盖面和关键信息阻断机制很容易挑起投标方的价格和品质竞争，自然体现出很好的采购效果。

三是随着互联网技术的应用和国家"互联网＋"发展战略的推进，很多国有企业开始采用自建的电商化平台来进行采购，并对接自身的ERP系统，实现了内部管理审批流程与外部采购电商相连，提高了采购工作的效率与信息化水平。一些大型招投标公司、行业协会甚至国内大电商平台也在积极探索建设全流程互联网化的电子招投标信息系统，但基本上都是以招投标流程为基础构架的流程电子化模式，仍是将线下操作转到线上操作。2017年上半年，国家发展改革委牵头，工信部等多部委制定了《"互联网＋"招标采购行动方案（2017—2019年)》，明确从发展规划、技术标准、交易规则、安全保障、公共服务等方面引导各类市场主体积极参与电子招标采购平台体系建设运营，而且要求各类交易平台要与电子招标投标公共服务平台协同运行、互联互通、信息共享。平台化采购已经成为国家战略的具体行动安排，并且积极鼓励社会资本建设电子招标投标交易平台，鼓励交易平台向专业化方向发展，提供特色服务，促进交易平台整合，拓宽交易平台服务范围（包括非依法必须招标项目），为跨地区、跨行业公平竞争营造良好的发展环境。这就为包括产权市场集采电商平台在内的社会各类采购电商平台的发展指明了方向。由于产权市场多年的阳光交易能力建设，产权市场的电商平台有明显优于其他电商平台的制度基础和公信力。目前市场上由多家产权交易机构共同建设的"e交易"互联网招标采购平台上线仅一年多，就已成为了入选对接中国招投标公共服务平台的第三方交易平台，而且是唯一由产权市场组织建设的平台，充分体现了产权阳光交易模式下的集采电商平台的较强优势。

三、集采制度顶层设计的系统性安排

产权市场是国有资产交易的国家顶层制度设计，因此国有企业集采制度不能只从采购平台角度考虑问题，还需要同时关注国有资产监管要求和国有企业质量效益同步提升的问题，这样才能够很好地解决国有企业集采问题。

一是国资监管部门作为国有资本出资人应当根据《企业国有资产法》，下发有关国有企业集中采购的相关要求，设立确保采购国有资产不流失、确保产品和服务质量合格的制度底线，可要求企业在股东会、董事会层面制定采购决策、监督和执行环节的必要流程和标准，推广进入第三方电子化采购平台的模式，以内部管理制度形式报国资监管部门备案。国企纪检部门应当把企业集中采购作为重要监督事项，将确保内部制度流程严格执行作为切入点，既防范国有资产损失，又确保企业产品和服务能够保障人民生命财产安全，重点跟进采购环节的监督执纪问责工作。此外，企业采购管理经验和效率也可以在年度经营业绩考核中有所体现，这样才能够充分维护出资人合法权益。

二是国有企业应当按照国资监管部门的要求和股东会、董事会决议制定本企业的集中采购配套管理制度，包括内部采购的决策管理制度、阳光采购的内部分工制度、采购商品和服务的质量检验制度、采购工作的监督执纪问责制度等，在企业内部不能形成简单的完全依靠第三方中介采购或利用电商平台而忽视线下沟通的习惯，要形成内部相互制约机制，毕竟对于企业集中采购这种非标准化交易，管理精细化应当渗透到线上线下的每一个细节，这样才能从管理中获得效益。

三是产权交易机构应当制定适应国有企业集中采购需求的各项交易规则，根据企业国有资产交易惯例，应当由国务院国资委首先出台国有企业集中采购管理制度，各省市产权交易机构再分别制定适合本地区的采购管理办法。但是随着采购电商化的兴起，业界已经形成了采购电商的云平台和交易系统，主要是依据《招投标法》的相关精神开发的，因此各地区产权交易机构最简单的做法是尽快参与和进入到行业的云采购平台当中，结合产权交易机构的传统优势和业务特点，以电商交易系统的标准化流程为基础倒过来制定本机构的集中采购交易规则，共享交易平台大数据资源和线上开、评标技术资源，从而更加高效快捷地形成自身的采购制度体系，尽快开展企业集中采购业务，开辟地区国企采购市场，形成产权市场开展企业集采业务的行业竞争优势。

国企要充分利用产权市场降杠杆^①

从国家经济结构上观察，由于种种原因使信贷资金过多集中于效率较低的国有企业，这导致国有企业的资产负债率居高不下。近日，中共中央办公厅、国务院办公厅印发了《关于加强国有企业资产负债约束的指导意见》（以下简称《意见》），其核心就是要促进国有企业降低负债率水平，并达到平均资产负债率到 2020 年末比 2017 年末降低 2 个百分点的目标。因此，国有企业已成为当前市场上非金融企业中降杠杆的重中之重，政策目标就是力争使国有企业资产负债率保持在同行业、同规模企业的平均水平，从而倒逼国有企业提质增效，高质量发展。

国有企业高负债率的成因复杂，从国企内部来看，主要是受传统体制机制的困扰，市场化改革不彻底，管理层激励约束机制不到位；从国企外部环境来看，配合国有企业优化资产结构配置的市场体系还不健全，主要是指产权市场建设滞后，市场直接融资作用发挥不够，没能推动国有资产资源的流动性加速，也就没有利用好市场机制让国有资本可以处于不断的流动和增值过程中，自然就会形成单一债务融资的"堰塞湖"。

这样看来，解决国有企业降杠杆问题，必须要集中精力推动各类要素市场建设，特别要强调产权市场建设，最好是举全国之力将区域性产权市场打造成为全国区域覆盖、线上线下联通、标准统一的新型产权资

---

① 原载于《碰撞》（内刊），2018 年 9 月号，第 1—4 页。

本市场，并与证券资本市场相互补充，就像长江、黄河两大水系贯通全国一样，对国有企业形成以产权市场和证券市场两大"水系"为主要融资和流动的主渠道，其他金融要素市场多条"支流"互动的资本市场体系，才能够有足够多的资源来化解国有企业高负债率，才能真正形成国有企业良性经营的市场基础。

《意见》特别提出了加强国有企业资产负债约束的五条配套措施，除了第一条厘清政府债务与企业债务的边界以外，从第二条支持国有企业盘活存量资产和优化债务结构开始，第三条完善国有企业多渠道资本补充机制，第四条积极推动国有企业兼并重组到第五条依法依规实施国有企业破产，因为国企主要是非上市企业，所以这些措施或多或少都与产权市场的功能相关，也展示出了产权市场更多的业务创新机会。例如第二条关于"盘活存量资产"正对应了国有企业淘汰落后产能，优化国有企业的资产结构，提高运营效率的目标要求，而这正是产权市场资产交易的常规业务。经过30多年的积累，产权市场的资产交易业务已经接近炉火纯青，全国产权市场聚集了大量从事资产交易的投资人，加上健全的法律法规、顺畅的交易系统和成熟的行业惯例，已经是产权市场价格发现和保值增值最突出的板块。第三条"多渠道补充资本"则印证了国有企业通过产权市场实现增资扩股，是绝大多数非上市国有企业的现实选择和便捷通道。大量的非上市国企需要专门的市场平台提供增资扩股服务，而分布于全国各地的产权交易机构恰恰可以满足这个要求。自国务院国资委和财政部32号令出台后，国企增资扩股也已经成为产权市场增长最快的业务板块。第四条"兼并重组"与国有企业通过产权市场开展混合所有制改革政策相吻合。兼并重组强调的是以强兼弱、以优并劣，是企业进行产业转型升级的重要手段。统计资料显示，2016年，证券市场中的国有控股上市公司共完成并购重组678单，交易金额1.02万亿元，占全市场并购重组比例达43%，而同年全国产权市场的国有企业并购案例共6 019单，是证券市场并购重组宗数的近 10 倍，交易金额 3 716 亿元，达到证券市场并购重组规模的 36%，这是在产权市场仍处于区域分割、机构分散操作的局面下实现的成果，这也反映出产权市场较好的专业能力和强大的生命力。可以预言，产权市场各交易平台一旦实现平台统一、资源共享，必定会爆发出更加强大的生产力。

当前我国的资本市场体系仍处于初级发展阶段，由于改革开放初期受西方以私有资本为主体的市场经济国家公司制度和企业制度的影响，我国的资本市场也形成了以证券市场为核心，分为主板、创业板、中小板、新三板以及区域股权市场的多层次市场体系，市场配置资源的功能不断增强。但由于我国以公有制经济为主体、不同所有制经济成分共同发展的经济结构，使得现存的资本市场体系和操作规则在一定程度上没有充分考虑中国企业所有制结构的特殊性，对于大量的非上市国有企业不能够提供相应数量的资本市场服务，国家急需弥补这个资本市场的短板。

随着市场经济改革的进一步深入，国有产权与其他产权的同等地位越来越受到重视，也正是因为这个同等地位，除了产权保护，我们也要关注产权的流转和融资必须有相应的配套市场。国有企业的规模和特点决定了国有产权交易必须要有专业服务于国有企业的资本市场，否则现有资本市场格局没有办法很好地解决全体国民作为产权所有人的知情权、参与权和监督权。所以国家从 2003 年开始就国有资产交易作出了不同于社会资本交易的制度性安排，包括《企业国有资产法》（2009 年）和国务院国资委一系列产权交易规章制度。2015 年 8 月发布的《中共中央、国务院关于深化国有企业改革的指导意见》（中发〔2015〕22 号）提出产权资本市场的概念和功能指向，明确了国有上市公司主要利用证券市场，大量的国有非上市企业则主要利用产权市场，使所有国企都能同步实现资源优化配置。因此产权市场就被赋予了这一项专属的特定功能，从更多的角度服务于国企业的全要素流转和融资。

综上所述，国有企业一定要充分认识产权市场的定位与功能，在降杠杆、去产能和混合所有制改革过程中，不但要依靠证券资本市场，更要依靠产权资本市场来达到相应的目标。

第二章
金融产权交易实务

区域金融的产权市场管理创新[①]

金融创新包括很多种类，如金融产品创新、金融管理创新、金融技术创新等，而金融管理创新则是区域资本市场发育完善的前提和条件。产权市场作为区域的核心资本市场，以泛金融的视角来看，其金融管理创新主要包括以下内容，即观念创新、功能创新、结构创新和体制创新。

一、观念创新

目前，很多企业对金融的认识就只是银行、证券、保险、信托等金融中介和股票市场，并不了解区域要素资本市场与金融的关系。观念的创新不仅包括市场主体对于资本市场的认识提升，更包括对于以产权市场为核心的区域要素资本市场的认知和理解。以中小企业融资难的问题为例，多数中小企业只知道银行或民间高利贷可以借到钱，但并不了解其他很多方式和渠道；多数中小企业只知道上市就是发行股票融资，但并不了解非上市企业的股权一样可以通过产权市场实现流通和融资。这都是我们身边企业所身处的环境，特别是中小型企业，对全国性资本市场高攀不上，对身边的要素资本市场利用不足。从目前看，区域要素资本市场不是可有可无的中介机构，而是地方政府从战略层面上合理布局区域经济的宏观调控工具和平台。在我国这样一个地域广

---

① 原载于《碰撞》（内刊），2009 年 8 月号，第 1—2 页。标题为编者所加，原标题为《产权市场是区域金融创新的重点》。

阔而区域差异巨大的经济体中，无论从哪个角度来讲都必须要有分层次、多样化的经济调控设施和手段，而以产权市场为代表的区域要素资本市场就是省一级政府在区域上相对集中，在管理上绝对权威的操作平台和调控中枢，更是各类市场主体经营运作的一个广阔舞台。

二、功能创新

区域要素资本市场作为地方构建的资本市场到底起什么作用，具有什么功能，这需要我们深入理解和积极应用。概括地说，区域要素资本市场除了具有国有资产流动平台的功能以外，它还是区域经济发展的推进器，地方政府调控经济的有力工具。一是通过区域要素资本市场支持地方经济在短时间内完成产业结构调整和经济结构转换，促进产业政策落实。例如，在区域内淘汰落后产能，承接产业从东部向西部转移，围绕主导产业形成的中小企业产业集群和产业链，区域资本市场都能快速起到产业"手术"和"输血、造血"的作用。二是通过区域要素资本市场帮助区域内企业低成本向区域外扩张，扩大市场辐射面和影响力。因为区域市场的融资功能开发过程中必然会增加企业的资本实力，同时加强企业与区域外企业的资本合作与沟通，为其跨区域发展搭建平台，也为缩小地区差异作出贡献。三是通过区域要素资本市场可以规范区域内企业的治理结构和管理水平，强化区域内企业的核心竞争力。区域资本市场开发的股权集中登记托管服务系统是企业发展的初级培训教育基地，也是大量非上市中小企业步入规范管理轨道、夯实企业发展内在基础的优良平台。

三、结构创新

地方金融是本地区经济发展的核心支持系统，那么地方金融系统应当由什么内容来构成，传统的观点认为理所应当是以金融机构为主共同构成本区域的金融体系。如果按照企业的更广需求来分析，地方金融系统应当包括四个部分：一是区域要素资本市场，包括为非标准化产权流动提供服务的产权市场、为标准化产权流动服务的地方股权交易市场，这是为区域内企业提供产权信息披露、产权流动和融资的综合性服务平台，是主要从企业出资人层面进退企业提供服务的综合市场；二是金融机构，包括各类商业和政策性银行、信用社、信托公司、小额贷款公司甚至典当行，这是主要为区域内企业生产经营提供间接融资的专业机构；三是各类基金，包括政府性引导基金、私募股权投资基金以及各类投资公司，这也是为区域内企业生产经营或业务扩张提供直接融资的专业机构；四是各类中介服务机构，包括证券经纪、财产保险、融资担保、资信评估、财务审计、法律咨询等依托区域内企业各类经营和资本运营活动取得收入的中介服务组织。从机构的服务范围和功能特征分析我们不难看出，区域要素资本市场平台是区域经济运行的核心服务平台和综合性调控系统，没有区域资本市场的区域金融是不健全的金融系统。而且分析区域要素资本市场，我们不但要从整个金融系统结构来分析，还要从其自身市场结构来分析。既然是区域要素资本市场，首先是服务于区域经济的市场，那么市场的产品结构、人才结构、专业结构也更应当符合区域经济发展的要求，例如内蒙古产权市场的交易品种不但要涉及国有资产，还要涉及民营产权，不但要做好矿业权、林权等资源性产权，还要做好非上市公司股权和区域柜台市场，不但要做好知识产权更要做好排放权等创新性产权，这样才能成为名副其实的区域要素资本市场。

四、体制创新

区域要素资本市场就是以区域范围为主要活动领域的产权市场。

当前国内还有一些产权交易机构仍是事业单位体制，主要从事国有资产交易，但是主流产权交易机构都已经进行了体制改革，成为了全社会的服务平台。按照资本市场发展的国际惯例，股份制和公司制的管理体制是资本市场的主流组织形式，国内很多发展良好、业绩突出的产权交易机构均实行了股份制改造，如北交所、浙交所等，更有创新者如"重交所"，适应国情的特殊性，不但实行股份制改造，而且仍然享有事业单位资质，从而可以借助双重体制优势发展产权事业。管理体制决定经营机制，区域要素资本市场的经营机制决定了市场的服务质量和服务层次，因此市场本身的体制改革对于市场的稳定成熟与长远发展具有决定性作用。

那么，如何进行市场体制创新呢？我们认为，产权交易所的股东应当由主要社会力量出资构成，是在本区域甚至全国都有一定影响力的国有和民营机构股东，并且出资不以收益最大化为标准，而是以长期稳定较低收益或公益性为标准；产权交易所的核心竞争力主要是其政府赋予或长期形成的市场公信力，因此交易所不能为某一个股东或某一个利益群体所控制，便于在利益冲突时坚持"三公"原则；交易所内部治理应当建立严格的信息充分沟通与透明规范的业务操作流程，以防止在机构特许经营下被交易双方寻租所形成的经营风险。

总之，区域金融的发展进步是区域经济增长的引擎，区域要素资本市场是区域金融改革创新的关键和重点，产权交易所就是区域要素资本市场发展的核心和基础。

地方金融要重点发展产权交易所^①

中国金融改革渐次深入，交易所的存在和发展已经在中国经济生活中占据重要地位，产权交易市场作为具有中国特色的一项重要制度创新，已经发展成为我国多层次资本市场不可或缺的组成部分。相较于证券市场而言，地方金融创新的重点不言自明，建设规范的产权交易市场无疑将成为区域金融创新的枢纽和灵魂，而在具体操作过程中，地方政府应当重点考虑以下几个问题。

一、系统安排的区域产权市场构架至关重要

产权市场是以非标准化物权、股权、债权、知识产权为交易品种的综合类要素资本市场。产权市场作为有形市场具有区域化的特点，但是中国地域辽阔、区域差异巨大、资源禀赋不同，区域经济结构和经济特色决定了产权市场体系不一定按一个模式建设，市场结构和市场品种都有所不同，所以产权市场在共性的市场定位下，研究每个区域个性的市场体系和结构是市场高效运行的关键。

目前全国产权市场大概有三种情况：一是部分省、市、自治区的中心城市形成统一监管辐射全区域的大产权交易所，由于这些城市在本区域内的经济影响力非常大，所以逐步形成了以一家产权交易机构为市场核心组织机构，并通过延伸专业平台和会员服务体系的方式实现

① 原载于《碰撞》（内刊），2012年6月号，第1—2页。原标题为《地方金融创新要以产权市场为核心》。

了"金字塔"形的市场结构，市场覆盖全区域甚至辐射到全国部分地区，政府只监管一家综合性的产权交易平台，由产权交易机构在政府职能部门的指导监督下监管由其出资组建的专业子平台，如股权交易所、文化产权交易所等。二是部分首府城市建立起3～5家由政府统一规划、业务界限清晰、机构相互独立的产权交易所，各自再向下延伸和独立运行，形成多点并进、多向发展的市场结构。三是地区尚未统一规划，表现为各部门相对独立、交易所管办统一、业务界限模糊，各类社会力量也参与市场建设，市场结构尚待梳理。因此，随着区域经济发展的逐步均衡化，区域市场建设规划宜早不宜迟，并在规划指导下将本区域有形产权市场建设计划分步实施，特别是在相对欠发达地区依靠政府的力量来推动当地产权市场整合是当务之急。

二、市场建设应当兼顾风险防范与持续发展

纵观国内外经济发展历程，凡是经济金融发达的国家和地区都离不开交易所的影子，归根结底，交易所是一个国家或地区最重要的战略资源之一，争取建立属于本区域的具有地区特色的交易所是大多数地区经济建设的重中之重，各地纷纷上马各类交易所也正是看到了这一点。当前，随着清理整顿交易所工作深入推进，部分地区对于交易所的建设工作似乎有所停滞，强调交易所的风险大于强调其资源配置功能。当然，出于工作质量和整顿效果方面的考虑，采取静态摸清家底和厘清制度边界也很有必要，但对区域资本市场的专业分析和理性判断更为重要。要树立规范发展与创新突破的市场建设思路，跳出单一的资本市场建设路线，除了从国家层面自上而下、纵向布局的全国资本市场体系考虑，作为地方政府还应当关注本区域互联互通、横向布局的区域资本市场建设规划，特别应该在清理整顿的同时积极筹划本地区的产权交易所建设和布局，积极行动，迅速反应，为开辟区域全要素交易和融资

打开一片新市场，开辟多条新途径。

三、市场规则才是地方资本市场成败的关键

制度建设是产权市场的核心，制度的作用对政府而言就是实现促进资本流动、创新融资渠道等政策意图，制度的结果就是国有资本、民营资本合理重组与结构调整，客观上使产权市场充分、有序发展。市场经济是法制经济、契约经济，所以游戏规则比什么都重要，良好的制度能够产生良好的规则，良好的规则就要对市场组织机构、市场参与主体、市场监管部门产生必要的约束和满意的回报，因此制定一套规范、科学、合理的交易规则意义重大。

首先，规则要能够创造资源流入市场，而不是限制资源流入。企业能够主动进入产权市场必然是市场规则创造了一个公信力强、产权高效流动、企业融资便利、交易成本低廉的环境，而且操作简单明确、通道清晰、成效显著。其次，规则要提供系统解决方案，而不是只解决片段和局部的问题。产权市场是综合金融服务平台，是在整合各类项目资源、中介机构和投资人资源基础上的平台，产权市场的服务不是单个的中介服务，而是在整合机构合力下的系统解决方案，是团队集成服务。最后，规则要能够严格执行，以便作为防范风险的底线应用于市场。产权市场的规则相当于市场的法规，市场的灵活性应当体现在服务上而不是修改规则上，只要是进场的项目都必须坚守这个底线，这样市场才是健康发展的市场。

四、区域产权市场建设要满足于区域金融中心的规划

早在2007年3月国务院发布的《关于加快发展服务业的若干意见》中就提出，"选择辐射功能强、服务范围广的特大城市和大城市建立国

家或区域性金融中心"。从广义上讲，金融中心是一个金融机构高度集中、交通通信发达、各类金融市场充分发展、监管稳定透明、金融活动和交易较其他地方更能有效率进行的大都市，所以金融中心一定是金融机构、资金集散和交易结算、金融服务、金融产品、金融人才的聚集地。内地各个区域的中心城市在金融领域几乎都有了自己的明确定位，除了上海和北京提出建设国际性金融中心外，很多城市都表示要建成国内某一区域的金融中心。例如广州志在建成珠三角区域的金融中心，重庆、成都要建成我国西部地区的金融中心，天津要建设成为我国北方的金融中心，武汉则要建成中部的金融中心……令人欣慰的是，这些金融中心的规划中几乎都有关于产权交易所的内容。内蒙古在 2009 年也批准鄂尔多斯市作为自治区金融综合改革试点地区，并规划未来打造中国西部金融强市、黄河中上游金融中心等愿景目标。作为多层次的金融中心体系，服务于不均衡发展的区域经济是一种现实的选择。证券市场作为全国性资本市场主要服务于全国性上市公司，而产权交易市场作为新型资本市场目前则更侧重于区域经济发展，所以产权市场是与区域经济发展功能匹配的市场，并应当成为区域金融中心的核心建设目标，地方政府应当给予重点安排。

股权登记托管业务的转型升级^①

随着全国中小企业股份转让系统（俗称新三板）和各地区域股权交易市场的建立，中国证券市场初步构建完成多层次的市场体系，大量有上市需求的非上市公司股权融资与挂牌交易似乎都能够通过对号入座在各个层次找到自己合适的位置，这就对曾经从事非上市公司股权集中登记托管的产权交易机构提出了转型升级的要求。

2001 年 6 月 7 日中国证监会发布的《关于未上市股份公司股票托管问题的意见》（证券市场字〔2001〕5 号）提到，"未上市公司股份托管问题，成因复杂，涉及面广，清理规范工作应主要由地方政府负责"，于是各地政府开始分别指定了本地区的未上市股份公司股权集中登记托管机构，而且这一特许资质绝大多数放在了产权交易机构。自此各地产权交易机构依托股权集中登记托管业务开辟出一条市场化的中小企业股权见证、托管、融资、流转的业务线，并且在不断创新的基础上逐渐成为了产权市场的主要业务品种和发展方向。2006 年内蒙古自治区国资委、金融办、工商局发布《关于规范开展非上市股份有限公司、国有控股、国有参股有限责任公司股权集中登记托管工作的通知》（内国资产权字〔2006〕198 号），指定内蒙古产权交易中心作为全区唯一具备这一特许经营资质的企业。

随着中国证券市场的改革发展，多层次资本市场的概念不断被决策层提出，中共中央全会和国务院指导意见多次提到加快多层次资本

---

① 原载于《碰撞》（内刊），2014 年 9 月号，第 1—2 页。

市场建设与完善的决策目标，特别是党的十八大和十八届三中全会召开以后，中国资本市场改革明显提速，市场基础制度和组织设施逐步完善。2012 年《关于规范证券公司参与区域性股权交易市场的指导意见（试行）》（中国证券监督管理委员会公告 2012 年第 20 号）、《非上市公众公司监管管理办法》（中国证券监督管理委员会令第 85 号）、2013 年《全国中小企业股份转让系统有限责任公司管理暂行办法》（中国证券监督管理委员会令第 89 号）、2014 年《私募投资基金监督管理暂行办法》（中国证券监督管理委员会令第 105 号）文件相继下发，加上之前的相关制度，共同构建起中国多层次资本市场的制度边界和组织体系。这其中明确提出"原则上区域股权市场不允许跨区域开展业务""公众公司股票应当在中国证券登记结算公司集中登记托管，公开转让应当在依法设立的证券交易的场所进行""中国证券投资基金业协会（以下简称基金业协会）依照《投资基金法》、本法办、中国证监会其他有关规定和基金业协会自律规则，对私募基金业开展行业自律，协调行业关系，提供行业服务，促进行业发展"等。从上述管理规范可以看出，中国覆盖标准化股权的股份制公司已全部纳入中国证监会监管的场内市场（主板中小板、创业板）和场外市场（新三板、区域股权交易中心）体系，并清晰界定了各层次资本市场的功能定位和服务重点，还匹配了相关的券商服务、私募基金参与的通道与方式制度。有数据显示，截至 2014 年 8 月，新三板挂牌企业已经突破了 1 000 家，总股本突破 400 亿股，市场所瞩目已久的做市商制度也于 2014 年 8 月 25 日正式启动。而四板市场也同时表现出快速发展态势，截至目前，全国已成立的区域股权市场接近 30 家，挂牌企业超过了 7 000 家，部分省份挂牌企业甚至超过 1 000 家，中国证券市场的"金字塔"形的市场结构正在形成。但是我们也看到，依据《企业国有资产法》，即使已在新三板和四板市场挂牌，非上市股份制公司的国有股权交易仍然要回归产权市场交易，区域股权市场主要服务民营中小企业，市场尚未找到清晰的经营模式，各省分兵把守、画地为牢的做法是否符合经济发展规律还有待观察，能否在战略层面上适应中国经济当前的转型升级也存在很多的不确定性。

综上所述，我们不难发现，随着证券市场边界的厘清，产权市场的边界几乎全部归入到非标准化资产权益市场范围，这就提出一个现实的问题：产权市场的非上市企业股权集中登记托管业务的转型升级已到了不得不做的地步，产权交易机构面临区域股权市场成体系、成建制的竞争态势该如何应对？毋庸置疑的是，在当前中小企业融资难、融资贵的突出问题上，产权交易市场与区域股权交易市场的服务对象是重叠的，到底哪一个市场能够解决中小企业融资问题，这就是产权交易机构业务转型升级的重点所在。

笔者认为，产权交易机构应当坚持平台机构业务模式，发挥传统优势，从企业产权交易和投融资角度去思考突破方能有所作为。

一是工作重点由企业股权登记托管向其他权益登记托管转型提升。产权市场的定位是坚持非标准化的权益交易市场，而非标准化的权益交易的前提是权益的确权登记，我们必须要充分挖掘和利用自身的公信力优势，加大产权保护理论研究力度，确保产权收益的动力，介入大量未被政府部门明确和已由政府减政放权的可交易权益登记服务领域。并在登记确权的基础上开展整体托管、确权登记、权益质押、清算交收、转让见证和各种融资中介等专业服务，例如大量非上市、非公众股份有限公司、有限责任公司、合伙制企业、私募基金的基金份额等权益；农村产权中的土地承包经营权、水域承包经营权；实物资产产权中资产承租经营权；知识产权权益中的文化创意特许经营权；广告和经营的空间、时间权益；企业经营过程中的产品优惠的积分权益等。相信此类服务为产权拥有者提供了专业的贴身服务和真实的市场价格信号，以及持续经营和获利的机会。

二是服务内容由先托管后延伸服务向先解决问题再聚集资源转型

提升。实践证明，中小企业股权托管的目的往往是为了融资和改善经营管理，否则即便是免费服务，中小企业也很难参与。因此产权交易机构必须利用交易平台的现有资源，充分挖掘针对中小企业的融资和其他中介服务，解决中小企业独立完成有难度、低效率、高成本的融资活动和其他社会服务。例如，产权交易机构可以通过与金融机构、专业咨询机构合作，为中小企业提供高效融资对接服务、最优信贷或投资机构选择和撮合服务、最优税收策划方案选择与撮合服务、最优审计评估法律机构选择与撮合服务、项目投资策划机构选择与撮合服务、最优基金管理公司选择与基金发行撮合服务等，最终通过这些服务内容的对接形成中小企业的汇聚，逐步完善托管工作内容。

三是结合产权交易业务与金融机构合作开创新的融资品种。产权交易必然带来很多的融资与理财需求，如果产权交易机构能与银行、信托公司、券商资管合作，依托产权交易活动探索交易过程中的融资与理财空间，创造出各个金融机构依托产权市场的融资品种，才是发挥产权交易机构优势有效解决区域内中小企业融资难、融资贵问题的可能出路。例如，以自动转让条款设计为核心的股权质押；以实物资产抵押自动处置为核心融资服务；以并购贷款为核心的股权交易融资；以实物资产抵押为核心的融资租赁业务；以国有大中型企业采购合同为核心的供货企业贷款融资，为大型企业的配套服务企业提供信贷支持等一系列产权市场融资品种。除此之外，应当利用产权市场投资人数占据优势，联合信托公司、基金公司发行可转债、私募债或直接进行增资扩股性的私募股权融资，增加产权市场的直接融资能力。

总之，产权交易机构股权登记托管业务转型其实更具有对中小企业服务的针对性，我们不应把它当作国家政策变化的调整利空，而应当作产权市场创新的机会。但思路终归是思路，变成现实还有很长的路要走。

依托交易平台合作开展金融创新^①

产权交易市场是金融创新的平台，因为平台性金融服务是打破过去以金融机构为核心的金融产品服务模式，建立以交易平台为核心的产业链金融服务模式，这是当下流行的"伙伴经济学"^②的核心思想，主要强调创新服务和行业跨界合作的机遇，通过整合不同行业的企业资源组成一个现代金融服务生态系统，共同满足客户的多样化服务需求。内蒙古自治区区域范围广大，经济金融资源分散，交易成本高，资金、技术、人才、客户相对稀缺，很难形成金融服务的规模效应，因此就会形成金融整体落后的局面。由于各种金融服务机构单打独斗很难形成气候，所以落后地区的金融生态就如同驼队沙漠远行，只有结伴同行才有机会成功。那么交易所在其中起什么作用呢？概括地说是融通资产权益的交易所模式，即以"交易平台的权益登记结算功能和实现权益的流动性＋金融机构的金融工具组合应用＋整合中介服务实现高效率低成本服务＋交易商和经纪商的代理与撮合"模式共同为客户提供系统性、一站式、低风险、高效率、稳收益的服务。具体来说，可以有以下创新思路。

---

① 原载于《碰撞》（内刊），2015 年 8 月号，第 1—3 页。
② 伙伴经济是 21 世纪人类新文明转型时期所诞生的一种以共赢为目的的新型经济形态。是商品经济的高级形态，是人类社会经历了自然经济、商品经济时代之后社会经济发展的一种必然选择。它以人类对物质文明的无限追求转向对精神文明的无限追求为标志，以移动互联网共建、共有、共享、共赢经济的出现为契机，以物质财富、精神财富共享为目的的新经济形态。伙伴经济就是在伙伴经济体系内，生产不是为了自给自足、也不是为了交换，而是为了彼此之间共有和共享的经济形态。

一、针对交易环节客户金融资源增值服务

一是作为交易所每天要面对的是客户保证金，而交易保证金这种金融资源的特点是资金分散但总量不小，常态化、多次投入而没有回报，而且客户投入了保证金未必能够竞得标的，保证金成为沉淀在交易所的一种无风险、无收益金融资源。因此针对这种情况，客户应当会有保证金机会成本的考虑和资金保值增值的需求，交易所作为有公信力的交易平台，又处于资金监管的地位完全可以开发针对保证金融资服务、履约担保服务、保证金理财服务等无风险或低风险金融服务来为客户提供资金增值服务，为交易所创造新的盈利模式，实现客户与交易所的共赢。

二是交易所的资金结算功能主要是针对交易价款，而产权交易的价款结算规模不确定、时间不确定，但却与交易标的价值高低、投资人竞争情况和交易双方的交易合同直接相关，这些内容又都是交易所最为清楚最能够通过合理安排提供价值的资源。交易项目如果预期成交，最好产生竞价，客户交易价款结算资金可以与金融资产管理公司、基金或银行等金融机构合作开发过桥或并购贷款服务，只要规模适当、期限合理，就可以缓解客户资金压力，提高竞买方的竞争力，可以增加交易所的功能和收益，提高项目成交率，是非常好的低风险金融产品。它使产权交易项目在一定程度上增加流动性，也使产权交易所能够整合金融工具拓展市场功能。

二、针对客户合作环节的金融增值服务

一是产权市场与客户、金融机构、中介机构通过合作可以打造依托交易平台的企业全要素增值服务。总体思路是，金融机构借贷功能＋交

易所权益登记托管功能＋权益质押融资功能＋权益自动转让功能＋物资集中采购功能＋各类产权和资产处置功能的多样化组合。例如，企业流动资金贷款＋权益登记质押＋物资集中采购这项服务，主要用于中小企业采购原料、固定资产的短期贷款，金融机构可要求企业确保资金用途，并通过交易所集中采购，降低采购成本，用资产和权益质押，质押双方签订自动转让条款合同，同时通过交易所处置淘汰落后产能，打通贷款的进入和退出通道。这样，一方面降低采购成本，提高资金使用效率；另一方面提高资产处置效率和效益，增加资产收益。再如，基金发行＋基金份额登记托管＋基金份额交易＋基金投资股权或权益转让这项服务，产权交易所可以与基金管理公司合作，基金公司发行基金时在招股说明书中就设计了基金份额登记托管环节，可借助产权市场公信力更有利于基金发行，以及二级市场的基金份额随时退出的安排和基金份额质押融资等设计，基金投资的股权或权益除 IPO 上市退出以外，还可以通过产权市场变现。

二是交易所推出"PPP 综合服务平台"也是一个可以探讨的思路。当前 PPP 项目成功的关键是项目可行性，即项目风险可控，项目回报合理，项目操作过程阳光透明，因此其中的核心是一个系统解决方案，而产权市场作为政府与民间资本对接的桥梁恰恰能够起到这个作用，要远胜于政府部门直接对接民营资本。交易所与政府部门合作形成"政府部门＋产权 PPP 平台＝PPP 规范高效服务"模式，实现 PPP 项目高效落地。主要环节是交易所为首的专业团队设计方案＋通过公开挂牌招选合作机构＋金融机构支持＋社会资本投资人参与＋国有资本退出。交易所的主要工作是公开招选中介服务机构，公开招选投资人，形成 PPP 全流程解决方案，推出参与 PPP 项目服务的操作流程和盈利模式。PPP 联合工作组专业团队包括：产权交易平台、投行、基金、银行、会计所、律师所。主要模式是：项目策划＋审计报告＋律师意见＋挂牌交易＋资金结算＋融资服务。主要流程包括：（1）项目策划由专业咨询机构进行，重点是测算投资收益和使用金融工具，方案由项目小组评价认可，并由项目方决策；（2）由中介机构出具相应的意见和报告，为项目决策机构提供决策依据；（3）项目方按照项目方案采取公开挂牌的模式进入产权交易所进行检验，寻找合作方，同时基金和银行同步线下挖掘投资人；（4）投资人参与 PPP 项目，通过产权交易所进行第三方结算，参与金融机构都有机会提供贷款服务，产权交易所提供权益质押和资产处置服务，形成封闭产业链；（5）项目公司由产权交易所进行股权或权益托管和监管，派生金融服务。

三是交易所推出集合客户需求、创造规模效益的合作。经济新常态下绝大多数企业都面临着转型升级、迎接挑战、提升质量、加快发展的抉择和机遇。企业怎样适应经济新常态、如何契合互联网思维，为自身寻找一条可持续发展之路，除了战略思考外，关键点还在于弯道超车的方法。产权交易所解决这个问题的基本原则是以交易平台为核心、以降本增效为前提、以信息对称为方法、以规模效益为本质达到优化资源配置的目的。交易所可以通过与各企业群体（商会、协会、大企业集团）合作，汇聚众多企业的各类要素和资源，以归集规模化需求阳光对接专业化、低成本、高效率服务，解决同类同质需求（产品或服务）的低价格、高质量问题，主要从企业的买、卖、投、融方面整合需求，共同面对市场竞争。

三、交易所的互联网金融产业链合作

互联网金融是服务于 80% 的长尾人群、80% 的中小微企业和 80% 的低收入人群，而产权市场是典型的长尾市场，特点是大量非标准化标的的一次性交易为主，因此其结合点在于互联网信息平台＋资产权益交易平台，主要解决了权益的一二级市场联动问题，也解决了互联网形成的新权益确权、融资与流动性问题，是满足大众创业、万众创新重要的创新安排。因此产权交易所可以推出"互联网众筹平台＋产权交易所＋中介服务机构＋众创空间＋基金＋券商"的业务模式，可以创设"青年创业板""创业创新项目全要素服务平台"，每年通过各种渠道吸引创业项目通过众筹平台发行，发行成功项目在交易所挂牌托管，并提供一系列股权服务（股权登记、股权融资、股权转让、增资扩股、分红派息、股权质押服务）、运营服务（众创空间综合服务，包括设备物资集合采购、与猎头公司合作的人才集合招聘服务、与会员合作的财务集合管理服务、与培训公司合作的集合培训服务、专利技术质押融资和转让服务）等，产权交易所提供 O2O 一站式贴心服务，各类机构结成联盟共享创新项目的收益。

此外，产权交易所还可以与 P2P 平台、第三方支付工具合作，以资产交易平台身份介入 P2P 公司的抵贷资产交易、投资人债权登记、债权退出、抵贷资产自动处置业务等；还可以发挥产权市场大额支付的优势，开发专业支付业务，与传统支付形成错位竞争。

第三章
文化产权交易实务

关于艺术品产权交易模式研究①

文化产权是产权市场的重要交易品种，而其中的艺术品产权更具有鲜明的代表性和时代意义。现阶段的艺术品产权交易该以何种模式为最优还没有定论，笔者试图从非标权益产权市场的角度，找到一种现行政策法规框架下的业务模式，作为业务操作的理论指导和制度基础。

一、艺术品产权交易市场定位

（一）艺术品是投资品或资本品

艺术品作为产权市场的交易品种一经提出，就意味着将艺术品产权定位为投资品或资本品，而作为投资品就应当满足三个特性，即安全性、收益性和流动性。有安全性就说明这个投资品的价值较高且不会轻易贬值，但投资者对产权价值判断会有相当的难度；有收益性就说明这个投资品具有时间价值，有时间价值才有价格上涨的可能，但要求投资者对市场供求关系的把握有相当的专业性；有流动性就说明这个投资品有相当的市场规模和相对大量的投资群体，但交易量与社会发展阶段和投资习惯有密切的关系。

（二）艺术品是高端消费品

艺术品作为社会财富阶层的最终消费时尚，同时又是社会公认的

---

①　原载于《产权导刊》，2011 年第 11 期，第 22—24 页。

具有文化气质的高端消费品。艺术品的相对稀缺性和较高文化价值，使其最终购买群体必然不是普通大众，因此可消费、可投资艺术品的目标客户均可以锁定在相对固定的群体范围内，随着国家经济社会发展进步，这个具有中产阶级特性的群体规模会越来越大。但不是所有的高端客户都有消费艺术品的需求或者消费艺术品的能力（包括鉴赏能力和购买能力），所以也有相当一部分购买群体其实是投资群体，而这些投资群体（甚至普通百姓）若想分享艺术品产权的投资收益就必须要借助金融工具，否则艺术品就成了个别人收藏鉴赏的物件，其内在价值远远没有被挖掘出来。

因此，产权市场是艺术品产权价值的发现地，创造金融工具把艺术品投资者和艺术品消费者有机联系起来，通过交易规则把艺术品产权化和产品化。只有产权市场才能汇聚各类专业机构和专业服务，为全社会提供具有社会公信力的艺术品产权交易。

二、艺术品产权交易模式

（一）艺术品产权的来源

艺术品是创作于民间，收藏于民间的特殊商品，而且每一件都有其特质性，因此其艺术价值或投资价值往往很难认定。确定什么样的艺术品该进入产权市场非常重要，因为产权市场的公信力决定了能够进场交易的艺术品产权一定是具有较高价值的投资品或高端消费品。所以产权市场应当和权威性的艺术品鉴别专家合作，主要锁定在现代和已故的知名艺术家作品里面，当然不是说不知名的艺术家就没有好作品，或者知名艺术家就一定有好作品，只是产权市场作为社会普遍认可公信力的市场应当从大概率事件入手，从经营效率的角度来看，应当抓住艺术精品和高端消费品的主要来源。这种知名度并不是所谓的民间知名度，而是从专业学术角度来进行主流性评价，这是引领社会投资方向和艺术创作方向的必要手段，更是资本市场支持文化产业的必要条件，否则不但会误导艺术创作、加大投资风险，而且会使艺术品产权交易市场偏离正确的方向。

（二）艺术品产权质量保证

鉴于艺术品的特质性，艺术品产权交易过程中保真和保质就成了一个非常重要的环节。产权市场如何做到对进场交易的艺术品产权进行"三公"原则下的信息披露，也就是用什么方法对艺术品质量给予客观评价，而且投资人可以将其作为对艺术品投资价值的判断标准，这是产权市场必须要做好的事情。所以产权市场要按照一定的人员比例建立全国性的专家评审委员会，汇聚业界认可的各类艺术品评估方面的专家、艺术评论家、艺术主管部门官员等，采取民主决策方法对进场交易的艺术品产权进行评估、分析和鉴定，形成社会主流、集体智慧、权威评价的艺术品投资标准，也就形成了具备产权市场公信力的投资标准。虽然艺术品强调个性发挥和个性价值，但产权市场的评价标准强调社会共性，强调普遍性投资价值，这是艺术品成为投资品的前提。

（三）艺术品产权投资人挖掘和市场推介

艺术品产权投资到底是人人都可以参与的事还是仅限于一部分高端人士的投资品种，至今没有定论。笔者认为，艺术品是典型的非标准化资产，本身就是满足个性化需求的投资品种，本身主要是满足精神层面的消费，因此其最终消费群体一定是拥有相当财富和精神追求的高端人群。那些不具备精神层次需求或购买力的普通消费者和投资者就只能依托金融中介机构创造的金融衍生品来参与艺术品投资了。因此，艺术品产权的投资人群体主要锁定在社会各行业高端人群和金融中介机构，至于说金融机构采取什么样的理财产品和工具，那就是金融机构的事情了，但必须符合行业监管的要求。既然目标客户明确，那么宣传推介方法就应当符合目标客户的理念和需求，推介渠道应当精选和高效，例如我们可以借助类似《中国艺术市场》杂志和网站等主流媒体作为高端客户和金融机构艺术品投资的宣传平台，这些平台主要刊载进场交易艺术品的价值评估报告，而杂志的发行对目标客户有严格的财富和资质标准，杂志作为进场交易的艺术品推介平台、鉴定平台、鉴赏平台，产权市场作为交易平台，从而形成一个紧密的合作关系，共同打造优质的艺术品产权。

（四）艺术品产权的交易规则

产权市场中交易艺术品产权必须要有创新，那么如何创新？可以从四个方面考虑：一是产品设计，产权市场可以根据市场趋势分析交易标的，例如，对一个作者不同年代的作品进行打包挂牌，也可以对不同作者同一种风格的作品打包挂牌，或者针对投资人的需求分析，设计个性化交易标的挂牌交易。产权市场还可以和金融机构合作发行理财产品等衍生性产品。二是网络渠道，产权市场应当利用全国性同业机构、各类合作机构的网络，将标的展示与网络交易结合起来，打破艺术品产权交易的时间和空间限制，形成全国性的艺术品产权交易平台。三是设计艺术品产权交易分期付款、售后返租、托管经营、固定收益和固定期限回购等业务模式，把艺术品交易与艺术品价值评估、艺术品经营、艺术精神传播、艺术资源分享结合起来，才是艺术品产权市场的真正内涵。四是交易方式，产权市场以其独特的市场创新精神，结合传统交易方式和信息技术创造出灵活多样的交易方式，包括公开挂牌协议成交、拍卖成交、电子竞价、网络报价，还包括艺术品资产包私募交易等方式，打破传统的艺术品拍卖方式，更好地满足投资者需求。

三、艺术品产权交易过程中的两个重要问题

（一）艺术品产权的定价问题

鉴于目前艺术品交易市场乱象丛生，因而艺术品价格要么严重低估，要么泡沫虚增，即使是业务权威媒体上刊登的艺术品价格都有"制造"之嫌，使投资者感觉艺术品市场风险很大，无形中限制了艺术品市场的发展。所以艺术品产权市场急需一个具有权威性和公信力的价格指导，而且这个价格信息是具有连续性、代表性的投资参考，是投资者获得的理性和公允价格，使产权市场成为艺术品产权交易价格的形成和权威发布平台。因此艺术品产权的价格确定不能以传统的方式定价，也不能以作者的个人判断和投机者的有意安排定价，而应当是专业机构的理性分析和评估后的交易参考价作为挂牌价，这个价格既要客观肯定作者的艺术成就和作品层次，又要符合市场的主流趋势和供求规律，还要有一定的投资空间。总之，这个市场价格的初步形成是由专业理性代替个人感性判断和群体性价格误导，符合产权市场的诚信原则，是与艺术品价值变动趋势相吻合的。

（二）产权市场交易艺术品产权的盈利模式问题

艺术品产权进入产权市场交易，其盈利模式不同于传统的艺术品交易，产权市场除了要按照传统的交易鉴证方角色收取固定的交易组织手续费以外，还可以根据艺术品产权交易的业务模式设计出多种盈利模式，例如艺术品产权金融化交易的固定收益分成。产权市场的公信力还表现在其盈利是以平台化模式来实现的，意思是产权市场不应当依赖进场交易的双方项目手续费来获利，产权市场的目标是不断降低交易双方的交易成本，使更多的艺术品产权进入市场实现高效流动和

最优配置。但如果其他金融机构依托产权市场和金融工具设计出投资增值的金融产品，在满足不同层面的投资者理性投资和合理回报的前提下，还有增值收益时，产权市场可以与金融机构进行收益分成。只有在这样的市场交易机制下才会产生理性繁荣的艺术品产权市场。这也是产权市场不同于一般性的艺术品拍卖的道理所在。

文化产权交易的逻辑[①]

新时代的中国国内与国际环境都有许多新的变化，随着传统工业化时代的转型，宏观经济结构发生了历史性的变化，投资拉动经济的时代接近结束，消费已经成为国民经济增长中的第一支柱和第一驱动力。2016 年，社会消费品零售总额持续两位数增长，最终消费对经济增长的贡献率达到 64.6%，[②] 老百姓的消费需求正在由满足日常一般需求向追求高品质需求转变，人们更注重生活的文化元素和品牌设计，消费升级特征明显。当前的供给侧结构性改革，正在推动全社会实体经济由大规模标准化生产向小规模多样化生产模式转型，"双创"经济的发展使企业的成长也在由传统要素驱动向创新驱动迈进，轻资产化的中小微企业逐步成为创新主体，而深耕文化创意产业的大部分中小微企业是其中相当重要的组成部分，为了满足人们对于文化生活的迫切需求，以文化和人的创造力为主的文化创意产业逐渐成为一个国家和地区经济繁荣发展的主要动力之一。

一、文化产业的产权价值

文化创意产业是一种通过对知识资源的开发、利用而延伸出无穷无尽的新产品、新市场、新机会，进而推动社会经济发展的产业。通常意义上，文化创意产业主要包含十多个行业，它们是广告业、建筑业、

---

① 原载于《碰撞》，2018 年 11 月号，第 1—6 页。
② 数据来源《第一财经》，2017 年 1 月 20 日。

艺术和古玩市场、工艺品设计、时尚设计、电影、体育、互动休闲软件、音乐、表演艺术、出版、软件设计、电视与广播等。可以说，每一类甚至每一个文化产品都是或大或小的创意结晶，其根源无一例外是个体对于国家、民族、社会历史文化遗产的不同理解、继承和发扬，是人类文明的创造与延续。如果从产权角度来分析，文化创意就是拥有者可通过市场变现为经济价值的知识产权或文化产权的总和，其价值可以得到社会认可并最终体现为商业活动，是可以向大众传播的精神产品。从产业链角度分析，文化创意产业的内容主要包括创意的产生、展示传播、文化产权交易、文创产品的设计、生产、销售等环节，这其中最重要的环节就是文化产权的市场交易流转环节，这是由文化创意转化为商业价值的最关键环节，既带动生产力的发展又推动文化事业的繁荣。由于文化创意是创作者超越常人智慧与想象力的结晶，所以其产权归属是相当关键的。如果其产权价值得不到市场的发现和认可，不但创作者不能形成持续创造的积极性，即使有再多的创意也只能停留在作者手中，不能为广大民众所消费和共享，甚至一定程度上影响社会文明的进程。

二、文化产权市场体系的分类

广义的文化产权市场是个大市场，如果从当前市场的存在形式来划分，不但包括画廊市场、拍卖市场、经纪人市场、交易所市场，还应当包括互联网平台、展览会、博物馆，甚至还包括各类衍生品市场和旧货市场。这些市场以其专业化、特色化的细分领域争取不同需求的客户，形成了五花八门的市场格局，而且都是自发设立、缺乏统一规划、产业链不清晰、规则不透明，有的市场功能重叠、职能交叉，甚至良莠不齐、蕴含风险，目前的这个市场格局相对无序，很难从中梳理出市场建设规律，同时也给参与者制造了不少的困境和门槛，有的市场和机构还一度成为监管部门重点清理整顿的对象，很大程度上并不能满足整个文化产业大发展的需要。从产业链、市场体系和交易功能来划分，文化产权市场体系主要可以分为三大类：

第一类是以历史文化遗产传承展示为核心的博物馆市场。这是一个以公益性为主要目的的交易场所，其主要功能是将人类有史以来的文明成果，包括有形的物质和非物质文化遗产以专业化的、有偿或无偿的方式进行系统收集、整理、解读、展示和传承，其核心是通过各种文化载体对人类文明结晶进行系统保存。这是一个国家整个社会文明体系的根脉，它主要依靠政府资金的支持，以国家所有的性质存在，当然也有相当部分的文化遗产由私人传承和所有。

第二类是以文化创意产权权益和资产交易为核心、以知识产权或版权为主要交易对象的要素资本市场。这是文化产权走向商业化开发与传播的最重要环节，这个功能通常是由具有文化产权或版权交易功能的产权交易所或交易中心来承担，交易双方主要是产权所有者和产业投资人，其具体的交易方式可以包括拍卖、招投标、互联网竞价等。文化产权分为国有性质和私有性质，由国家或政府继承和发扬的本国或本民族文化产权属于全民所有，应当界定为由政府代为持有国有资产，有很多历史文化遗产已经成为全人类的文化瑰宝，具体存在于本国历史和现代所形成的艺术品、著作、音乐、美术作品等。这部分产权权益的价值应当由政府负责其文化价值和财富价值的保值增值，应当通过政府认可、具有社会公信力的交易场所按照既定规则进行公开交易。而由个人收藏、创作的艺术品和文化创意产品的版权自然应当界定为私有财产，其产权的交易需要根据其所有人的专业诉求和个人喜好决定。

第三类是以文化创意产品消费为核心的文化商品市场。随着经济社会的发展，虽然艺术品收藏逐步进入了百姓生活，但专业收藏毕竟是小众，绝大多数普通人消费和感受文化主要是通过文化创意所生产的消费品来实现，所以这个市场是个极其广阔的领域，处于产业链最末端，交易品种涵盖几乎所有行业，市场业态也最为多样化，参与人员最为广泛。这个市场的成熟度主要表现在文创产品的数量和质量上，以及对于人民群众不断提升的个性化、多元化需求，也能够充分反映出一个国家经济社会发展也在不断提高层次。

三、文化产权交易市场的服务特色

综观文化创意产业的产业链体系，我们可以清楚地看到，产权市场作为其中的要素资本市场在整个产业链中起着承上启下的作用，是打通上下游产业体系的咽喉。单从文化产权要素市场来说，产权市场与证券市场同属于平行的两类资本市场，其中从证券市场角度来看，可以有部分文化创意企业通过IPO发行股票在证券市场上市流通，或在新三板场外市场挂牌，也可以选择在地方柜台市场托管，但这类市场只针对少数规模较大、能力较强、业务体系成熟、回报预期明确，并希望通过股权融资和股票流转实现规模扩张的文创企业，但是由于国家对于证券市场监管的门槛较高，且此类市场不针对企业其他产业要素的交易和融资，对大多数中小文创企业来说一定程度上存在成本高、难度大、要素少的问题，因此不是大多数企业的选择。从产权市场角度来看，由于产权市场绝大多数是各地政府出资、依法设立的交易所或交易中心，且交易范围包括各类非标准化的物权、股权、债权和知识产权或资产，有能力对接文化创意实体企业的全要素流转和融资需求，不进行标准化拆细、连续交易的虚拟化操作，不产生系统性金融风险，因此可以很好地满足各类文化产权交易的需求，所以产权要素市场才是全方位为文化创意产业开展落地服务的资本市场。

那么，为什么产权交易所或交易中心可以承担要素市场的功能而不是其他业态，就是因为交易所是现代市场体系的高端形态，其以信息汇聚、规则明确、服务标准、监管严格、成本低廉、效率显著为特点，是具备线上线下全流程、多方式服务的交易平台，并能够整合各类社会资源共同支撑"三公"原则下的社会公信力，在当前市场环境下是无可争议的综合性资本要素服务平台，因而是某一种中介服务或其他多边市场无可替代的。

四、文化产权交易的商业模式

建立现代产权制度的基本前提是"归属清晰、权责明确、保护严格、流转顺畅"，文化产权交易也是一样。文化产权不同于其他传统认识上的产权，由于大部分文化创意所包含和形成的内容非常容易被仿冒和窃取并迅速形成非法盈利，文化产权更需要强调产权的清晰和保护问题，因此在文化产权交易流转过程中，交易平台如何形成合理的商业模式就成了最为关键的问题。按照《哈佛商业评论》给出的定义，商业模式就是如何创造和传递客户价值和公司价值的系统。因此，平台只有既保证客户资源能够主动大量汇聚在交易平台上，又要保证平台可以通过为客户创造价值而获得利润。为了实现这些目标，除了平台自身要构建能够高效运行的流程和管理系统，还要能够整合大量外部资源在平台上形成文化产权顺畅流转的全产业服务体系。结合文化产权交易市场的现状，可以通过以下几个方面来构建文化产权交易模式。

一是政府带动民间。交易平台通过引入政府支持、采取市场化配置资源的方式，将国有文化产权资源带入平台挂牌，形成国有文化资产保值增值的公开市场，实现阳光化交易。在此基础上交易平台通过不断磨合交易制度、规则与流程，形成区域性国有文化产权交易统一平台的格局；同时汇聚投资人资源和相关产业服务组织资源，最终带动民营或自然人的文化创意产权进场交易，彻底改变目前交易低效、无序、散乱的现状。

二是交易数据确权。文化产权的价值发现在于交易所的成交价格，而不在于个人或所谓权威组织的评估，交易所可以从文化产权的创意诞生之始或首次交易就开始公开挂牌，直至该创意在统一交易平台上形成二级市场的再交易、再创作的良性循环，从而形成以交易标的流转的全生命周期交易轨迹，其中围绕历次成交价格等核心信息形成的多维度交易鉴证信息，共同组成一系列的大数据确权和鉴定的连续性方法，最终形成创意产权归属确权和知识产权保护的长效机制。

三是融资支持流转。由于我国知识产权保护和相关法制建设的滞后，造成文化创意产权挂牌转让的一个难点——知识产权的仿冒容易而追究太难，这就是众多文化创意产权的拥有者宁可私下交易、少拿利润，也不愿公开挂牌被别人模仿后再去高成本追偿的现实，这样就造成了一方面优秀的文化创意不能经市场认可给予相应的资本支持，限制了创意者再创作的热情与能力；另一方面，无形之中造成不真实的文化产权买方市场，更易被不良商家轻易剥夺创意拥有者的利润和价值。因此，可以设想由交易所整合致力于发展文化产业的金融机构，设计合理的产权融资模式，核心功能是使艺术创作的仿冒成本高于公开收购成本，金融机构的融资收益与创新成果的市场价值在成果转化的生产和销售环节同步实现、多方共赢，通过巧妙的金融支持来解放创意者的变现需求和购买者的收购需求，从而顺利推动文化创意产业化。

四是线上线下联动。文化创意产权包含的内容非常广泛，但个性化又极强，因此就要求交易平台制定严格的交易规则与流程，并整合资源提供线上线下的交易咨询服务、媒体社交推广、确权登记评估、维权诉讼支持、创意展示解读、网络流量支撑、金融保险服务等一系列专业服务，各方力量共同依托平台做到分工合作、协调配合，完全解决文化创意者和投资人在交易过程中的专业不足、风险不清、信息不通、保护不严等问题。其中互联网交易平台的建设非常关键，产权市场经过30年的积累，已经形成全国投资人汇聚于产权市场的局面，但由于交易机构分散建设，全国统一平台未完全实现，因此文化产权项目方和专业投资人的大数据就是选择交易平台的首要条件，因此由交易机构联盟创立的统一市场互联网云平台就具备了较强的优势，随着统一产权市场的逐步提升，相信产权市场会越来越能够满足文化产权交易的需求。

产权市场如何支持文化产业大发展①

2011 年 10 月，党的十七届六中全会召开，全会强调"加快构建有利于文化繁荣发展的体制机制；加快培育产权、版权、技术、信息等要素市场，办好重点文化产权交易所，规范文化资产和艺术品交易；加强行业组织建设，健全中介机构；在国家许可范围内，引导社会资本以多种形式投资文化产业，形成公有制为主体、多种所有制共同发展的文化产业格局"。从中可以看出，以产权交易所为代表的产权市场是支持文化产业发展的核心平台。

一、产权市场是具有中国特色的权益资本市场

我国产权市场经过 20 多年的发展，目前已经成为具有中国特色、为各类权益资本交易服务的具有社会公信力的市场平台。据不完全统计，2010 年全国产权交易机构总成交额超过 6 000 亿元，其中根据国务院国资委对 26 个省（区、市）产权交易所的统计结果，仅企业国有产权交易就达到 921 亿元，比评估结果增值 143 亿元，平均增值率达17.8%。北京大学中国产权市场发展研究课题组分析认为，如果按照股票市场 IPO 口径（即股票首发交易量）计算，2008 年全国产权市场连续 14 年的成交量超过了股票市场的首发成交量，有效地支持了地方产

---

① 原载于《内蒙古日报（汉）》，2011 年 11 月 3 日，第 3 版。

业经济发展[1]。

产权市场是服务于优化配置社会资源和合理调整产业结构的要素资本市场，其本质不同于证券市场和商品市场。产权市场的交易活动更多起到的是产业杠杆作用，旨在用资产权益配置变化来调整和带动商品权益变化和产业方向调整，最终引导产业的健康发展。产权市场不但促进企业国有产权流转和融资，同时也带动了金融资产、公共资源、涉讼资产，甚至民营和外资产权进入产权市场交易。

二、文化产业的大发展离不开产权市场

产权市场的灵魂就在于其本质上的创新精神，也是其魅力与活力的保证。各地产权交易机构依据自身所在区域的优势和资源禀赋不断开辟新的市场领域，并成为各类传统体制进行市场化改革中优化资源配置的先锋。国家的"十二五"规划提出要推动文化产业成为国民经济支柱性产业，未来5年文化产业将进入高速增长的"黄金时期"。按照中央要求，要进一步完善文化市场体系，包括中介服务体系、产权交易体系、投融资体系，为文化企业的成长壮大创造良好市场环境。从这个意义上说，产权市场服务于文化产业的初衷应当是直接服务于产业发展的投融资需求，为文化资产权益发现最真实的市场价格和融资渠道，而不是服务于脱离产业本身的投机需求，文化产权市场应该是一个相对理性和泡沫不大的市场，这才是产权交易与文化产业重要的结合点。

当前国内以艺术品为依托，以"文化+金融"为落脚点的文交所开始成为潮流，但多数文交所以艺术品权益分拆和份额交易为主要模式，这仅是抓住了时下民众对于金融衍生品旺盛的投资需求，而文交所

---

[1] 《产权市场蓝皮书——中国产权市场发展报告（2009—2010）》，社会科学文献出版社，2009年8月，第1页。

对于文化企业的资产权益市场化配置功能发挥得并不突出。其实组织文化创意生产和经营的企业才是文化产业发展的核心，因为文化创意企业只有持续经营和盈利，才能持续生产销售大量文化创意产品，文化创意的传播才能实现，而持续的文化传播才会形成对文化产品的消费习惯，从而吸引更多的人关注文化产业、投资于文化产业，也才能维持文化企业的生产和经营，这才是文化产业大发展的内在逻辑。中国人口众多，对于文化产品有着巨大的需求，所以文化产业的发展需要产权市场的大力支持和参与。

三、产权市场服务于文化产业投融资的实践

当前我国文化产业正处于市场化转型阶段，产业与企业规模偏小、集中度低、抵押担保品不足、产业链条不完整，制约了文化产业的发展壮大。这其中，融资难是文化产业发展面临的最主要最迫切的问题，特别是大量对文化产业发展具有重要意义而又迫切需要资金的中小文化企业融资难的问题仍然没有得到解决。

经过 20 多年的发展，产权市场正在成为银行信贷和证券市场之外的企业融资新平台，并逐渐具备了股权投融资的软硬件条件和相当数量的投资人群体，各类私募基金、金融机构与产权市场合作日益密切，广泛的中介机构和会员网络也在产权市场周围形成了服务于产权投融资的基本力量，部分发达地区的产权交易机构针对需求强烈的文化产权和企业投融资需求，还成立了专门的文化产权交易所。2009 年 6 月，国内首家文化产权交易所在上海成立，定位是以文化企业的物权、债权、股权、知识产权等各类文化产权为交易对象的专业化市场平台，是中宣部、文化部、广电总局、新闻出版总署支持的立足上海、服务全国、面向世界的权益性资本市场。上海文化产权交易所通过境内外的分支机构，为各类出资主体提供灵活、便捷的投融资服务，是上海及国家

文化体制改革的重要市场平台，也是上海国际金融中心建设中的一个重要组成部分。2011 年初，北京也在筹备成立文化产权交易所，着力于提升首都文化产品创作、生产和交易的功能，强化首都文化中心的地位。

专注于文化产权的专业性权益和资本市场作为文化产业的一个桥梁和纽带，把融资需求与投资需求进行充分对接，不仅为文化企业提供了急需的资金支持，拓展了企业直接融资渠道，同时还利用专业投资机构丰富的投资经验和成熟的管理团队，为企业提供前瞻性、战略性指导和关键阶段的咨询服务，对文化企业的发展将起到重要的带动作用，同时也为各类文化产业的投资人提供资本退出的高效率、低成本通道，从而更好地保障了投资人的资金安全和资本增值。

四、产权市场支持文化产业创新发展大有作为

党的十七届六中全会既为做强做大文化产业提供了难得的历史机遇，也为推动文化产业跨越式发展提出了更高要求。这其中，如何撬动资本的力量是至为关键的一个环节，特别是在支持和壮大国有文化企业发展的同时，鼓励和引导各种非国有文化企业健康发展，努力形成公有制为主体、多种形式共同发展的文化产业格局过程中意义重大。产权市场依托独特的发现价值、发现投资人优势，日益成为国有文化资源和民营文化资源依托的重要融资平台。各地出台的金融支持文化产业的相关政策中，也提出了进一步利用产权市场推动文化企业融资和文化产权加速流转，形成文化产业投融资良性循环的具体举措。而在产权市场，交易品种创新、交易制度创新、交易手段和技术创新、业务模式创新都蕴藏巨大的想象空间。正如文化产权市场的建立和发展一样，产权市场更加多元化的发展模式被不断赋予新的内涵，是产权市场不断创新的历史必然结果。

内蒙古产权交易中心自开展产权投融资业务以来，成交的各类股权、债权、物权、知识产权等交易项目近500宗，实现产权交易融资总额约85亿元，涉及资产总额约360亿元。中心已经形成与多家金融机构和投资机构的战略合作关系，形成了较为完善的业务流程和产品体系。

内蒙古产权交易中心将进一步明确自身的历史使命和功能定位，全面把握服务于内蒙古经济的全要素资本市场发展规律，紧跟金融产业的发展趋势，全面提升内蒙古产权市场的整体实力，争取成为符合党的十七届六中全会精神要求的文化产权交易平台，实现优秀文化与各类资本的对接，为支持自治区文化产业健康发展作出应有的贡献。

第四章
中小企业投融资服务

整合资源，系统解决
中小企业融资问题[①]

截至 2009 年，全国工商登记企业 1 030 万户（不含 3 130 万个体工商户），其中中小企业达 1 023.1 万户，超过企业总户数的 99%。中小企业创造的最终产品和服务价值相当于国内生产总值的 60% 左右，缴税额为国家税收总额的 50% 左右，提供了近 80% 的城镇就业岗位，这样来看中小企业真正是民生之本、财富之源。因此国家越来越注重系统扶持中小企业的生存发展，2008 年以来国家出台了一系列有关中小企业发展的政策，而且政策更加系统、更加务实，这其中关于中小企业融资问题仍然是最为关注的问题。

一、当前中小企业融资解决方案综述

说到中小企业融资，首先要客观地看待当前针对中小企业的综合金融服务。根据《中国中小企业金融服务发展报告（2010）》[②] 的观点，中国中小企业金融服务快速增长，无论是从融资金额还是从服务的客户数量来看，银行业金融机构所形成的信贷市场仍是中小企业金融服务的主流渠道。但也同时体现出两个方面的趋势：一是银行金融机构对中小企业客户群体的细分化所实现的专业化服务和差异化竞争趋势明

---

① 原载于《产权导刊》，2012 年第 1 期，第 41—44 页。

② 见史建平主编：《中国中小企业金融服务发展报告（2010）》，中国金融出版社，2011 年 6 月。

显。银行金融机构在细分市场的基础上为争夺优质客户抢占市场份额，更加重视为中小企业提供全方位的综合服务和增值服务，并主动开展与创业投资机构、股权投资基金，甚至产权市场的全方位合作，以便创新盈利模式，增加服务品种。例如，创投或私募股权基金通过商业银行私人银行部门募集资金成为跨机构合作的成功做法。二是风格各异的中小企业金融服务机构在对中小企业融资实践中功能互补、创新合作趋势明显。2008 年以来，除正规银行金融机构以外，小额贷款公司、典当行快速发展，对中小企业债权融资起到了很好的补充作用。截至2011 年 6 月末，全国共有小额贷款公司 3 366 家，贷款余额 2 875 亿元，仅内蒙古就有小额贷款公司 342 家，贷款余额 282 亿元。此外信托公司、担保公司、融资租赁公司等纷纷将中小企业列为服务对象，加大了创新业务的拓展力度和对中小企业的投入力度。即使有这些创新与实践，但中小企业融资难的局面仍然未见整体性和系统性的扭转。

二、股票市场难以服务于中小企业融资的主要原因

众所周知，直接融资不足是中小企业融资难的一个关键问题，由于中小企业主要依靠信贷资金而使风险在银行内部不断累积，在商业银行贷款警戒线一再告急，以及货币投放回归常态的情况下，银行便不得不作出"嫌贫爱富、抓大放小"的选择；另外由于传统上人们普遍对于高利贷的偏见，使得以小贷公司为主体的民间金融发展一直未全面放开。随着多层次资本市场体系建设规划的出台，以"新三板"为主的股票市场服务于中小企业的前景似乎可以期待，但就目前的供求关系而言，股票市场大规模扩容短时间内不会有实质性改变，长远来看股票市场也仍然不是解决中小企业融资的主要途径。

（一）股票市场的服务对象有限

中小企业是中国企业的绝对主体，其数量巨大、行业复杂、地域广阔、种类齐全，因而中小企业所对应的资本市场服务也应当具备全方位、多元化、差异大、品种多的特点，这恰恰是当前股票市场所不具备的。虽然无论是"创业板"还是"中小板"都以服务于中小企业作为板块的定位，但在筛选上市公司的过程中，券商和发审部门主要选择具备"两高六新"①特点的行业和产业范围内的企业，而且尤其是优质的科技型企业才更有希望获得稀缺的直接融资渠道。客观地讲这样的制度安排支持了国家新兴产业的发展，对调整和升级产业结构大有益处，但对于绝大多数传统行业的中小企业无疑是一个高攀不起的门槛。此外，由于现行的发行审核制度造成的"华山"效应，使券商在保荐中小企业上市时，人为提高企业的业绩门槛已是业内"共识"。以"创业板"为例，虽然规定是企业股本达到 3 000 万元，连续两年盈利且累计净利润达到 1 000 万元，但券商为了确保在上市发审竞争中成功胜出，实际选择保荐企业时往往按照指标提高一倍的标准去优中选优，这又使大量中小企业难以企及。

（二）大量存在于民间的产业资本与中小企业难以对接

经过 30 多年的改革开放和一轮又一轮的区域经济开发，中国的民间资本已经形成暗流涌动之势，特别是在当前国进民退的各个领域里，大量民间资本退出原领域后各处寻找出路，不断在新的领域"兴风作浪"，大有形成"资本堰塞湖"的趋势，这其中以家族和同乡为单位的民间团购活动不断上演就很好地说明了这一点，同时也使各类资产价格不断上涨甚至形成泡沫。那么为什么这么多民间资本不去与大量缺

---

① "两高"即成长性高、科技含量高。"六新"即新经济、新服务、新农业、新材料、新能源和新商业模式。

乏资本的中小企业对接呢？一是由于中国的诚信环境很难使民间资本形成创业投资的基础力量，反而民间借贷是更简单和更现实的选择；二是中国的民间资本基本上还在创业的企业家手中，经营者出身的企业家多数看中实业投资、实体交易，而对于虚拟交易的证券市场兴趣不大；三是由于缺乏具备公信力的中小企业股权投融资并购平台，而私募股权投资基金却在蓬勃发展，所以大量的民间资本不得不涌向了 PE 基金，使 PE 基金规模迅速做大，但目前绝大多数 PE 基金更多是关注 Pre－IPO 项目，因而一方面这些民间资本仍然与大量的中小企业无法对接；另一方面由于基金发展过快而人力资源不足甚至导致了基金投放成为难题。

（三） 中小企业的家族性质使上市未必就是最优的选择

中小企业绝大多数是家族企业或以家族为主体存在，既然是家族企业就很难与其他人真正分享，特别是在高倍聚光灯下与社会大众共享更是难上加难，多数时间企业家看重家族企业的控制权要远远大于企业的融资或做强做大。况且由于当前大量的私募股权投资基金的出现，使一个好项目的融资除了银行会主动服务以外，往往还会有好几家基金来洽谈合作，企业家团队的话语权似乎比一般的投资人要大得多，特别是在股权交易对价和股比的确定方面更是如此。基金入驻企业之后，企业家家族一方面还拥有控制权，另一方面企业家族事实上已经实现了高倍市盈率的投资回报，因而对于千辛万苦、毫无隐私地上市之路也就不那么看重了，即使基金退出需要通过企业上市作为主要的增值渠道，但并购市场的发展也正在一步步解决这个问题。所以对于家族性质的中小企业而言，上市并不是企业成长发展唯一或最优的选择。

三、产权市场解决中小企业融资问题的优势

应该说产权市场解决中小企业融资问题是基于自身定位的优势发挥，是在整合系统资源下的模式创新。

（一）公信力是产权市场与生俱来的优势

金融的本质是什么，是信用，而产权市场的信用是与生俱来的。由于政府通过一系列的评估和认定才赋予产权市场特许经营资质，并以政策性业务奠定了公信力的基础，以一系列约束机制保持了公信力的高水平。然而中小企业是一个信用体系最弱的群体，并不是说中小企业故意不讲信用，而是说中小企业作为市场大潮中的一条小船，确实是立信依据不足和建信成本太高。产权市场正是看到了这一点，才以自身公信力来弥补中小企业信用不足的问题。信用建立的关键是要有一定的制度安排，良好的制度可以建立一个人人守信的环境，而错误的制度会使守信用的企业也蜕化变质。因此，产权市场将中小企业融资活动以制度化的工作流程完善起来是解决问题的核心。

（二）聚集各类投融资项目、政策扶持和中介服务资源

中小企业融资是个典型的系统工程，这不仅仅要形成政府支持的政策合力，更要形成资源配置的市场合力。由于中小企业融资的特殊性，最理想的状态应当是政策与市场搭配使用、密切配合、优势互补、共同推进，使中小企业在初创、成长和发展过程中既可以享受到无偿的政府援助，也可以得到有偿的集约化中介服务，使其综合融资成本最低、效率最高、效益最好。这其中的关键是将上述资源统一集中到一个平台，然而当前的现状是市场资源分散、政府部门各自为政，从而导致中小企业融资的集约化效益不能迅速形成，融资难也就不足为怪了。产

权市场作为地方政府直接领导的综合类要素资本市场，是中国多元化资本市场的重要组成部分，应当成为区域经济和金融的核心。所以产权市场应当具备汇聚各类资源的职能，特别是经济相对欠发达的西部地区，地方政府应当以行政强制力作为推动市场建设的核心动力，以产权市场为平台形成政府导向型金融的集中突破，破解中小企业融资难题。

（三）服务多元化、多层次和多功能符合中小企业融资的特点

产权市场的区域性与非标准化是其最重要的特点，这意味着产权市场的服务对象主要是区域内的中小企业，产权市场的交易品种可以向多个领域复制，产权市场的服务也可以在资本形成、资本运营和资本流转等多个环节中实现。从这个角度来讲，产权市场才是覆盖中小企业内源融资和外源融资全范围的综合性市场，系统解决了从资本进入到资本退出的全流程服务，而不仅仅是银行金融机构的信贷融资，或主要以信贷延伸的其他增值服务。产权市场不仅涵盖了企业股权、物权、债权和知识产权的融资和交易，还可以依托市场平台设计个案性的组合融资品种，具有不可限量的创新空间。所以说产权市场不但拓宽了中小企业融资的视野，增加了中小企业融资的手段，而且还系统性地防范了融资风险，进而提高了融资成功率，从根本上解决了中小企业融资过程中的关键难题。

（四）产权市场系统解决中小企业融资问题的制度安排

产权市场是中国要素市场建设中制度建设的典范，它试图解决中小企业融资难的问题也正是依赖于这一整套完善的制度体系。

1. 股权登记托管建成最为完善的中小企业融资需求数据库

大量非上市企业中绝大多数是股东小于200人的非公众公司，按照现行规定和政府下一步的监管思路，这些企业的股权规范管理工作应由各地政府认可的股权登记托管机构负责，而产权市场往往是当地政

府指定的股权集中登记托管机构，这本身就是基于市场公信力和职能定位的一种制度安排。集中登记托管是政府加强非上市企业股权管理的行政措施，因此具体操作上应当是本着强制登记、免费托管、规范管理、收费服务的方向进行。一方面通过强制引导中小企业进入公信力平台，汇聚了企业项目资源，为政府提供了权威、完善的基础管理信息和决策参考依据；另一方面通过市场规范管理集中获取了中小企业的融资需求和发展瓶颈，为有针对性地制定扶持政策和提供金融服务夯实基础。

2. 分类筛选和综合评审为中小企业提供差异化服务创造条件

中小企业的发展往往良莠不齐、千姿百态，企业进入集中登记托管平台后我们才会发现，有的企业缺的是基础管理，有的企业缺的是资金支持，有的企业缺的是核心技术，有的企业则需要转变体制机制。企业的发展阶段不同遇到的问题也不一样，企业所处的行业不同面对的解决方案完全不同，但是在融资困境上却是一样的，所以差异化的贴身服务对于中小企业而言最为重要了。产权市场针对中小企业的融资需求应当成立专业的投融资价值评估委员会，设计一整套企业价值指标体系，将所有托管企业纳入不同区域进行分类管理，提供不同的融资解决方案，为发展滞后的企业提供系统的管理建议和专业服务，帮助其尽快成长和满足融资条件。

3. 整合批量的融资需求为降低金融机构操作成本提供支持

中小企业融资成本高是一个显著特点，但并不意味着中小企业不愿意承受，反而是金融机构相对于单宗业务收益率成本太高而不愿意接受中小企业业务。因此中小企业对接金融服务，对金融机构必须要形成规模效益才有意义，这时产权市场的资源汇聚功能就显现出优势来了。产权市场基于中小企业的股权集中登记托管平台，已然对中小企业进行了分类整理和持续跟踪，并在一定程度上进行了必要的信息披露。金融机构对于中小企业的信用基础已经具有了初步认识，关键是产权市场整合集中登记托管企业的融资资源批量提供给金融机构，金融机构可以从大规模的中小企业中选取一批质量较好的企业给予支持，甚至可以开发类似于联保联贷的聚合融资品种，使中小企业融资化零为整，满足金融机构降低操作成本的目标。

4. 对接各个部门使政府对中小企业的扶持政策得以集中落实

产权市场既然是政府指定的中小企业投融资平台，那么政府就应当要求各部门针对中小企业的扶持政策统一整合到产权市场，甚至要求产权市场提供一站式政策实施、政策培训、政策验收等服务。一方面中小企业可以低成本了解政府各部门的扶持政策，便于综合运用和提高效率，真正获得针对中小企业的便捷服务；另一方面政府部门可以依靠产权市场的企业聚集和分类筛选功能，以最低成本将扶持政策配置给最需要扶持的企业，避免各部门在政策落实方面重复建设，在企业受益方面"撒胡椒面儿"，从而将行政配置政策资源的方式转变为市场化配置方式。这样，产权市场就成为中小企业扶持政策的集中落实平台、绩效检验平台和传播辅导平台。

5. 定期的融资对接活动创造针对中小企业的常设性投融资市场

中小企业融资工作不能一时做秀、博得虚名，而要长期坚持才会有所收获。《周易》有云："日中为市，致天下之民，聚天下之货，交易而退，各得其所。"强调的就是，市场规律应注重定时定点，节奏相对频繁，形成消费习惯才能成为市场、促成持续稳定的交易。中小企业融资工作也是一样，产权市场应当作为开展中小企业融资活动的常设性、固定性市场，建立中小企业融资的固定网络平台和传播渠道，而不仅仅是搞一两个投融资洽谈会就结束了。具体来说，需要做到三点：一是为了不间断为中小企业提供投融资服务，建立基于政府权威性的市场公信力和影响力；二是为了培养融资方和投资方的投融资消费习惯，熟悉投融资专业服务，以便更好地吸引各类中介服务机构、资金供求双方围绕产权市场开展工作；三是培育融资的产权流动性市场，建设投资人数据库、交易软件系统，培育基于产权市场的各类投资基金，为投资方最终解决投资退出和风险防范问题。

总之，产权市场的优势就在于整合资源、调动资源共同为中小企业投融资服务。

对中小企业融资制度安排的思考[1]

产权市场是中国要素市场建设中制度建设的典范，产权市场的成功很大程度上在于其成功的制度安排。因此，产权市场能够解决中小企业融资难的问题并不在于其能力优于其他的金融机构，而在于其基于平台功能下的一整套完善的制度体系。

一、中小企业融资的基础性制度安排——股权登记托管

（一）股权登记托管机构成立与发展程序

建立机构：产权交易所要成立股权登记托管部，或延伸成立合法注册、不带商号、独立运营的股权登记托管（交易）所，产权交易所对其控股或统一管理。

获取资质：股权托管机构要成为省级地区性唯一的集中登记托管机构，要具备省政府或多部门联发的指定文件作为公信力的保证和资源的保证。文件的权威性很重要，层面越高越好。

政策归口：产权市场定位首先要通过区域性非上市企业股权的集中登记托管功能延伸成为政府指定的中小企业股权投融资平台，作为服务于中小企业的区域资本市场对待。政府应当将各部门针对中小企

① 原载于曹和平主编：《中国产权市场发展报告（2012—2013）》，北京：社会科学文献出版社，2013.12，第128—131页。

业的扶持政策统一整合到产权市场，甚至要求产权市场提供政策传播、政策培训、政策绩效验收等一站式服务。这样，产权市场就成为中小企业扶持政策的集中落实平台。例如，目前内蒙古产权交易中心已被自治区中小企业局指定为自治区中小企业产权交易和股权投融资示范平台，功能正在进一步强化。

取得资源：经省级政府发文要求全省中小企业（公司制和国有企业）全部进入托管中心，国资委、金融办、工商局等部门配合联动，采取强制登记、免费托管、规范管理、收费服务原则，建立全面、权威的中小企业数据平台。

（二）股权登记托管的基础制度安排

股权确权服务方面的制度：针对股东群体有协助股东进行具有公信力的维护股东权益的安排，包括股权登记托管、变更、分红派息等制度。

股权增值服务方面的制度：针对托管企业有协助企业进行融资发展的安排，包括股权回购、股权信托、股权质押、股权私募等制度。

股权监管服务方面的制度：针对政府的监管职能有协助政府部门强化政策落实的安排，包括信息反馈、政府工作延伸、对接政府扶持资金渠道等制度。

二、降低融资成本方面的制度安排

（一）中小企业针对金融机构的日常信息披露制度

交易所对托管平台上的中小企业进行必要的宣传推介，主要通过针对金融机构和合格投资机构进行定期信息披露，使企业在金融机构和投资机构中建立初步的信用基础和信任关系。信息披露的内容要根据金融机构的要求设计，由企业自主提供，金融机构提供融资服务时自会核实。这样做，大大强化了企业的信用意识，降低了企业的无形成本。

（二） 交易所与各类中介服务机构建立合作联盟制度

交易所为了给中小企业提供优质低成本的融资中介服务，用合同锁定各类融资中介机构中的优质机构，并以业务悬赏、费率竞争等做法共同为中小企业提供融资服务。

（三） 交易所对托管企业的融资需求调查制度

交易所定期对托管平台上的中小企业进行融资需求调查，对融资方式、融资规模、融资期限、融资成本等因素进行分析，并结合交易所对托管企业的分类情况和金融机构、投资机构的融资审批要求，对企业融资需求进行汇总并与金融机构的要求进行配对，一方面对企业提出交易所的融资方案，另一方面可以直接与金融机构商谈降低费率或通过竞争性选择好的金融机构合作，以确保不断满足托管企业的批量融资需求。

三、防范融资风险方面的制度安排

（一） 托管企业分类管理制度

主要按照企业发展的生命周期分类，其次按照金融机构的融资标准分类，以便于交易所及其会员对企业进行贴身服务，重点是策划融资方案，补齐企业短板。

（二） 托管企业投资价值评审委员会制度

建立权威的区域性企业价值评审委员会，从银行、基金、信托、担保、会计、法律、高校、企业家中选择专家作为评审团队成员，专家的权威性决定了企业价值的可信度；建立企业价值评审的通用打分标准，细化评价分数的具体指标，注重企业商业模式或盈利模式评价，通过评价选择性推荐给金融机构或投资人。

（三） 中小企业获得融资期间的过程跟踪和信息披露制度

托管平台上的中小企业获得金融投资机构的融资后，交易所可以根据金融投资机构的要求，设计融资过程中受资企业对于投资机构的信息披露制度，并借助托管平台实现规范操作，帮助金融投资机构防范风险。

（四） 中小企业产权市场融资信用积分制度

中小企业融资实现后，产权市场应当及时披露企业融资后的表现和成果，特别是广泛传播融资后的财富效应，为企业经营者的能力增信；如果出现融资失败和违约行为，产权市场应当进行违约方的信用减分，并为今后的融资行为进行风险提示。最终形成中小企业信用积分制度。

四、资本进入方面的制度安排

（一） 合格投资人制度和金融机构注册制度

交易所通过制定合格投资人标准，并依托大量的托管企业吸引各类机构投资者和个人投资者注册为交易所的合格投资人；各类合法成立的金融机构可通过签订合作协议的方式成为交易所的注册金融机构，取得开展业务的资格。这两类机构是交易所托管企业的融资项目披露重点。

（二）发起设立产权市场股权投资基金

交易所与国内外私募股权投资基金结合，共同发起设立中小企业股权投资基金，借助有限合伙基金中的普通合伙人（GP）的专业投资管理经验，在托管平台上发现成长性高的中小企业进行投资。交易所可以作为基金的联合管理人，为当地托管企业与基金管理团队搭建具有公信力的沟通桥梁，不仅为GP的专业能力增信，提高投资效率，降低沟通成本，增加退出通道，还使交易所获得管理收益。

（三）交易所对中小企业的融资对接制度

交易所根据融资企业投资价值综合评审结果，定期组织评价较高的融资企业与金融机构和投资机构进行对接撮合，可以分别向融资双方各按一定的融资费率取得收益，而且交易所作为中介平台要在融资协议中安排双方利益均衡与风险控制的具体措施，并以合同的形式锁定。

五、资本退出方面的制度安排

（一）交易所对受资企业回购条款或自动转让条款方面的设计制度

为了保证投资者的资金安全，交易所对于受资企业的融资方案设计首先要设计退出条款，包括股东或企业强制回购条款、自动转让条款甚至对赌协议的应用等，并以合同方式或抵押物进行锁定和担保。

（二）交易所的产权、股权、债权、基金份额转让制度

这是交易所传统的业务模式，根据具体情况和合同要求可以采取

公开挂牌方式，也可以采取私下撮合方式成交。

　　总之，以上是我们在实践中总结和设计的制度，目标是力争让中小企业在产权市场实现高效率、低成本融资，并使产权市场成为中小企业融资的主渠道、主平台。

民营企业产权交易探索[①]

2012 年 11 月 21 日，中央政治局常委、国务院副总理李克强在主持召开全国综合配套改革试点工作座谈会时提出："进一步推进经济体制改革，既要搞好顶层设计，又要尊重群众和基层的首创精神；经济领域要更多发挥市场配置资源的基础性作用，社会领域要更好地利用社会的力量，把应该由市场和社会发挥作用的交给市场和社会；现阶段推进改革不仅要继续解放思想，转变观念，在很大程度上要触动利益。调整利益格局，要善于在利益增量上做文章，在利益预期上作调整，同时稳妥推进存量利益的优化。"这些观点是我国经济领域下一步深化改革的主要方针，对产权市场的发展具有非常重要的指导意义，对民营企业加快发展意义重大。

一、关于民营企业产权交易的部分政策依据

一是，2012 年 3 月 28 日，国务院常务会议决定设立温州市金融综合改革试验区。温州国家金融综合改革试验区将在地方金融组织体系、金融服务体系、区域资本市场体系、金融风险防范体系等方面先行试验，11 月 23 日《温州金融综合改革实施细则》正式出台，其中实施细则七明确提出"培育发展地方资本市场。积极开展产权交易市场试点，建立知识产权、企业产权、金融资产、排污权、水权、碳排放权、低碳

---

① 原载于《碰撞》（内刊），2012 年 12 月号，第 1—3 页。

技术、农村土地承包权、林权等产权交易市场，依法合规开展非上市公司股份转让试点，探索开展中小企业私募债转让试点"。区域资本市场指的就是产权市场，国家在总结全国产权市场建设经验的基础上已明确列入创新试点范围。

二是，2012 年 5 月 23 日，为贯彻落实《国务院关于鼓励和引导民间投资健康发展的若干意见》（国发〔2010〕13 号）文件精神，积极引导和鼓励民间投资参与国有企业改制重组，国务院国资委出台了《关于国有企业改制重组中积极引入民间投资的指导意见》，其中第四条：国有企业在改制重组中引入民间投资时，应当通过产权市场、媒体和互联网广泛发布拟引入民间投资项目的相关信息；第十条：企业国有产权转让时，除国家相关规定允许协议转让之外，均应当进入由省级以上国资监管机构选择确认的产权市场公开竞价转让，不得在意向受让人资质条件中单独对民间投资主体设置附加条件；第十一条：从事国有产权转让的产权交易机构，应当积极发挥市场配置资源功能，有序聚集和组合民间资本，参与受让企业国有产权。

三是，2012 年 8 月 23 日，为推动区域性股权交易市场健康发展，规范区域性股权交易市场的相关业务，更好地为企业特别是中小微企业提供股权交易和融资服务，繁荣地方实体经济，防范金融风险，维护市场秩序和社会稳定，中国证监会根据有关法律法规和《国务院关于清理整顿各类交易场所切实防范金融风险的决定》（国发〔2011〕38号）等相关政策，出台了《关于规范证券公司参与区域性股权交易市场的指导意见（试行）》，并指明区域性股权交易市场（以下简称区域性市场）是多层次资本市场的重要组成部分，对于促进企业特别是中小微企业股权交易和融资，鼓励科技创新和激活民间资本，加强对实体经济薄弱环节的支持，具有不可替代的作用。这无疑可以为产权市场开辟出一片新的领域。

二、民营企业产权交易的现实需求

（一）民营企业富二代接班难，需要通过产权交易实现顺利交接

据调查，中国民营企业的数量已经占到全国企业数量相当大的比重，而民营企业中95%以上是家族企业，其中四分之三都面临接班的难题，很多企业出现富二代想接班的却缺乏能力，有能力的却又不想接班，因此涉及民营企业财富传承和健康可持续发展已经成为一个不小的社会问题。如何能够既保证原来的企业家顺利将多年积累的财富变现后退出企业，又可以将企业的经营管理权由各方面都具备条件的战略投资人和职业经理人来承接，这就需要一个公信力强、信息面广、专业服务到位而又低成本、高效率的市场平台来提供服务，产权市场就是一个现实的选择。

（二）民营企业融资难，需要通过产权市场来提供综合解决方案

中国现有的金融服务体系当中，产权市场融资功能正在逐步提升和显现。产权市场的优势并不在于比金融机构有多么高明的专业服务，或者比银行有多么便宜的资金，而是通过建立一个信息汇聚、网络互通、服务配套的市场化平台，针对民间大量好企业找不着资金，大量民间资本找不着好企业的现实，利用资本的趋利性来引导民营企业将大量财富进行金融化配置时，可以通过股权投资配置到其他需要资本的实体经济之中，而不是只进入"钱炒钱"的自循环道路；或者也可以将企业通过并购重组、股权交易引入其他社会资本实现企业的转型和升级，突破企业发展瓶颈。

（三）民营资产处置和集中采购难，需要借助产权市场的公信力服务

一个国家或地区的经济发展到一定阶段，必然要产生金融、资产和资本市场的需求，近日有国外机构调查说，中国进入富裕阶层居民已经达到1.2亿人，中国拥有了丰富的民间财富，但并没有足够丰富的金融资本市场，这些钱找不到合适投资方向，主要是大量民营企业的资产处置、集中采购、资本融通需求始终处于制度的边缘，因此才会出现大量的非主流"创新"。国家出于对国有资产保值增值的考虑，产生了国有产权交易市场、政府采购市场、土地房产市场等，但却没有专门为民营资产交易而设立的专业化产权市场。那么现有的产权市场为什么不能够为民营资产交易服务呢？如果这个市场的发展跟不上，富余资金不仅不能帮助实体经济的发展，还可能带来严重的社会问题。所以，中国经济亟须很多个能让企业和资产找到资金和资本的市场化平台，这正是今天中国资本市场改革发展的重点任务，也是区域性产权市场的重大机遇。

三、民营企业产权交易的难点

（一）信息不透明是常态

民营企业的家族性质决定了大部分企业内部信息的私密性、企业决策的特立独行成为一种习惯，只要企业能够维持经营，企业老板往往不愿意向外人公开企业内部信息，这就造成企业经营管理可能不规范、更不透明。民营企业如果通过产权市场进行产权交易，那么信息披露成为必备的环节，如果没有像国有企业产权交易类似的强制性信息披露，投资人就根本无法了解企业的情况也就无法进行投资，交易也就很难达成。

（二）整体信用程度不高

当前的社会信用状况决定了在企业产权交易过程中，投资人往往只信任自己的判断，很难相信企业自身或第三方机构作出的信息披露或判断，即使接受也是有限的，更何况是民营企业的不充分信息披露。国有企业产权交易有相关的法律法规约束，有国资监管部门作担保，具有政府背书的公信力，而民营企业的社会信用基础很难判断，很多企业有说服力的信用记录缺乏，这无疑增加了投资人的疑虑和成交的难度。

（三）资产价格确定有随意性

民营企业的产权定价往往是老板个人的分析和价值判断，标的价格的形成过程未必有规范的方法支持和相对合理的利润空间，而投资人往往以相对通用的价值衡量方法去进行产权价值评估，因此民营产权的老板和潜在投资人对企业的价值判断不太容易达到一致。

（四）民企不愿意承担交易的前期成本

民营企业往往在做任何交易前都把成本支出控制得非常严格，特别是在前期尚未见到效益的阶段或尚未有实质性进展时更是如此，但是如果项目能够达成交易或融资实现，民营企业对高成本的承受能力又较强。因此民营企业产权交易的前期成本投入往往会成为项目推进的障碍，这就需要产权交易机构充分了解民营企业的普遍心理，想办法承担或转移必要的前期成本，采取更加灵活的方法开展工作。

（五）对任何项目都要求时间短、效率高

通常情况下民营企业非常注重结果，不太关注过程，讲究时间短、效率高，对于项目操作过程中的规范性要求不高，随意性强，变化的可能性大，这对于讲究制度规范、流程完整、依据清晰、结果可控的国有

资产交易规则而言显然是不适用的，因此在民营产权交易进场后对于交易流程的设计一定要作通盘考虑和精细化设计，关键要做好前期沟通，既要有关键环节的控制力，又要有系统操作的专业性和高效率。

（六）民营企业对风险的承受能力非常低

民营企业相较国有企业而言更倾向于市场经营的独立主体，所有的市场经营风险都要由自身来承担，没有主管部门的依靠、没有监管部门的支撑，因此民营企业对风险的承受能力是相当低的。这样就使得民营企业在产权交易过程中针对所有与确权相关的事项控制力都非常弱，比如政府审批环节，如果产权市场不能对民营企业产权交易流程进行周密的设计和安排，就无法使交易顺利进行。

四、民营企业进场交易的基础工作

针对上述民营企业产权交易过程中的一系列问题，民营企业产权交易应当把握好十六个字：打造诚信、降低成本、关注效率、控制风险。这个基本原则应当贯穿于整个民营企业产权交易的规则和流程中，融合于产权交易市场的企业文化中，并做好以下基础工作。

（一）构建中介服务机构群体

产权交易机构应当以会员或合作伙伴的形式发展相应的中介机构进入产权市场，而且要对中介机构的服务能力、公信力、美誉度进行评估和确认，要求这些中介服务机构必须有行业代表性，目的是在组织中介机构为民营产权交易提供中介服务时尽可能做到质量优良、标准统一、价格合理、公信力强，这会在民营企业产权进场交易的过程中让投资人逐步认识产权交易机构为项目操作所作出的增信安排，从而逐步接受第三方参考数据，提高民营产权项目诚信水平。

（二）构建充实的投资人数据库

产权交易机构应当不断扩大有效投资人数据库，从数据库建设、更新、管理、应用和反馈等方面实现数据库的充实和完善，其重点是确保投资人数据库的完整性、时效性、真实性，以及数据库营销系统的可持续性，确保民营产权交易项目营销的有效性、高效率，最终将数据库中的投资人群体逐步演化成为产权市场的合格投资人群体与诚信投资人群体。

（三）产权交易机构内部流程标准化

产权交易机构服务内容标准化本来就是机构管理规范化的基本目标，国有产权交易如此，民营企业产权交易也应当如此。针对民营企业产权交易项目的特点，虽然在操作流程方面会有相当多的灵活性，但成功操作的关键点和风险控制的关键点是不变的，所以产权交易机构应当制定相应的标准化产品说明书，用严格的流程控制各类风险，用专业服务提高项目成交率。只有这样，民营产权才会成为产权市场的主营业务。

总之，产权交易机构的定位决定了产权交易机构不同于一般的营利性企业，只有担当起打造环境、主持公正、创新服务的角色，才能吸引民营产权进场交易。

第三编

产权交易机构建设

第一章
企业文化建设

企业核心价值观建设

——内蒙古产权交易中心成立十周年思考[①]

2012 年 12 月 24 日是内蒙古产权交易中心（以下简称中心）成立十周年纪念日，经过十年的磨砺和成长，中心也到了一个需要转型的关键时期。那么转型从哪里开始，这无疑是所有问题的关键。古语说"打铁还需自身硬"，如果从更广义的角度去理解这句话的深刻内涵，就像华尔街之所以成为全球金融中心，并不是靠这里的高楼大厦，更不是靠这里聚集的财富，而是这里几十万顶尖金融人才的驻守。一个组织的转型说到底就是从组织中人的转型开始，或者说从思想的转型、人心的转型开始，所以我们要进一步强调中心的核心价值观，要继续提炼、不断总结，最终形成真正有影响力、有凝聚力的企业文化。

一、中心企业文化形成过程

我们从开始就意识到一个问题，我们要想做好，到底凭什么？凭政策、凭资源、凭资本，都不完全是，我们的共识是我们最终要凭借的就是人。人是很复杂的，是有感情、有思想的动物，要把人群凝聚在一起，干出一番事业，没有一个好的指导思想，是绝对不可能的，因此我们一直在总结自己的核心理念，力图找到共识性的核心指导思想。第一

---

① 原载于《碰撞》（内刊），2013 年 1—2 月合刊，第 1—3 页。标题为编者所加，原标题为《我们的核心价值观》。

个阶段，我们总结了简单几个词：忠诚、责任、创新、合作，做成标牌贴在我们的会议室。忠诚、责任指的是做人，创新、合作指的是做事，这就是做人、做事应当采取的正确态度，这是我们当时最简单的思想凝练，也是结合当时情况的一种总结。后来又提出十六字原则：实事求是、诚实信用、善于思考、公道正派，这是我们对做人做事更为具体的要求。第二个阶段，2007 年的时候，我们搞出了一个在理念上包罗万象的《企业文化大纲》和《职业化行为准则》，目的是想从战略、精神、管理、行为等方面说明很多问题，但后来发现其实什么问题都没有说清楚，更谈不上执行。因为，我们当时建设企业文化时并未在充分实践的基础上进行总结和提炼，充其量是对一些观点有心理共鸣而已，但这毕竟是一种有益的探索，让我们了解到企业文化建设还有很长的路要走，能够执行的企业文化才是真正有效的企业文化。第三个阶段，就是我们陆续整理出来的《员工手册》和《企业文化大纲》，包括中心的愿景、宗旨、精神和相应的执行理念，这一阶段的企业文化体系包含了很多管理实践和解决问题的体会，基本上能够说清楚我们的诉求。2012年我们进一步提出了产权交易中心的核心价值观："以员工为财富，视规范为生命，靠创新铸灵魂，凭公信赢尊重，用专业创价值，在和谐共赢的环境中求成长。"以及配套的思想理念系统，句句都针对我们自己的问题。应当说这一阶段的总结是我们经营管理实践过程中体会出来的东西，虽然冗长，但却是我们自己的东西，并且要在实践中贯彻执行，也为今后提炼出更加深刻、精准的文化理念打下了基础。

二、企业文化在管理中的应用分析

实践中我们通常感觉企业文化是听上去很虚、说起来很玄的东西，能不能落地，我们可以从三个方面检验。第一，我们有没有把实践整理成清晰的企业核心价值观、宗旨、目标、定位、精神、格言等，有没有设计标准的广告语便于记忆和传播。事实证明提出这些明确的概念，非常有利于统一大家的认识。虽然很多员工并不能完全做到，但毕竟知道该向什么方向努力；虽然不能时时刻刻铭记，但总结反思自己的行为时知道用什么标准去衡量。这么说来，越是听起来虚的东西，越是重要的东西。第二，我们在行为规范方面有没有特色的管理制度和主题活动，有没有把企业文化所提倡的精神总结出来和传播出去。一个企业能被大家感受到并记住的特征就像一个人的独特性格，很能说明企业与众不同的文化内涵，这都要依靠企业通过日常的行为规范和活动体现出来。这个方面我们想了很多办法，比如我们的月度读书演讲活动，我们的周末锻炼安排，我们的月度写作训练，我们的季度专业考试等。经过几年来的坚持，我们已经深刻地体会到很多员工是受益的，整个中心是受益的，我们已经形成了相对主流的、有利于激发员工潜能的文化管理体系。我们还总结出工作中真实发生的、体现企业核心价值观的故事，成为我们团队精神的榜样和丰碑，在不断地宣传推广过程中，渐渐成为新员工理解和传承企业文化的极好教材。就像一个人的行为是由其思想决定的一样，一个企业的行动就是其企业文化的体现。第三，我们有没有标准的企业文化形象。俗话说"人靠衣妆马靠鞍"，再好的本质也需要良好的形象去展现，而且能够长期保持并给外部环境持续带来良好的预期。我们很早就重视这个问题，多年前就设计了一套很简单的VI系统并赋予它规范、流转、专业等内涵，包括我们的独特 Logo、标准化字体和一些简单的应用场景。经过了若干年使用，它已经在客户心中隐约形成了不错的印象，它代表了我们高质量的工作。我们应当像保护眼睛一样去保护它、完善它，并赋予它更深刻的内涵。因此企业形象的视觉化、个性化以及系统应用，将长期伴随企业的发展进步，并与企业的成败一起荣辱与共。

多年来的企业文化实践说明，企业文化建设并不在于制度完善、体系健全，而在于执行，如何做好执行落实才是重点。

三、我们的思路与做法

中心从成立开始到现在，我们始终不敢高枕无忧，特别是第一批员工进来的时候，我们的前途在脑子里是个大大的问号！但现实如此，没有别的办法，我们只能硬着头皮干下去。应当说，最初的忧患意识来源于生存的需要，活下来才是硬道理。而紧随而来的危机感，则更多的来源于发展的欲望、竞争的压力，以及产权市场大形势的逼迫。内蒙古的GDP占全国总量不到3%，而且区域辽阔、资源分散、制度不够完善、交易成本较高，中心的发展环境依然有很多不足之处，跨区域和跨界竞争就更加难上加难，但我们不能因此而放弃努力。这就是中心企业文化中核心价值观建立的起点和完善的重点，我们必须要扎扎实实地把它确立出来并认认真真地坚持，这样的团队才能成为有竞争力的团队，我们的事业也才能生存、发展、壮大。

第一，努力打造核心团队。我们今天的工作，是对未来判断所作出的安排，凡事都要前想一步，要高处着眼、低处着手，在当前这个高度竞争的社会，如果我们没有竞争力，就意味着失败。那么作为一个企业组织来讲，应对竞争最大的可能性就是建立高效能的企业干部队伍，在建立精英化的核心管理团队上，重点是中心的领导班子成员理念一致、志同道合，也就是说要有统一的价值观，才能带动员工队伍对管理团队理念有高度的认可，有较强的执行力和较高的积极性，企业文化才有落地的可能，否则一切都免谈。这是我们建立企业文化的基础或支点。

第二，明确队伍建设的目标。通过企业文化建设，我们意识到到底需要什么样的员工：忠诚负责、专业性强，有创新性与合作意识，坚守价值底线，坚持追求目标，遵守承诺，能够不断矫正自我的员工；我们不需要什么样的员工：滥竽充数、唯唯诺诺、灰心丧气、能力不强的员工。这就是我们判断问题的基本标准，虽然简单但很现实、也很残酷，执行这个标准要依靠一整套员工入职、薪酬、考核、奖惩、退出的制度体系，几乎每隔一段时间就有新员工进入，也有老员工被淘汰。所以制度既是导向也是具体标准，这里难就难在知行合一。王阳明先生讲："知而不行，还是未知"，定下制度容易，能够把制度严格执行下来是团队建设中最严峻的考验。

第三，坚持持之以恒地不断提升。概括起来就是自我修炼加上团队训练。古语有云"天行健，君子以自强不息"，君子就是有正确价值观又能够身体力行的人，自强不息是要求君子像日月之行一样始终不倦怠的态度和方法。只有自助才能天助，自强才会越变越强。同时员工的发展也是中心的责任，中心的核心使命之一是教育人、培养人和改造人。俗话说"兵闲则乱"，中心的年轻人多，年轻人容易产生浮躁情绪，越是这样，中心越是要有相应的训练安排填满他们的业余时间。我们给员工制定了思维训练、表达训练、业务训练的一系列方法，确定目标后不断重复并长期坚持。这种安排对员工来说可能有些严苛，但我们深信管理是种严肃的爱，越是严格的训练越能打造出成功的团队。

第四，形成体系完备的企业文化表达方式。经过十几年的总结，我们逐步概括出来包括四个方面的中心企业文化体系：一是精神文化，主要以简洁明了的语言表达出中心核心价值观、企业愿景、企业精神、企业宗旨，以及企业的奋斗目标和具体操作执行理念，提出中心基本的价值观和方法论；二是物质文化，主要是专业设计的中心 VIS 视觉识别系统、荣誉配饰系统和文化大使形象代言等，让员工和客户产生形象认同与品牌记忆；三是制度文化，主要包括公司治理、业务规则和内部管理制度体系，不断强调纪律和规则的严肃性；四是行为文化，主要包括中心的职业化行为准则、刻意的内训安排、员工公益与业余生活安排，还有中心多年来积累的内部正能量故事等等，形成中心的群体生活习惯和历史传统。有了这个企业文化的体系框架，具体内容就可以在实践中不断总结提炼、逐步完善了。

面对未来，我们除了努力别无选择。

管理的核心是团队价值观管理[①]

一直很欣赏中国社会科学院哲学研究所研究员周国平的一句话："人生在世，做人就是要讲道德，讲道德是为了对得起自己的良心，做事就是要讲效率，讲效率是为了对得起自己的生命。"绝大多数人一生只能做成一件事，而且做事需要团队。因此让团队做成事，就是我们天天面对的管理。

一、管理的重点与核心就是管理念、动人心

古语云"欲动天下者，先动天下心""得民心者得天下"，表明管理的核心是对于人心的管理，因为世界上什么都在变，就是人性不会变。无论是西方还是中国的管理哲学都博大精深、高度成熟，但管理哲学不像是自然科学，后来者不能够站在前人的肩膀上去实践，只能是在学习其精髓和掌握其方法的基础上不断地领悟和尝试，能达到什么高度就看要素的聚合程度与个人的造化了。

白居易有诗云："天可度，地可量，唯有人心不可防。"可见世界其实很简单，只是人心太复杂。人心为什么复杂，是因为人与人之间有差异。人和人有外在的差异不用多说，关键是人和人有内在的差异，包括观念差异、性格差异和能力差异等。虽然世界之美就在于差异，但这种差异同时带来人与人沟通的障碍。如果沟通可以解决问题，世界就不

---

① 原载于《碰撞》（内刊），2016 年 9 月号，第 1—4 页。

会有国家、不会有法律，更不会有军队和战争了。所以人类经过斗争与总结，得出的结论就是共同制定法律法规作为人的行为底线来约束所有人，这就是制度；同时共同提倡某种道德哲学作为理想和目标来引导教育所有人，这就是文化；两者加起来就是管理。大到国家，小到家庭，所有组织和团队都会面临这个管理问题。从企业角度来讲，公司定一套好的规矩是制度建设，人人都来守这个规矩就是文化建设。所以归根到底，被动接受不如主动认可，制度有效的前提是员工内心深处的文化认同。这就又回到了管理的核心，管理不是技术问题，不是方法问题，而是涉及人心的理念问题。

二、管理念、动人心的重点是团队价值观管理

什么是价值观，价值观就是指一个人对周围的人、事、物的意义与价值的总评价和总看法，每个人都是通过不同的人、事、物在别人心中的主次、轻重的价值排序来判断别人的价值观。管理团队也要对经营过程中的人、事、物作出评价和处理决定，这种团队价值观管理主要有以下两个重点。

一是企业必须要依据价值观作出选择。我们在公认的对与错之间很容易作出选择，但我们在需要做复杂的重大决策时却很难作出选择。例如每个人都必须在家庭生活中不断地作出选择，每次都要面临亲情、爱情、友情的考验，我们常常要问到底是坚持一件事重要还是另外一件事重要；每个企业也都必须在经营活动中不断作出选择，而且每次都要在权力不够、资金不足、人才缺乏、技术有限等情况下决定；公司内的每个员工经常会遇到选择，需要在个人利益、组织利益、客户利益发生冲突时决定。选择的过程往往都是我们发现价值观、自我约束的过程，也是我们提升认知的过程。人根本无法掩饰自己，你的一言一行都清楚地显示出你的价值观，这就成为了人与人之间、机构与机构之间差异的

根源。但是最坏的结果还不是我们选择的结果更好还是更差，而是我们不作选择，犹豫不决的结果被称为"布利丹困境"①，其实管理无对错，不作选择就是最差的选择。

二是管理者万万不要以己度人，而应当去寻找团队的最大公约数，并以身作则去统一团队的价值观。对于团队管理，我们必须要知道一个不争的事实：人其实都是以己度人的，按自己的本能想问题，基于自己的标准去判断别人的价值观，这是人认识世界的误区，心理学上叫做投射理论。其实很多事绝不是你想象的那样，连眼见都不一定为实，更何况当你有权利时对别人妄加判断就更不靠谱了，所以人绝不能用自己的标准衡量别人的生活，管理者绝不能自以为是，用自己的价值观去要求别人，而应当利用制度和文化的力量统一团队的价值观。管理者只能以理服人，并始终以行为作榜样，才能够见到效果。这同时带来管理的另外一个难题，把不同价值观的人聚合到一个集体当中，用统一的价值观去引导团队创造价值。志同道合、上下同欲者胜，道不同不相为谋。道就是价值观，管理者不能去否定别人的价值观，因为每个人都有自己的人生哲学。我们除了去发现志同道合的人，就只能通过制度要求、教育培养去塑造志同道合的团队伙伴。

三、团队价值观的管理就是要找准角色、遵守规矩

不同组织的目标不一样，所以价值观的规则或标准也不一样。例如国家的目标是综合国力，企业的目标是效率效益，家庭的目标是和谐和爱，爱情的目标是讲投入不讲回报，企业管理团队的目标是讲共同愿

---

① 布利丹困境：14 世纪，法国经院哲学家布利丹，在一次议论自由问题时讲了这样一个寓言故事："一头饥饿至极的毛驴站在两捆完全相同的草料中间，可是它却始终犹豫不决，不知道应该先吃哪一捆才好，结果活活被饿死了。"由这个寓言故事形成的成语"布利丹驴"，被人们用来喻指那些优柔寡断的人。后来，人们常把决策中犹豫不决、难作决定的现象称为"布利丹困境"，又称布利丹之驴、布利丹选择或布利丹效应。

景、各取所长、默契配合、同舟共济。由于目标体系不一样，就会产生不同的规则体系，这就成为不同组织的价值观标准，绝不能乱套，否则必然一败涂地。所以成功团队的价值观管理也有规律可循，那就是找准角色、遵守规矩。

一是在组织里角色即人格。每个人都在人生当中扮演不同的角色，演好这个角色才会有成功的人生。组织的统一价值观要求组织成员根据自己不同的角色要有不同的角度与分寸，如果组织成员摆不正位置、乱了分寸，组织就会失去秩序。家庭如此，企业更是如此。秩序混乱就会引起矛盾、降低效率，反之组织将会高效顺畅，整个团队也会其乐融融。因此任何成功组织都会要求员工要有职业化规范，包括职业能力、职业素质、职业心态、职业操守等一整套规范，缺一不可。简单概括职业化就是干什么像什么、是什么就干什么，任何时候不要搞不清自己的角色，乱了管理的秩序。换句话说，职业化就是没有理由，职业角色即职业人格，当你的本色与角色发生冲突时，你可以罢演，但绝对不能篡改角色。进入公司的每一个员工都应当进行职业化训练，目的就是搞清楚这个基本道理，这样才能成为正规军，才会给组织带来战斗力。

二是在任何时候都要遵守规矩。规矩是什么？规矩不仅仅是成文的制度，更是员工与企业的心理契约、文化契约、道德契约，也就是不成文的制度。其实中国的儒家提倡"道、德、仁、义、礼"是有顺序的，由于战国时期礼崩乐坏，孔子才提倡"礼"，也就是成文的规矩，其实道德方面不成文的规矩要重要得多，值得我们向往。无论中西方都强调做人要信守承诺，就是一种契约精神的体现。中国传统哲学更是特别强调诚信，孔子曰："人而无信，不知其可也"，所以人必须要遵守那些不成文的规矩，这也是一种契约精神。所以说遵守企业的规矩，不是单方面的被动接受，而是企业和员工双方遵守心理契约的主动行为。但是在组织的管理实践中，更多的问题不是如何处理不守规矩的问题，而是几乎团队的所有问题都是管理者自己造成的。制定规矩的人本身是首先破坏规矩的人，长此以往，所有的规矩都会不攻自破，最后发展到制定规矩时就没有去想执行的可能性，必将随时准备调整规矩，这样团队的所有规矩自然形同虚设，企业的管理一塌糊涂也就是顺理成章的事。

三是管理者要确保团队的执行力。管理过程中最重要的就是执行力，西点军校22条军规的第一条就是无条件执行，第二条是没有任何借口，还是为了保证执行力，执行力对于组织的重要性不言而喻。所以既然问题都是管理者制造的，那么解铃还需系铃人，管理者需要做到的就是要保证团队的执行力，换句话说就是保证制度的严肃性、公正性、完整性，这样才能保证团队的执行力。如何做？首先是管理者必须品德高尚，保证公平，要在事先不断向员工预警，以确保员工知道规矩。其次是管理者必须要坚持原则，持之以恒，要在事发后保持一致性，确保制度效力不减、节奏不变。再次是管理者要始终给员工积极的信号，避免员工的误解，保证奖惩的及时性，越及时效果越好。最后管理者要始终确保对事不对人，而且一视同仁，管理层的公平性是团队执行力的基本保证。

总之，企业的成功来源于团队的成功，团队的成功来源于统一价值观的认同和执行力的保证。

合作文化应当成为产权市场的主流文化[①]

当前我们谈产权市场的外部环境，关注最多的是国家一系列政策法规的出台对于产权交易机构的利好与支撑，当然还包括相关政府部门对基于产权交易的规范性所设定的市场准入门槛，通常情况下我们所追求的是产权市场的业务内容边界清晰、市场准入高门大槛，从而可以在一定范围内圈定产权交易机构的"势力范围"，保护我们的既得利益。我们习惯于解读政策利好带来的美好前景，这也无可厚非，但不够重视外在竞争存在的合理性，以及政策变化带来的产权市场发展趋势，如果这样就有可能进入市场发展迟缓和机构转型倒退的旋涡中。

产权交易机构作为产权市场的核心载体，在经过了艰苦奋斗并享受了市场发展黄金期的政策红利后，总体上就更加需要坚持从业机构的纯洁性，并主观希望增强行业壁垒，大多数从业人员坚定地认为，只要是非产权交易机构从事产权交易业务，更别说从事政策性产权交易业务了，其行为绝对是违规的，是不可容忍的。依这样一个逻辑，我们发现，我们无形中把市场的资源定位在一个依托政策存在的有限市场领域之内，并把行政划分的资格范围当作已经摆上自己餐桌的奶酪，在众多产权交易机构共同来分割资源的市场中自然你的多了，我的就少了。其实，政策监管部门对于产权交易机构却并不是这么想的，甚至是从来也没有这么想过，而是当时从方便监管和政策落地考虑的更多，加上习惯性地方保护形成了现在的格局。但监管部门在出台特许经营政

---

① 原载于《碰撞》（内刊），2016 年 8 月号，第 1—3 页。

策的同时也制造了市场竞争，因此在产权交易机构你来我往、有保有压之间保质保量地完成了任务，也成就了相当一批规模和实力都不一般的产权交易机构，应该说产权交易机构的成功与当时的这个制度安排有着很大的关系。

我们都知道，对这个制度安排在不同历史时期也会有不同的解读，如果我们视经验为绝对真理就有可能错失良机。当绝大部分产权交易机构在现有积累基础上不断提高内部管理的高效性以求降低成本、同时又不断强化市场的开拓性以求差异化创新时，交易机构的目的是争取在产权行业中提高位次，做实自己的核心竞争力，这都是以"行业就是由产权交易机构组成的"为前提。突然我们又发现门外已经有很多的野蛮人不仅觊觎我们的市场资源已久，而且也不知不觉渗透到我们行业中来，在市场中较为模糊的业务领域开疆拓土，以跨界竞争姿态成为新的市场载体。特别重要的是，我们的主要客户对于产权市场功能定位的认识已经有了很大提升，资本市场已经成为产权市场新的名片，当大家以资本市场看我们的产权交易机构时，这才发现我们与他们的想象竟然还有很大的差距。这么说来，市场格局已经大变样了。

国务院国资委和财政部印发了《企业国有资产交易监督管理办法》（国资委、财政部32号令，即业界俗称的新3号令），其中一个重要信号就是说清了产权交易市场未来的资本市场定位问题，一系列超前的制度安排打破了我们多年来对于传统产权交易机构的看法，系统地摆出了传统产权交易机构之于新文件所要求的市场定位还需要作哪些努力。在当前局面下，我们看清了产权交易机构的市场化发展方向和每个机构的出路，我们应当走实现行业"四统一"、夯实市场地位的联合发展之路。当然这也是监管部门对产权市场的要求，而且还一再向我们强调产权交易机构如果不联合、不重组、不改制成为一个统一的大产权市场，就会面临生存危机；甚至委婉地提醒我们，如果不提升，跨行业替代我们的机构可能随时都会出现。

我们清醒地认识到，如果行业外的机构也能够规范、高效地完成产权交易业务，那么作为监管部门也会认可他们成为依法设立的"产权交易场所"。眼下产权交易机构面临着来自行业转型和自身提升的双重竞争压力，原来已经被认定资质的产权交易机构随着252号文①的即将废止，实际上已经完全被打破了机构的特许边界，完全被推向了市场竞争的中心。

所以说我们要以最为开放的心态来面对产权市场的这一次颠覆式变革，并且以更为包容的心态来看待事实上已经在从事产权交易业务的非产权交易机构。我们不应再以市场竞争的逻辑来加强区域保护和应对变革了，不应再以竞争的文化心态来推动产权市场的转型升级了，而要抓住以资本市场定位为前提的广泛市场资源，摒弃以有限资源为前提的垄断理念，重置我们的规章制度与信息系统，以"利他"交易而不是以"利己"交易为核心形成产权市场的核心文化理念。

当前，产权交易机构的重点任务仍然是做强做大机构自身。这种想法当然没有错，但在互联网时代，我们在加强自身能力的同时还需要适当转换一下思维逻辑。产权市场的特殊性就是没有特殊性，产权市场的业务范围可以说大到无所不包，而产权市场的功能又关联着当下中国改革任务的重中之重。如果我们以这个角度来看问题，统一的产权交易市场就是服务于产权交易相关各方的平台而不是一个个独立的竞争性交易机构，这样才更有利于促进国企深改任务的完成。产权交易机构以某种方式实现了联合与重组，所有机构之间的信息系统也实现了互联互通，产权交易机构与非产权交易机构实现了资源共享和有机结合。产权市场也就完全成为了既能推动国企改革、也能整合社会资源共同推动资本流动的全要素资本市场；产权交易机构的盈利模式不再是收取交易手续费，而是拥有着强大功能与众多增值服务的开放式平台化盈

① 《关于做好产权交易机构选择确定工作的指导意见》（国资发产权〔2004〕252号），文件已于2017年废止。

利；产权交易平台上的客户不仅仅是国有企业，还要包括跨所有制、跨地区、跨行业的各种制造和消费平台大数据的交易主体，这个平台成为了以他们的操作为主的自主交易平台，他们在这个市场上实现了自适应、自生长和自成熟。产权交易机构是平台增值服务的开发商，也是平台的运行维护商。传统产权交易机构所具有的独特内涵的竞争文化也会被统一的以合作为核心的市场文化所替代。

这么看来，产权市场的未来正如《老子》所说："天长地久，天地所以能长且久者，以其不自生，故能长生。是以圣人后其身而身先，外其身而身存。非以其无私邪，故能成其私。"以利他交易为核心的合作文化将为成为产权市场的主流文化，合作机制的设计是产权市场长治久安的保障，开放心态与公共服务是产权交易机构必须具备的经营理念，真正的利他才能真正成就产权交易机构和产权市场。

第二章
企业科学管理

"人力资本"管理是企业管理的核心[①]

企业管理的核心是人力资源的管理，因为人力资源是企业成功的基石，是企业最重要的财富和资本。产权交易机构也是企业，一样要做好这项管理。

一、企业发展历程中的一些体会

任何机构发展历程，都会经历一个从无到有、不断壮大的过程，从对业务不了解到有所认识，从一个人主导操作项目到组织带领团队完成一项复杂的交易，再到指导不同的小团队完成不同的工作任务，可以说在这个过程中，我们更多的还是关注技术层面，关注项目操作中细节问题的处理技巧和方法的积累，这个时候的关键是相关专业知识、法律法规的熟悉和应用程度，各类经济、政策、法律资源的整合能力，所以在这一阶段，团队中的"能人"显然是团队战斗力的保障，也是企业生存发展的"压舱石"。这种"能人"是企业最贵的资本，但这种"能人"往往是可遇而不可求、遇到又不好管、管好又不一定留、留下又不一定用心干的人。渐渐地在能人效应的作用下企业的制度变得弹性很大，团队内部协作变得不够顺畅，创新意识被纷繁的日常业务所冲淡，因循守旧、小富即安的现象渐渐露出了端倪，团队建设进入上升过程中的盘旋期。

---

① 原载于《碰撞》（内刊），2012 年 11 月号，第 1—2 页。

刚开始的时候几乎所有的项目都是管理层亲力亲为，在不断试错中摸爬滚打，用意志力带领大家走过了艰难时期。后来随着项目不断增加，团队能力不断增强，常规业务的工作重点已经不是业务操作技巧，而是项目挖掘、利益分配、诚信保证、风险防范、客户博弈，甚至是危机处理。这个时候的关键问题就集中在人的思想意识层面了，因为人的思想决定着人的行为，如何对待业务中的复杂问题，如何处理关系个人和团队利益、荣誉、责任、义务等方面的问题，就集中体现在团队成员做人的价值观上，体现在企业的代表性行为上，于是差别就出来了，团队内部的分歧也更加明显，有时候甚至是相当激烈的。

企业过去成功的关键要素不一定能够适应企业未来发展的要求，企业要持续发展就必须要解决人力资本的投入和管理问题。

二、人力资本管理问题的表现

任何一个企业都是由团队组成的，人是团队中最值钱、最复杂的资本，因为有人的地方就会体现出不同的能力和人性，所以从物质层面考虑人力资本是最浅层次的管理，人的价值在市场上是有价格的，而有些人力资本会匮乏到只剩下钱；但是从人性的角度出发来考虑问题就复杂得多，人力资本的很多特质无法用金钱来衡量，而处理这个复杂的问题却成了我们每天必须面对的重要工作之一。通俗地讲，人的智商是一种天赋，而人的价值观则是一种选择，当你面对一个看似正确或错误的决策时，如何去评估这件事情的本质对于企业的现在和未来，对于客户，对于投资人，甚至对于国家和社会的影响都至关重要。因此关于"底线"问题的讨论不得不经常被我们提起，关于判断问题的标准也一再成为团队争论的焦点，当然肯定有人会说"有那么复杂吗？"而笔者认为，恰恰正是这个认识决定了团队思想分歧的开始。

产权交易机构的定位和使命是我们应当遵循的基本框架，这本来毋庸置疑，但当我们的团队在真正操作项目时往往最容易忽视的就是这一点。例如，当我们发现一些项目操作环节中存在着由于信息不对称，我们可以获取本应由客户或会员获得的超额利润时，或者出于项目操作效率或成本投入的考虑而不能做充分的信息披露时，或者对相关交易规则熟视无睹而可能随意修改交易流程并导致出现操作纰漏时，或者不能正视各类市场参与主体的功能和贡献、出现资源配置不合理或风险分散不均衡而致使项目不能顺利操作，我们都应当认真思考我们在遇到上述情况时应当作出怎样的选择。但我们通常会对项目操作团队提出的一些毋庸置疑的理由产生疑惑，当然他们也是一个很好的出发点，但是为了一个趋利化的目标而难以坚持本应有的原则，甚至连发现者本人都险些认为自己是过于教条了。

就企业团队成员心理需求而言，笔者想起马斯洛的需求层次论，针对团队成员取得收入、公平待遇、获得尊重和实现自我等方面的诉求，我们是否给予了认真的考虑和制度化的安排，我们的业绩考核评价、员工福利计划、员工心理健康、团队素质提升等方面的相关规定是否对团队成员起到了一定的驱动作用。俗话说"士为知己者死"，这只是一个极端的比喻，但说明人力资本的管理重点在于"人心"管理，而不仅仅在于物质。俗话说"人心齐、泰山移"，好的团队对于机构的忠诚、对于事业的奉献、对于制度的尊重、对于指挥的服从、对于工作的快乐都是无形中的体现，很难去量化分析，但这都是对管理的回报，这些正向的能量都会转化为强大的生产力，表现为团队的凝聚力，也都是考验我们管理者领导力的最好指标。

三、积极改变以取得突破

在斯坦福大学校门口刻着写给新生的话："没有人可以回到过去重新开始，但谁都可以从现在开始，书写一个完全不同的结局。"所以针对一个不断变革的世界，人力资本管理始终是一个不断前行的过程，没有起点，也没有终点。

那么如何改变以取得突破？

首先，企业的领导者要做好自己。这对于一个领导者的要求是非常高的，包括能否始终坚持不懈地做正确的事情，能否经得住诱惑，能否不断地去除内心的一些错误想法等。如果领导者不能够做好自己，他就根本不适合做一个领头人，企业的发展就失去了根基，无论怎样发展下去都会有风险，如果短期内有成功也是侥幸和偶然，因为企业最重要的是要比谁活得更长久，而不是比谁更强大。

其次，企业领导者能否把个人的精神信仰传导至团队。企业领导者将包含着对团队生存、公平、尊重的愿望和需求，以度己、度人的态度传导给本企业的团队。在团队内部的运行实践过程中领导者与团队逐步达成共识，并在团队的共同努力下形成本企业的核心文化理念，并将这些理念深化、固化到制度层面。团队从严格执行制度开始，以底线清晰、赏罚分明的做法使大家理解、接受、相信，并认真执行。

最后，在团队经过不断重复、认真训练的过程中，勉强成习惯，习惯成自然。自然生文化，文化变执行。要想逐步形成一支具备正确的思想意识的团队，并在工作中不断复制出具有相同思想意识的员工，团队就要形成梯队机制和组织基因，使大部分团队成员相信组织文化，并带领更多的人相信组织文化，文化的力量也才能体现出来，人力资本的效益也就最大化了。

产权交易机构质量控制的实现途径[①]

绝大多数产权交易项目是典型的非标准化标的，对于项目操作过程中的质量控制是一个普遍性难题。各地产权市场很多经典案例更多的是依靠操作人员的专业能力、敬业精神与创新意识实现的，当然这也是必不可少的关键要素，但是产权交易机构仅仅依靠人的因素是远远不够的，需要在内外部环境不断变化的情况下，长期保持项目操作较高的精细化程度，使产权交易的经典案例可以在制度保护下层出不穷。

产权交易机构的质量控制主要通过以下五个方面来实现。

一、优秀企业文化的传承与贯彻

企业文化就是企业团队的价值观与做事的方式与习惯，而企业文化一旦形成就是企业宝贵的财富，但问题是这种精神层面的力量既可以不断积累和增长，也会像泡沫一样随时崩塌甚至灰飞烟灭。因此，如何使企业的优秀文化不断夯实和拓展，令企业员工始终以一贯积极的态度对待工作、按照正确的方法操作业务却是一件非常不容易做到的事情。产权交易的大量工作内容是由员工通过思考、设计和应用来完成的，其中对于产权综合知识的应用，以及对操作者勤勉敬业精神、创新精神与合作精神的要求伸缩度非常大，员工对于工作质量标准的把握也有很大差距，所以企业对于员工精益求精工作作风的训练不能仅停

① 原载于曹和平主编：《中国产权市场发展报告（2014）》，北京：社会科学文献出版社，2015 年 5 月，第 143—149 页。标题为编者所加，原标题为《产权交易质量控制方法》。

留在口头上，还要有与之相配套的工作制度与检查评估机制，使员工在制度约束与精神引导双重作用下逐步形成精细操作的工作习惯，并在长期坚持下慢慢渗透到员工的骨髓中，成为挥之不去、摆脱不了的工作与生活态度。内蒙古产权交易中心企业文化的核心价值观提炼为五个字："智、信、仁、勇、严"，其中对于"智"的解读就蕴含着精益求精、不偷懒的工作理念。

二、业务操作流程的规范与高效

产权交易机构应当视规范为生命，视公信力为核心竞争力。规范的要求是，要有健全的交易制度体系、完善的操作规则与业务流程。说到业务流程，我们马上想到《企业国有产权转让管理暂行办法》（3号令）或《企业国有产权交易操作规则》（国资发产权〔2009〕120号）以及"产权交易系统"等，我们似乎觉得这些已经足够精细了，上述制度对于产权交易业务过程中的操作规定已经相当完善了，但是在产权交易机构内部操作时却还会出现一些诸如客户体验差、工作效率低、制度适用范围窄、项目操作质量无法评估的问题。究其原因，主要是机构内部团队工作质量不高，工作流程仍然有待完善。

通常情况下各产权交易机构根据本机构情况、区域市场规模和人员特点等因素采取了不同的部门职责分工，有的机构按业务种类划分部门，有的机构按照操作阶段划分部门，各有利弊。但是从社会专业分工角度看，部门职能专业化、操作环节精细化应当是产权交易机构的发展方向。因此就一项产权交易业务而言，产权交易机构的前后台各个部门在项目操作过程中应当按照自己的职责在固定的环节介入项目，并形成顺畅的类似于流水线操作，而不是简单地将项目人为分成前后两段或几段，由不同部门接续完成。整个流程主线清晰、目标明确、分工合理、衔接顺畅。操作流程的关键是在项目操作前期实现各个部门对整个项目操作思路的了解和思想统一，并在执行过程中实现自动无缝对接和顺畅沟通。流程设计越合理，操作人员工作难度越低，团队合作效果越高，项目操作效果越好。

三、激励约束机制的保障与推动

机制不活，事倍功半。任何企业都一样，如果没有机制做保障，员工发自内心的活力与创造力是很难被激发出来的，因此企业考核评价体系对员工具有一定的激励和约束作用。机制的有效是以体制的先进为基础的，全国多数产权交易机构是国有企事业单位体制，总体来讲在激励约束机制设计方面相对滞后，激励不足的问题尤其突出。产权交易机构除了在区域内特许经营的相对垄断保护以外，竞争力与民营机构相比较弱，因此人才流失成为团队建设的一大问题。激励与约束应当相对平衡，只有高激励才能强约束，否则就不能产生好的效果。当然随着员工队伍逐步成熟，员工对于机构企业文化的认可度进一步提高，员工的工作热情才会更加高涨，项目精细化操作的底线才能够不断抬高，从而保证产权交易质量，推动企业健康发展。

四、先进技术的应用与推广

互联网技术的进步推动产权市场蓬勃发展，先进的互联网技术以及基于互联网平台开发的软件系统对于产权市场的推动作用是巨大的。互联网操作系统是基于交易流程信息化的具体产物，是对交易规则的细化和落实，是产权市场制度优势的技术体现，经过十几年的实践已充分证明，操作系统对产权交易规范化和精细化具有强大的支撑作用。此外，产权交易项目在通过移动互联网实现数据库营销、互动营销、跨区域营销和拓宽市场覆盖深度广度方面成效显著；交易标的在通过互联网竞价，特别对竞价规则的灵活调整和通过竞买人跨时间、跨空间参与竞争，网络技术在实现交易价值最大化和最大限度地避免串标方面都具有极强的优势。先进技术的应用可以协助产权交易机构达到某些精细化操作的要求，避免因为客观环境或人为干预出现项目操作结果不佳的情况，并为反腐败提供先进的技术解决方案，通过技术阻断人为干预，切断权力运行的长臂，以多头参与和严格的流程实现保护干部、提升效益的目标。

五、强大的后台部门支撑与服务

产权交易市场的核心是产权交易机构，而产权交易机构的核心是机构的后台支撑部门或体系。很多人认为，产权交易机构的发展要基于强大的市场开拓能力、营业网点覆盖率、业务操作人员的专业化程度等显性指标。但是关键要看这些显性指标背后到底存在什么根本性支撑。这就是强大的后台支撑系统，强大的客户数据库和及时有效的数据更新与情报分析系统才是真正营销效率与效果的保障。比如说，营业网点覆盖率背后的当地市场规模、客户聚集度、当地产权分类价格指数都是基于强大的后台数据整合与分析为基础，否则何谈投资效益与效率。再比如业务人员的专业化水平，如果没有强大的后台规范文本库、项目操作预案储备、相关法律法规库、行业动态情报分析系统，人员在封闭的环境开展业务，此专业水平与彼专业水平绝不可同日而语。因此现代市场经济特点是大后台、小前台，大数据支撑、小终端检索，大系统覆盖市场、特种兵解决问题的模式。产权市场必然是制度、数据、系统、人员、资金等各类要素集成的大系统，而这一大系统的良好运行必然基于强大的后台资源整合与优化配置。

总之，产权交易质量控制基于上述因素但不限于上述因素，这是一个永不会终止的探索过程。

论产权交易机构的营销管理[①]

营销是企业管理中最重要的内容，也是被各类专家解读最多的内容，各种成功企业的"经营神话"层出不穷，主要体现在营销管理工作中，所以简单地讲营销工作没有绝对全面准确的答案，而且随着时间的变迁始终是管理工作中最紧跟时代的部分，营销的个性化和创新性都非常强。由于产权市场并没有形成像证券市场一样成体系的国家级法律法规保障，而且多数产权交易机构属于企业化建制，还有较为充分的内部和跨界竞争，加上其长尾市场的属性，更要求产权交易机构不断开展营销工作，加强营销管理。

一、品牌营销

产权交易机构所代表的市场是创新型资本市场，但却不为社会所广泛认可，因为公共资源交易中包括产权交易板块和全国各省市众多产权交易机构的存在，使得产权交易机构的品牌营销尤为紧迫和必要，每一个产权交易机构都面临着两个重要的营销目标：一是尽快传导给全社会一个统一的产权市场理念，至少搞清楚产权市场的资本市场功能、与公共资源的关系以及长尾市场的特点，这一点似乎与品牌无关，但却是最根本的品牌宣传；二是广泛传播本交易机构的区域特色与服务范围，形成有别于其他交易机构的差异化竞争优势。当然，品牌对于

[①] 原载于《碰撞》（内刊），2018 年 4 月号，第 1—6 页。标题为编者所加，原题为《产权交易机构营销探索》。

客户的影响是全方位的，绝大多数客户更关心通过机构服务所形成的品牌内涵，最终在客户心中形成一幅品牌画像，包括产权市场或机构的功能范围、专业水准、文化体验、财富效应、风险利弊，甚至效率高低等。交易机构要全方位梳理品牌营销的内容，将品牌营销工作融入到内外部所有工作中，逐步深化与完善。但最可怕的是机构宣传是一套，做事是另一套，那将给机构品牌带来无可弥补的伤害。

二、客户营销

由于产权市场的低频交易和流程复杂的特点，绝大多数客户始终是新客户，因而持续到位的客户营销非常重要。客户营销的关键在于从需求出发，想客户所想，急客户所急，这才是客户愿意接受的有效营销，否则只能适得其反。客户营销至少从三个阶段来系统实施：一是场前营销，即交易机构要向客户普及产权市场基础知识、讲解相关法律法规、分析项目优缺点、揭示项目流程和风险、预测项目成本和收益等，目的是在客户愿意的情况下帮助其做好进场操作业务的准备，场前准备越充分，后续问题越少。二是场中营销，即交易机构要规范沟通客户需求，培训项目基本操作流程和技巧，宣传本机构其他产品和服务，协助客户办理项目流程，解决客户突发问题等。交易机构处于场中营销的主导地位，所以既要抓住机会推进项目，更要放下身段与客户建立信任，切不可高高在上。三是场后营销，交易机构在完成项目流程后，客户往往会有后续合同履行、税收缴纳、权属变更等事务，这也是客户所不熟悉的领域，而交易机构往往容易忽视这一环节。所以交易机构要负责提醒客户完成后续业务，并及时了解客户体验，跟踪项目成交后的利弊，甚至可以挖掘客户新的业务需求。这不仅能够让客户感受到尊享服务，更有利于交易机构提高服务质量和业务素质。

三、项目营销

由于产权市场项目的多品种、个性化特点，推介工作也有非常个性化的安排，但从营销管理角度考虑应当提出项目推介的标准，便于业务人员操作。一是内部项目流程管理上必须具备客观的项目资料信息和客服人员。二是交易机构作为第三方有公信力的交易平台，必须守住高标准诚信的底线，因此项目推介宣传应当与委托合同、交易公告和相关法律法规保持高度一致，绝不进行虚假和误导性陈述，确保信息对称。三是推介渠道和方式应当与目标客户群体高度契合，包括建设分类客户、投资人或供应商数据库，建设能够实现多项触达和覆盖的互联网和全媒体信息通道，不断适应市场变化，采取符合客户体验习惯的表现方式与沟通方法等。四是项目推介必须要抓住价值发现的核心进行挖掘，这是从投资人角度看问题的方法论，推介工作要进行直指人心的设计，看到别人看不到的价值，算清别人算不清的账。五是推介的效果可评估，最好能够通过数据说明推介工作的深度广度都是其他机构无法超越的，推介效果要能够代表真实的市场对于项目的价值评价。

四、政策营销

产权市场既服务于政府又替政府履行一部分管理职责，处理好与政府部门的关系可以通过政策营销工作来实现，因为政府既是最大的客户也是政策制定者和行业监管者，所以要随时随地接受政府监督。交易机构开展政策营销总的原则是"依靠不依赖，能力占多半，举贤不避亲，成效说了算"，所以交易机构能否开展好政策营销还得靠机构规范全面的服务能力。在此基础上，交易机构要有针对性和点面结合地开展政策、业绩、理论、案例方面的宣传推广，不断巩固自身良好的品牌形象，成为政府靠得住的规范、有效的市场化平台。交易机构要能够承担各级各地政府大项目的交易任务，能够全面满足多方利益诉求，做到经济效益、社会效益两者兼顾，做到政府满意、社会认可、经得起质疑、干得出成绩。这样才能不断巩固产权市场的政策定位和制度基础，履行好政府赋予产权市场的职责。

五、数据营销

产权市场作为资本市场的重要特征就是信息对称性，所以产权市场首先应当是一个交易信息生产、发布和咨询中心，而大数据的形成必须要有全流程互联网云平台支撑，要有众多用户加盟和广泛的区域覆盖。而分散建设、互不联通的交易机构不利于大数据形成，在很大程度上成为行业提升的障碍。一旦机构拥有了大数据就可以把数据作为材料，加工出适合各类客户、投资人、政府、同业等各类市场主体的数据产品，对其参与市场交易和管理提供重要的决策参考，从而吸引上述主体对机构形成数据依赖和信息信任。交易机构对于客观数据的主动加工则是数据营销的关键，其核心竞争力是数据分析模型或数据产品的研发，交易机构只有针对不同的目标要求引入多种方法和技巧，才能不断分析出客户需求，拿出好的产品开展精准营销、不断提升管理。这其中数据营销与数据经营已经高度融合，未来很可能成为交易机构的核心盈利模式。

六、全维度营销

从营销组织管理角度来看，营销不只是机构中某个部门的工作，全体员工、各个职能部门、所有的内部管理与外部经营活动都存在着营销；营销也不只是对客户的营销，内部员工、外部政府、横向同业、纵向的产业链各环节都包括在内；营销也不仅是可以看得见摸得着的营销活动，这只是露在水面上的冰山一角，而隐藏在水面下的企业文化、价值观、制度、规则、流程才是营销工作的根本；此外，营销工作具有强烈的时代性，也就是说具有时间跨度，主要体现为产权交易机构在互联网高度发达的环境中，营销思维方式要随之发生转变，营销观念必须随着社会组织结构的变化而变化，适应社会由自上而下的权威树状结构转变为互联互通的去中心化社会组织结构，营销应该做到使平行的不同人类群组都能接受你的服务。认识到这一点，营销工作才会有实质性突破。

产权交易机构的营销活动无处不在，营销管理还有很多的维度可以讨论，并不仅仅局限于上述内容。

产权交易营销方法论^①

产权市场从政策性市场向自生性市场转变是必然趋势，产权交易机构从偏重执行政策文件向强化市场营销策划过渡是机构生存之道。这种经营策略的选择取向是市场尚不发达、功能尚未完善、消费习惯尚未形成、产权交易尚需引导的前提下，交易机构应当作出的必然选择。

一、交易资源挖掘在于分析需求、创造需求

产权市场不为社会大众所了解，因此利用产权市场配置资源数量较少，如何使各类产权资源在交易机构聚集就成为我们的首要任务。除了长期的业务积累和传统客户关系的维护以外，交易资源的挖掘尤为重要。常规来讲，客户有了可以转让的产权资源还需要具备转让的时机才能产生转让需求，但是往往到了这个时候，产权的持有者也已经有了固有的处置渠道和成熟的处置想法，在社会各类中介机构竞争激烈的环境下，产权交易机构并不拥有多大优势，且其临时性的自我宣传往往给人以功能夸大和程序复杂的感觉，并不容易形成进场交易的需求。因此，产权交易机构分析市场供求关系、分析转让需求产生的条件，有针对性地开发潜在客户，就比等待客户产生转让需求要高效得多。其实，这就是一种先入为主引导需求的工作思路。

培养新客户的实质是要以能够解决客户可能存在的业务需求为本，

---

① 原载于《碰撞》（内刊），2008 年 8 月号，第 2—4 页。

例如看到奥运会申办过程产生了大量的专用资产，北京产权交易所（以下简称北交所）就分析到这些资产在奥运会结束后就可能存在处置的需求，因此在奥运场馆还在建设时就对奥组委提出了奥运资产分类处置、阳光操作、分步实施的思路，当奥组委意识到这个问题时，北交所成熟的处置方案已经摆在了奥组委官员的面前，这样北交所就成功地获得了一个千亿元的资产处置大单。这个案例告诉我们，市场经济就是竞争经济，交易机构作为市场主体必须具备这种前瞻性的市场需求分析能力，否则我们必将陷入与众多中介机构常规竞争的泥潭之中。这种市场分析能力是一个机构对国家和区域经济发展长期关注才能具备的，这种信息敏感度也是需要经过长期的磨炼和积累才能够具备的。

内蒙古的区域经济特点决定了产业发展的特点，在自治区产业结构调整过程中，矿业权、林业权、房地产、金融资产、药业产权、排污权、动漫创意等知识产权，其中哪些产业蕴藏着交易机会？哪些产业处于投资的增长期？这都需要我们认真分析。

二、转让方案策划在于明确目标、博弈市场

产权市场特别强调"三公"原则下的价值公允。优秀的转让方案是市场化产权交易成功的关键，交易方案的策划要始终围绕委托方的目标任务和国家的政策法规展开，而不是围绕交易所利益最大化的目标来进行，交易所的利益来源于委托方目标实现基础上的劳务所得和附加增值收益，即使交易完成但没有实现委托方的合理目标，或未形成公允的市场价格仍然不是成功的交易。只有这样才能真正维护交易所的公信地位和获得永续经营的理由，这就是交易所与普通企业不同的盈利之道。

要实现委托方的利益最大化，就存在一个市场博弈的问题，这种博弈过程是为了实现产权的真实价值和转受双方的利益均衡，也就是公

允价格，这种博弈包括转让方如何合理确定底价，交易方式如何充分挑起竞争，信息披露如何做到尽可能对称，以及交易所如何保持公允地位不受任何一方牵制，确保实现公开、公平、公正交易。每一个案例都有其特殊性，例如很多项目转让方希望产权竞价增值，但受让方则尽可能回避竞争，甚至想尽办法地使其他对手退出竞争。交易所如果不坚守底线，很容易陷入被各方利用，将违规交易变相合规的目的。这都需要交易机构在策划转让方案时用相应的技术手段和必要的操作流程加以规避。这是产权交易机构较其他中介机构所拥有的独特功能优势，也是产权市场与众不同的生命力体现。只有这样，产权市场才能真正成为产权公允价值的发现场所，而不是成为各类利益群体的谋利工具。

三、产权项目推介在于反向分析价值、调整利益格局

一般情况下，转让方对于项目亮点的挖掘会使交易机构将其作为重点广泛推介，但往往转受双方的利益格局是针锋相对的，因此这种站在转让方角度进行的信息披露和价值推介不易得到受让方认可，从而增加了投资人的信息分析难度，使得该项目找不到合适的投资人而很难成交。因此，交易机构在进行项目推介时，必须要从受让方角度分析产权项目的投资价值，提醒投资人主要的投资风险，并设想受让方进入后打破原有的利益格局，争取转受双方的目标同时实现，尽可能让风险在转让过程中化解或者由转让方与受让方均衡承担。推介信息的分析也要由有资质、有信誉、独立执业的专业中介机构来做，以确保推介内容的信任度；而不是由产权交易机构自己来做，因为交易机构一方面可能达不到必要的专业深度，另一方面作为利益相关方，也会使投资人和转让方对推介内容不能够完全信任。例如，很多项目的投资人并不重视项目推介报告中的价值分析，而是由自己的专业人员或聘请的中介机构进行尽职调查，作为决策依据。因此，产权交易机构必须要清晰划分

并均衡安排各市场主体的利益格局，采取更加高效、科学的方法进行项目营销推介，这样才能促进产权市场交易活跃，调动投融资积极性，加快资本流动。

四、关注项目进场前后的营销安排、深挖需求

在某种意义上，一个行业的生命力来源于这个行业的产业链是不是够长，能否带动更多的市场主体参与这个行业。就产权交易机构而言，重点是能不能对客户形成业务闭环和全周期服务。产权交易业务在场内流转阶段只是呈现达成交易的过程结果，其实还有大量的工作在项目进场前和结束后实施。产权交易机构的营销工作应当向前延伸到项目进场前的行业分析、品牌推广、客户清单管理、需求调查，还有系统性的客户关系管理工作。这样才能做到有的放矢和心中有数，并且不断地发掘新客户。项目结束后，产权交易机构对客户的服务并不能结束，还应当持续开展业务回访、案例复盘、数据反馈、财富效应跟踪调查，以及新业务需求挖掘等，最终可以结合项目生命周期对老客户提供贴身服务和终身服务。

产权交易机构的平台商业模式研究[①]

平台性企业必须要拥有精细规范、独树一帜的运行机制，通过连接多个群体，彻底改变原有产业链格局，而这些群体是因为互相需要而存在，更因为需求不断增加而发展壮大，最终在良性循环的机制引导下实现规模无限增长、价值最大化和平台运行机制日臻完善。产权交易机构在理论上是典型平台性企业，其商业模式的精髓在于打造一个系统完善、潜力巨大的"生态圈"，达到"汇聚资源、融通产权"的平台愿景。

一、建造平台生态圈

产权交易机构的商业模式由中介对接模式变为多方频繁互动的平台模式，参与方由一对一线性模式变成多对多的生态系统。由提供渠道和媒介，实现上下游产业链的交易机会，变为通过整合上下游尽量多的参与群体，加上相应的技术平台、制度平台和中介服务实现多对多的机会放大。转让方、受让方、信用背书方、参考评价方、中介服务方各司其职，各取所需，各有所得，各自承担相应责任和义务，共同组成和谐共赢的产权交易市场。

发展和构建平台生态圈主要分为四步：第一步是发现，通过产权交易机构的不断推广和宣传，让潜在客户群体和参与主体意识到平台所

---

① 原载于《碰撞》（内刊），2014 年 6 月号，第 1—4 页。标题为编者所加，原标题为《产权市场的平台商业模式研究》。

提供的价值。第二步是关注，当客户和参与主体发现平台的存在后，其中的一部分群体则会成为平台的潜在客户，它们实现关注的方法通常是扫一扫微信、网页分享功能、微博上加关注等。第三步是尝试，平台机构给客户提供免费尝试的机会，包括第一单业务免收手续费、免费了解过往项目信息、免费发布信息或参加有价值的活动。同时平台与相关的服务机构形成合作联盟，构建起清晰的利益分配机制。第四步是进场，当客户产生兴趣、决定进场交易后，这时的关键就是交易方式的便捷可靠，包括支付安全高效、风险防范可靠到位、交易活动便捷活跃、交易流程严谨高效、中介服务和相关合作系统服务全面到位等。

二、整合参与群体多方价值链

传统的中介交易服务模式是一方供应成本、另一方供应收入的单一价值链，存在信息不对称所造成的成交风险，而产权交易平台服务模式是多方参与群体既要付出成本也要获得收入的多方价值链，因此平台是以同时付出成本和获得收入的规模效应实现营业收入的概率性盈利。平台通过交易脱媒，尽可能多地实现信息对称，将产业链切割开来，由不同的机构自主承担责任和取得收益。

例如在产权交易平台上，转让方承担挂牌推介成本，取得产权变现与增值收益；受让方支付尽职调查成本和交易手续费，取得产权的未来现金流和增值收益；信用背书方通过对项目的审核确认并承担相应的经济和法律责任，最终获得相应的公信力；参考评价方（主要是研究团队或机构），通过付出专业劳动与时间价值，根据市场的认同度和参与群体的口碑在市场上立住脚跟，获得平台的分佣收入；中介服务方以自身的专业能力付出劳动和资质成本，甚至垫付前期费用，获得对交易双方的专业服务收入，这样产权交易平台就有可能整合平台上所有的服务形成完整的产权交易价值链。

三、建立起客户过滤和筛选机制

平台模式的核心是客户或参与群体的数量和质量，因此客户管理是平台模式的核心和最重要的支撑。如何进行客户管理，留住高附加值客户和参与群体，这不仅是对数据的管理，更多的是对客户本身的价值化、情感化、精细化管理。主要有以下几类管理方式。

一是对客户进行综合分类管理。平台可以将客户按照行业、规模、资产交易需求量、历史参与活跃度、成交历史记录、成功案例和后续价值评估等指标分类，也可以精细到客户对平台的评价、交易双方的诚信程度、客户对产权机构的认同程度、客户资产管理特点、客户人员专业能力、客户对制度法规的认同程度等。

二是将客户划分为免费、低收费和高收费等群体。主要是针对客户的特点和其作为交易一方的优劣势，采取不同的收费策略。例如，民营企业在挂牌前很难付出成本，因此对其可以采取免费策略；对于成为平台战略合作伙伴并给予持续性项目的大客户可以采取低收费策略；对于忠诚度高的客户可以打折收费，对于忠态度不高的客户可以高收费；对于贡献度高的客户可以打折收费，对于标的小、事情复杂的客户可以保底收费。

三是将客户分出付费方和被补贴方。这是运营平台的典型经营策略，基本道理是平台对价格弹性敏感度较低的客户收费去补贴敏感度较高的客户。例如，较容易成交的优质项目，我们可以不收前期费用，因为项目成交我们所获得的收入足以弥补其前期费用；对于可以轻易转换其他平台的客户采取补贴政策，对于转换平台成本较高的客户可以作为付费方对待。可以比较不同的客户群体对于成交的渴求程度来决定由哪一方来付费。

平台的盈利模式在迭代演化的过程中不但是多元的，而且往往是持续衍生、变化的。

四、平台的开放度拿捏

产权交易市场对于客户的选择是否有门槛，对项目挂牌是否有要求，开放度不同都会形成不同的盈利模式。这里要探讨我们的产品线、会员制度、技术系统、客户群体的基本门槛。

开放度可以分为三种模式：

一是高度开放，即平台的交易品种无所不包，任何机构与个人均可以成为会员，平台的技术系统支持各类客户无障碍通过互联网进入平台网络进行录入、评估、报价、结算、交割等一系列工作。平台支持信息披露、交易竞价、第三方结算、中介服务参与和项目撮合工作等，平台可以从多个环节创造服务需求，实现盈利模式向平台化转变。

二是中度开放，即平台的交易品种分为主业和创新业务，是平台在既定的规划与计划指导下，通过市场分析论证，在确保主业的前提下，不断推出创新产品自由进入平台操作，按照平台交易规则，在风险可控的前提下，由平台组织第三方服务，最终形成实际交易活动。

三是低度开放，即平台按照国家和地方的政策来划定交易范围，严格对范围内的交易品种精耕细作，不断扩大规模、提高质量，随着市场的发展不断拓宽品种，先有制度后有产品，特许经营，循序渐进。

平台企业的发展趋势应当是由低度开放向高度开放不断演进的过程。

五、平台的经营思路与运作方法

平台性企业有很多种行之有效的运作方法，并不断演化出平台经营策略，主要列举以下几种。

一是平台通过大数据对于交易双方的价值挖掘，得出交易一方对于另一方的价值所在之结论，从数据分析的角度对客户双方进行引导，长期不断地相互推动，通过交易双方不断积累和加入，最终成就平台。

二是平台对参与交易的知名客户进行宣传，以知名客户的成功案例来说服普通客户，吸引大量普通客户进场交易。

三是平台通过有公信力的方式开展对交易标的的评价，对非专业人士进行引导，不但成就了项目操作的个人，也成功引导公众对于该标的的判断。

四是平台要拟定客户绑定策略，使其对平台形成无形的黏性与依赖性，提高客户转换平台的成本。

五是平台以时间为轴推动和激发人们对于接近挂牌到期项目的热情和欲望，以地理位置和信息终端为据点吸引客户的兴趣点和交易欲望。

六是平台不断创新组织特色活动是平台成功的主要因素，结合线上线下，媒体与场地，生产与生活，可以说无所不包。

总之，思路决定方法，方法也不是一成不变的，守正出奇是战术的核心。

第三章
企业高质量发展

完善产权市场生态系统
以推进机构转型[①]

任何机构的生存都离不开社会生态系统，而生物学意义上的生态系统是指"在自然界的一定空间内，生物与环境构成的统一整体，在这个整体中，生物与环境之间相互影响，相互制约，并在一定时期内处于相对稳定的动态平衡状态"。产权交易机构作为产权市场的核心组成部分，它的发展壮大必然离不开整个产权市场生态系统，两者之间相互塑造、相互作用。

产权市场通过转型获得更广阔的发展空间，既要通过产权交易机构自身的产品创新、精细化操作、优化资源掌控能力来实现，还要通过优化整个产权交易生态系统，组合生态系统内的不同价值链，使系统内的各类参与者不断增加并能够获得更好的回报，从而实现市场的强大。我们常说产权市场是一个大平台，所谓大平台就意味着平台本身不做业务，平台是创造各种交易机构业务可能性的场所。

由于存在个体差异，产权交易机构通过自身的业务积累实现市场规模的扩大和收入的增长也能推动市场进步，但对整个生态系统的影响不够均衡。但交易机构如果转变经营策略，使整个市场形成一套全新的模式来调动甚至倒逼各类交易机构奋发努力就会促进这种均衡早日形成，这就使得生态系统自动产生价值，从而实现产权市场真正的战略转型。

---

① 原载于《碰撞》（内刊），2014 年 1—2 月合刊，第 1—2 页。

如何推动产权市场生态系统的建立和完善？如何找到成功的运营模式？借助什么力量来实现？这是我们要探讨的核心。

一是产权交易机构的经营理念由增加和创新交易品种转变为创造供需双方的需求对接平台。当交易双方面对产权交易机构时，感到产权交易机构更多起通道作用，而产权交易机构的价值在于和交易双方、服务提供者直接连接和有序交易。这有点像电视台，作为观看电视的人对电视台是什么并不关心，只是想通过电视台去看到自己想看的节目，而新闻、娱乐等内容制作公司也对电视台本身并不关心，只是想通过电视台的技术和设备把自己的节目推广给群众。产权交易机构若想达到类似于电视台的目标必须要成为开放式的，涵盖尽可能多的项目与服务，用生态系统来描述就是生态圈能够生存尽可能多物种，物种之间相互需要、相互供养，食物链尽可能地被拉长，并不断寻找新的平衡点。

二是客户需要由产权交易机构提供交易中介服务转变为客户进入市场可以实现自助服务。目前的产权市场对于大部分客户而言仍然是一个制度、法规和程序严格的专业市场，客户体验较为复杂和存在较高的交易成本，特别是由产权交易机构组织安排交易，仍然有一个大中介机构的概念，更摆脱不了有形市场的形象。产权市场应当致力于自身生态系统的全息服务能力建设，即客户找到市场内的任意一家机构均可以了解市场的整体服务模式和流程，而客户的任何需求均可以在市场内部得到满意的解决，产权市场更趋于无形但又无处不在。这其中，如何整合市场内的专业服务、法律法规、制度流程和网络系统是产权市场生态系统建设的关键，产权交易机构与各市场服务机构的合作已经内化为隐性的合作、紧密的利益共同体与一体化的操作流程，产权市场已经实实在在成为共同的市场。

三是产权交易机构要利用自己的资源整合其他资源进入市场。打造产权市场生态系统必须要有一个人性化的、成熟的、有实力的核心机构，产权交易机构既然充当了这样一个角色就必须要强大自身的实力和资源，否则不足以吸引其他资源进入产权市场。那么产权交易机构的实力和资源体现在哪里呢？全覆盖的客户数据库、强大的投资人数据库、即时全面的市场行情资讯、广阔深入的信息发布系统、先进便捷的撮合竞价系统、安全主流的第三方结算系统、权威的政策授权与政府监管制度、先利他人后利自己的收益分配机制、社会公认的公信力文化理念等都可以成为产权交易机构的核心竞争力资源。一方面有资产转让、项目并购、增资扩股、大宗采购、资产处置等需求的各类客户都可以在市场内找到最佳解决方案；另一方面无论个人还是企业都可以在市场内通过投资并购、中介服务找到合适的机会，找到赚钱的生意，这样才能达到汇聚资源的目的。

四是产权交易机构要整合一方的资源为另一方提供加倍的价值。简单的资源汇聚并不能彻底解决资源相互需求和相互支撑的作用，还需要产权交易机构去挖掘各类资源之间的叠加优势，找到各类资源创新性的优化配置方案，甚至创造出全新的市场服务品种与模式，使产权市场成为一个物超所值的市场。在这种市场效力的引导下，各类资源便会主动向产权市场汇聚，并激发自主创新能力，创造出更多新的超级价值，从而形成良性循环的市场运行模式，真正成为各类非标准化权益交易的创新平台。到那时，产权市场不再会为一两个新的政策资源成功进场而沾沾自喜，而是会为各市场主体不断创造出来的新机会、新服务、新模式而欢欣鼓舞。

产权交易机构改革发展方法论[①]

在当前的改革大背景下，经济体制改革的核心是市场在资源配置中起决定性作用更好发挥政府作用，产权交易机构应当重视的是，产业格局变化和传统产业升级必然涉及淘汰落后产能的处置；智力资本和科技创新密集的新兴产业必然探索新型权益类资产的价值最大化；市场适应经济新常态必然对交易服务的精细化、系统化、个性化提出更高的要求；客户行为习惯对于市场互联网应用和降低交易成本提出更高的要求等。应该说产权交易机构依靠做几个大项目而多收费的时代已经过去了，因为客户的压力大了、要求高了；外部的竞争强了、市场的保护弱了，逼着我们只能通过改革，进一步构建核心竞争力，主动适应市场、客户、行业和监管的新要求、新变化、新规则，从而实现机构的持续健康发展。

一、以问题导向搞改革，采取有效措施突破重点领域

无论是在交易过程中发现的问题，或是通过客户反馈提出来的问题，还是发生了诉讼或纠纷暴露出来的问题，对于产权交易机构而言都是改革的契机和团队提升的途径。

一是要全方位布局改革任务，合理安排时间和人力物力。交易机构要从提出的问题中分析产生问题的根源和解决问题的办法，判断问题

---

① 原载于《碰撞》（内刊），2015 年 1—2 月合刊，第 1—4 页。标题为编者所加，原标题为《驾驭新常态 再上新台阶》。

的性质和难度，拿出切实可行的改革时间表和任务清单，要有清晰的责任目标和责任主体。

二是改革要分层次、抓重点。涉及整体战略方向性的重要问题再难也要进行攻关，涉及内部管理问题要一次性改革到位，如何做到内部流程顺畅运行，解决部门配合与保证质量的问题；涉及外部推动性的问题要取得实质性突破，在构建市场框架方面要快速推进，争取政策支持和环境配套。

三是改革要马上行动，不能只停留在口头上。管理方面的改革应当用规范化和制度化的程序来完善，经营方面的改革应当用核心的竞争要素设计去争取成功。改革措施必须非常具体，部门负责具体执行，管理层要坚持原则、持之以恒。例如，在互联网时代信息对称的利润变薄了，相互竞争更重要的是要有对称信息的可读性、可信性、可比性解决方案。

二、敢于自我否定，创新要出新成果

创新其实就是自我否定，对于有一些成功经验的团队而言，让创新成为常态是非常困难的，如何克服组织惰性、自我封闭或过度自信需要作出更多努力。创新要从模仿开始，必须用创新改变现状。

一是用合作倒逼创新，通过整合资源创新品种和服务。机构之间合作的前提是目标一致、相互补充、各取所需、各得其利。市场上哪个主体都不是活雷锋，合作的真正意图都是完善自己的发展战略，服务自己的客户群体。例如全球第一的电动车制造商特斯拉与民生银行跨界合作，重点不是汽车金融、消费贷款，而是双方共同在全国20个城市的民生银行营业厅建立400个电动车充电桩。这样既有利于民生银行完善社区金融服务的内容，也有利于特斯拉普及电动车基础设施，一举多得。

二是利用自身优势资源彻底颠覆传统，挖掘竞争优势并发挥到极致。交易机构要把自身的优势利用好、发挥好，并向其他领域复制这种优势实现跨界突围，改造和颠覆其他领域的传统模式，是很现实的创新之路。例如，著名的物流企业顺丰快递借助自身庞大的物流系统在全国已开设 2 000 多家实体店，利用社区"实体店 + 网购预售 + 快速配送"的形式布局 O2O。顺丰将自身的渠道优势向社区电商、社区金融和便民服务领域延伸，把优势发挥到了极致。

三是针对客户需求进行全方位开发，解决客户的一站式服务问题。个性化消费时代的客户不但消费的差异化大，而且普遍存在需求多样、要求高效率的特点，因此产权交易机构必须要利用整个平台生态链一站式解决客户的问题，满足客户的多样化、多层次需求。例如中石化在遍布全国的 20 000 余家加油站里建设了易捷便利店，在客户加油的同时提供黑龙江大米、云南普洱茶、宁夏枸杞等知名品牌，高打保真和优质牌，具有相当大的发展空间。

四是以互联网思维建立产权市场的活跃生态圈，通过开放互动营造市场氛围。产权市场在互联网环境下要向电商学习，以开放包容的思维方式拓展生态链，并不断增强客户参与产权交易业务的机会，让客户通过技术界面和渠道参与互动，既体现了"市场服务以客户为核心的理念"，又让客户感到产权市场很接地气。同时将以产品设计为核心的流程开发理念向以需求引导为核心的产品创新理念过渡，使交易活动更加人性化，客户关系管理接近于"粉丝化"，增强客户忠诚度、归属感，以情感营销不断拓展利润空间。

三、坚持依法治企，强化制度的严肃性

"社会主义市场经济本质上是法治经济"①，企业依法依规去扩大规

---

① 2014 年 11 月 3 日党的十八届四中全会通过的《中共中央关于全面推进依法治国若干重大问题的决定》指出，社会主义市场经济本质上是法治经济，这是 30 多年来对我国社会主义市场经济实践经验的总结，也是对社会主义市场经济本质的准确清晰界定。

模、争取利润才是正道，那种怀着侥幸、冒着风险去追逐业绩和利润的行为，后果将不堪设想。俗话说："国有国法、家有家规"，产权交易机构首先应遵守自己的"家规"，而且要把遵守"家规"作为坚守底线的基础来看待。产权交易机构的家规就是规章制度、交易流程、规范文本、决策机制所形成的一系列风险控制体系。其中管理层首先要守的是"公司治理"的家规，董事会、经理层、监事会各司其职，高管做出行为表率，形成有制约的效率才是风险可控的大前提；经营团队要守内控约束下的合规性制度，形成内部的合规文化和底线思维，产权交易机构作为类金融企业风险主要来源于"合规性风险"，出现合规性风险不仅导致资产损失，还会造成公信力、信誉的损失，公信力的损失对产权交易机构极具破坏性，要比资产损失严重很多倍。

四、持续降低交易成本，努力提高市场效率

产权经济学的核心是交易成本理论，那么降低交易成本就是产权市场的终极使命，成本降低在很大程度上取决于提高效率。交易机构就要持续通过业务模式变革和技术手段创新来解决客户越来越苛刻的降成本的要求。

一是以客户体验为核心，用说到做到的承诺体现服务制胜。交易服务的出发点应当是客户的正当需求，是要我们怎样做，而不是我们要怎样做。我们可以模拟交易过程中的全部沟通过程，从客户角度出发对我们的工作内容进行重新规划，作为队伍建设和客户关系管理的准则列入考核，彻底改变官商、坐商作风，才可能有所成效。例如，交易机构往往将业务分为前台和后台，前台表现出来的流程简短、时间可控，所以客户体验良好，并将压力集中在内部和后台，而后台流程整合与限时办结要严格高效，抓住防范风险和提高质量关键环节，并坚守操作的底线，确保风险可控。

二是尽可能简化工作内容，但不能忽略基本的商业本质——包括契约关系、"三公"原则、信息对称、满足需求。产权市场虽然称为非标准化市场，但经过多年积累，在众多交易品种中还是形成了一些非常成熟的和有规律性的品种，只要我们认真研究该交易品种的特点，完全可以用标准化的流程和文本去解决，变相简单化问题反而更有效率，即使忽略掉一些个性化安排也并不影响交易效果。

三是适应和引导客户的行为习惯和沟通方式，加快改造沟通工具。互联网时代的特点是快速迭代演化，所以交易机构应当在交易流程的各个环节中都引入互联网技术，尽快应用新技术实现机构信息平台的互联网化改造，重点是 PC 终端和移动终端的全流程应用，第三方支付的引入，项目通过全网动态推介，客户自助登记、竞价与结算，实现全程自助操作。

四是可以尝试采取灵活的收费策略。交易机构要适应客户的消费习惯，降低收费标准，改变收费模式和收费节点，采取例如头单免费、年终折扣、业务积分优惠等政策和措施，以规模的大格局实现利润的可持续。

产权交易机构的高质量发展①

党的十九大为中国未来发展规划了蓝图，指明了方向，提出了要求，国家已经进入到社会主义新时代，整个社会的主流思想观念和配套政策措施决定了政府运作、企业运营、社会管理都将进入到一种新境界，社会将充满法制化、规范化、可持续、可预期的发展氛围，中国经济社会将长期坚持稳中求进，高质量发展，产权市场将大有作为。

一、清醒判断形势，找准发展方向

一是清醒认识国有企业的发展使命。产权交易机构是国有企业，除了要担负起国有资产保值增值这一个基本责任外，还必须适应新时代的要求，以开放的心态与先进地区开展竞争与合作，不搞市场封闭、画地为牢，积极进行跨区域开拓与发展，主动参与到全国乃至更大领域的经济合作中。要进一步适应市场经济规律，减少业务对于政策的依赖，以市场化原则对团队开展考核与评价，不断在实践中提高产权市场的竞争力。

二是充分认识和把握新经济的特点。针对新科技、新制造、新环保、新消费，以及基于生产和生活新服务的了解和认识，产权交易机构要摆脱传统思维方式对于行业业态和企业运营模式的束缚，找到产权市场服务于实体经济的本来内涵，不断创新甚至引领产权市场的业态

① 原载于《碰撞》（内刊），2018年1—2月合刊，第1—6页。

升级。同时还要树立产权市场是基于互联网基础设施的长尾市场，是全要素意义上的资本市场这一理论自信和发展道路自信，通过"E 交易"平台和"四统一"实践，结合新经济特点进一步完善和充实产权市场理论体系，为行业发展作出新的贡献。

三是坚持依法规范操作是经营管理的底线。积极适应当前的发展环境，坚守法律、规章、制度和流程的底线，产权交易机构除了要追求经济发展、利润增长目标，还要筑牢旗帜鲜明、纪律严明的基础。在业务操作过程中努力提升专业性和创新性，永远不做有违公平、公正、公开和诚信等方面的变通，时时刻刻保持战战兢兢、如履薄冰的心态，践行"勿以善小而不为，勿以恶小而为之"的理念，这样才能确保产权市场稳步发展，持续精进。

二、践行党的十九大精神，拓展市场功能

一是要继续围绕服务国企改革这个大目标发挥作用。抓住继续深化供给侧结构性改革的机遇，把深化要素市场化配置作为重点，彰显产权市场服务于国企改革、优化结构、提质增效和产业升级方面的重要作用。在通过处置僵尸企业，破除无效供给，培育具有创新能力的排头兵企业，在大力降低如电力、冶金、石油、天然气、化工等实体经济成本上下功夫，仔细思考产权市场如何在推动各类要素进场交易方面做好整体布局、市场开拓、服务提升、技术支持、风险防控。帮助国有企业通过国有资产阳光交易，激发国企自身资产和资源的潜力与活力，不断盘活存量国有资本，引导国有企业通过产权市场有效组合社会资本、创新和拓宽融资渠道，带动国有资本增量交易，同时尽可能帮助国有企业在提升管理质量与效益上找到突破口。

二是要继续围绕服务全要素市场这个大领域开拓创新。紧扣我国社会主要矛盾变化的转折点，从党的十九大报告中提出"七大发展战

略"和各项改革举措中找到抓重点、补短板、强弱项的历史机遇，彰显产权市场全要素服务能力。这主要体现为抓住多个重要领域、关键环节改革的政策机遇和市场机会，例如，落实关于"乡村振兴战略"带来的农村产权要素市场化配置机遇。再如，落实关于"区域协调发展战略"带来的跨区域资产流动机遇。目前一个东到江苏、西到新疆伊犁，北到黑龙江，南到海南岛，中有山西、河南、湖南的跨越个十多个省的"e交易"云平台已经建成，这为各省交易所落实区域协调发展战略提供了良好的基础设施条件，只要方法得当，必将推动产权市场融入边疆民族地区、海洋强国、西部大开发、长江经济带、东北老工业基地、中部崛起等国家战略目标。还有，落实"军民融合战略"带来的参与军民融合深度发展格局设计，以我们在国有资产领域的丰富经验，参与军队资产阳光配置领域的改革创新实践必然得心应手。此外，我们还可以在推进租购并举的住房制度改革领域、防控系统性金融风险的改革领域、推进文化产业和文化市场建设体系的改革领域都有所作为。

三、落实工匠精神，提升自身发展质量

一是要全面提升交易服务质量。产权交易机构是典型的现代服务业企业，其宗旨就是满足客户合理创造财富的需要，因此提升机构的交易服务质量是提升产权市场整体运行质量的核心，也是我们贯彻党的十九大"以人民为中心"的治国方略的具体体现。产权交易机构应当站在客户角度认真梳理本机构所有与客户有关的制度、流程、行为、设施以及所有的工作安排，是否注意到了客户的合理需求，客户的交易权益是否公平并及时得到保障；机构是否正在持续不断地提高和改进交易流程以方便客户，是否以高标准的诚信态度得到客户由衷的依赖和信任，是否在不断教育客户依法合规参与交易，共同形成健康有序的产权市场环境。

二是要全面提升创新发展质量。客户的需求和时代的要求都在不断发生着变化，产权交易机构必须要适应时代进步的要求，不断丰富市场化产权交易业务品种，具备超强的政策、科技、市场敏感性，具备坚韧的理论创新、制度创新和实践创新能力，不断谋求产权市场由政策性交易平台向市场化交易平台转变，深度融入"互联网＋"战略，开拓更具竞争力和创新力的市场领域，形成兼具政策性业务的坚实基础、市场化业务的相互支撑，合理匹配市场空间和时间的经营格局。

三是要全面提升经营管理质量。健全的公司治理结构必须继续贯彻党的十八大之后提出的将党的领导全面融入国有企业公司治理的要求，不断提升党组织、董事会、经理层和监事会的协调运转效率，确立党组织的核心领导地位和落实选人用人、重大决策、职工权益的权力行使，落实董事会战略管理和风险控制的职责，落实经理层创造利润和保障执行的职责，以及落实监事会监督运行和协调管理的机制，形成良好的公司治理秩序，从而带动和约束日常经营工作，在市场营销、绩效考核、研发创新和风险管控方面实施精益管理，实现公司管理团队的高质量稳定运行。

第四编

内蒙古产权市场的实践

第一章
内蒙古区域产权市场建设

内蒙古要素资本市场的构架和做法[①]

产权交易市场已经成为分布于不同区域的要素资本市场了，可以称得上是中国多层次资本市场的重要组成部分。

一、内蒙古区域资本市场的决定要素

（一）政府的支持力度

区域性要素资本市场是资本市场不可或缺的组成部分，政府是否愿意利用有形之手推动产权市场开拓本地区的投融资新平台，对于资本市场建设是相当重要的。特别是相对落后地区从初级资本市场开始做起，改善当地的投融资环境，应当说符合比较优势原理，也易于产生良好的效果。

内蒙古自治区政府的"十一五"规划明确提出，"规范和发展各类产权交易市场，鼓励非公有制企业采取股权融资、项目融资等方式筹集资金"，要"加大直接融资力度，形成项目融资、产权交易、股票境内外上市、设立投资基金等融资手段多样化的格局，引导企业进行产权招商、产业链招商和以商招商"。从规划内容来看，自治区政府已经把产权市场作为区域资本市场的重要组成部分了。

[①] 原载于《产权导刊》，2006 年第 10 期，第 22—23 页。题目为编者所加，原题目为《内蒙古初级资本市场的构架和做法》。

（二）产权市场的环境特点

所谓市场环境，就是产权市场需求和存量资源配置情况。内蒙古自治区特有的地域特点决定了今后 5 年的发展规划主要侧重于加速农牧业产业化、新型工业化和城镇化进程，特别是在推进新型工业化进程中重点建设包括煤炭、电力、天然气和可再生能源基地，化学、冶金、农畜产品、装备制造工业基地，并积极推进节能、环保、科教进步和民族文化大区建设。由于内蒙古自治区建设的历史欠账和基础薄弱，按照目前的发展速度和产业结构，产权市场的重点交易领域在一段时间内除侧重于能源、重化工、基础设施等优势和鼓励产业外，企业的项目融资会多于企业并购，企业的直接融资会多于间接融资，产权市场的业务创新会优于技术创新，产权市场创新的交易品种和融资方式终会迎来一个井喷式的增长，内蒙古产权市场必然走出一条符合内蒙古特色的发展之路。

（三）区域产权市场的发展定位

将产权市场定位为要素资本市场，而不仅是服务于国企改革的企业国有产权转让平台，对于产权市场的下一步发展是至关重要的。

由于内蒙古自治区这一轮国企改革接近尾声，新一轮的国有经济产权结构调整尚未开始，而且企业国有产权总量相对较少和集中在大企业的区域特点，内蒙古自治区的产权市场如果仅定位于服务国企改革，其发展会受到政策环境的影响太大，不符合市场经济规律，不但市场主业薄弱，而且市场建设必须由政府的职能部门主导来做才能得以为继。但是若将产权市场定位于区域全要素资本市场，则市场的创新发展空间会更加广阔。

二、内蒙古要素资本市场的基本构架

首先，内蒙古的要素资本市场是一个资本可以自由流转的合法场所，而流转在市场上的介质应首先集中在非上市企业的股权。当然各类实物资产、无形资产和知识产权也应当可以通过这个市场进行流通，也可以探讨各类资产的证券化产品和模式。因此，可以说内蒙古要素资本市场是内蒙古自治区一个新的区域性产权、股权、物权、债权的交易市场。内蒙古产权交易中心应当把为各类社会资本提供一个全新的投资平台和退出通道为起点，为建设内蒙古要素资本市场作出自己应有的贡献。

其次，内蒙古产权交易中心在了解各类企业和其他社会法人交易需求的基础上发挥三个功能：一是通过强化中心的信息系统和软硬件设施，完善信息收集整理和加工能力，充当真实的信息平台，实现要素资本市场投资者和融资方的信息对称；二是严格遵照国家法律法规制定出符合实际的交易规则、信息披露规则和风险防范措施，以维护安全、健康、高效的市场秩序；三是不断提高中心及会员机构的专业素质和沟通撮合技巧，强化队伍的价值挖掘和信息分析能力，有效促进社会资本和产权项目对接，始终不渝地培养成熟投资机构和合格投资人，最终提高市场的竞争力和扩大市场规模。

最后，内蒙古产权交易中心与其会员机构共同依托这个要素资本市场平台，开展各类不同层次的增值服务：一是针对企业的不同情况大力推进企业的股份制改造和资产证券化改造，中心携会员单位为企业提供整套改制策划、价值评估、企业重组和配合落实服务；二是规范未上市股份制公司股权管理事务，以不断满足企业股权顺畅进入市场交易和融资的需求。中心开展未上市股份制公司的股权托管业务，确保在中心的监管下，使未上市企业的股权权益得到保障（特别是中小股东），同时也促进股东关心和支持企业的生产经营活动，加快企业健康发展，为进入全国性资本市场做好准备；三是内蒙古产权交易中心充分利用自身的社会公信力，提供全新的股权等权利质押融资服务，开辟中小企业股权融资绿色通道，这将是使中小企业摆脱融资困境和开展区域要素资本市场金融创新的积极尝试，对改善内蒙古自治区中小企业融资环境、调整地区融资结构和增强中小企业竞争力具有现实的重要意义。

三、内蒙古要素资本市场的主要做法

（一）建立覆盖全区、贯通全国的产权信息系统和会员支撑系统

内蒙古产权交易中心通过完善技术手段和发展新会员，逐步实现区域市场内信息网络和会员网络覆盖全区，并建立起各类交易信息的提供、收集、加工整理的工作机制。同时中心也要建立起与全国主要产权区域市场的联网与合作，实现信息的最广大范围发布，真正成为成本最低但传播范围最广的信息披露系统，使各类市场参与者都可以利用现代信息技术和产权机构网络实现降低信息成本的目的。

（二）建立符合市场需求的合格机构投资者信息库

内蒙古要素资本市场是一个以并购为主的市场，作为并购主体的机构投资者往往良莠不齐，而内蒙古自治区的产业特色决定了内蒙古自治区并购市场和并购群体的特殊性。要汇聚真正的合格机构投资者群体，内蒙古产权交易中心必须要建立基于风险可控的机构投资者收集、筛选和储备机制，才能在利益驱动和机制保证的前提下形成内蒙古要素资本市场交投活跃的局面。

（三） 建立要素资本市场的研发和创新机制

要素资本市场交易范围广阔，区域特色突出，市场的创新空间巨大，但新兴市场又处于政策法规边缘，因此市场的发展离不开研发的引导，更需要产品创新、方式创新、制度创新和技术创新持续跟进。内蒙古产权交易中心应当借助外部研发力量弥补自身理论深度不足，并结合自身实际，创造出内蒙古要素资本市场的特色服务和主力产品。

（四） 建立区域内各类经济、技术和产业开发区产权交易体系

开发区是企业集群，好的开发区更是优秀企业和优质客户的聚集地，其产权交易和融资的需求也比较旺盛和集中，因此内蒙古产权交易中心将设置分支机构、培育会员服务体系，与开发区政府形成良好的合作是拓展市场的必由之路，也是开发区各类企业在不同层次资本市场上市融资的良好起点。

谈内蒙古产权市场的科学发展观①

经济连续七年高速增长的内蒙古，已进入一个以结构调整为主要动力，全力按照科学发展观实现跨越式发展的关键时期。与之相适应，社会资源的大规模重组和优化配置是这一时期的根本战略任务，是决定全区经济能在多大程度上维持高速发展势头、实现产业升级、增强整体竞争力，更好更快发展的关键。那么内蒙古如何借助全党全国学习实践科学发展观的大好形势借势发展呢，答案是依托产权市场构建内蒙古区域性要素资本市场体系，以市场化方式充分发挥地区资源配置的主渠道作用。

近几年的实践证明，推进全区经济结构战略性调整归根结底必须依靠市场配置资源的机制，而这一机制的最重要市场基础，就是资本市场。一般而言，资本市场包括公开市场（例如深圳、上海证券交易所）和非公开市场（各地的产权交易市场）。而产权交易市场作为典型的非标、要素资本市场是中国多层次、多形态、多元化资本市场体系的重要组成部分，更是地方政府解决二元财政体制下融资渠道狭窄的重要手段。内蒙古自治区作为国家的重要能源与重化工基地，正处于工业化的中期阶段，需要整合大量的要素资源与社会资本参与区域经济建设，而地方性要素资本市场在吸纳社会资本、优化配置资源和促进要素流动方面都有着不可替代的作用，建设区域性要素资本市场就其功能和作用而言要远比引进几个大项目或增加几个上市公司对地方经济的促进

---

① 原载于《内蒙古日报（汉）》，2009 年 5 月 24 日理论版。

作要大得多。因此，大力发展产权交易市场，不仅是健全多层次资本市场体系的重要内容，更是地方经济必须而且能够大有作为的重要舞台。

一、国有存量资源的高效流动和保值增值，需要建立规范的产权交易市场实施阳光操作

近几年国有经济的巨大变化已充分证明，国有产权的流动重组是建立现代企业制度的关键和突破口，更是产权结构调整和国有资本"有进有退"的现实途径，而这种国有产权战略性调整不但规模巨大、涉及面广，而且调整范围已不局限在企业的国有股权方面，更多则涉及资源性的国有经济要素（探采矿权、特许经营权）和大量非经营性的国有产权（行政事业性资产）等资源的流动和重组方面。但是，这种大规模的产权流动重组方式很多情况下仍然存在行政权力配置资源的情况，而非依靠市场机制、通过资本市场来进行。这容易产生两个问题：首先可能形成一些滋生腐败的领域，由于缺乏严格的进场交易制度和强大的监督检查力度，国有产权要素资源很有可能通过私下方式实现交易，这种制度性的缺位导致现实中违法违规案件也不在少数；其次则是国有产权要素资源的保值增值问题，通过行政权力配置资源造成的是信息不对称的交易格局，由于投资人有限和不能充分挑起竞争，产权资源的价值不是市场公允价而是人为确定，特别是那些很有潜力也很复杂的非上市企业国有产权很难靠人为评估确定其价值，这就无法保证、更无法澄清多年来积累的国有产权资源真正的市场价值。

二、区域经济的战略性调整，需要建立统一的产权市场发现有效的投资人群体

自治区作为国家能源、重化工战略的重要基地，在融入国际经济大

环境和坚持重民生、保增长、调结构、促稳定的方针指引下，区域性战略结构调整的任务还很重。目前的自治区投融资活动仍然是一方面依靠政府信用杠杆撬动银行金融机构给企业输血，另一方面各地政府散兵游勇式的招商引资或增加几家上市公司来实现直接融资。这虽然也起到一些作用，但此类活动对于改善地区融资结构和发现有效投资人方面收效甚微，对于促进地区经济难有整体性重大突破，而且成本高、效率低，特别是作为国民经济支撑点和落脚点的县域经济，在引进民营资本或推动企业上市过程中更是手段乏力，而且难以避免的是地方政府项目评估和谈判能力有限，很容易造成低估自身资源价值，甚至发生上当受骗的事情。这都是因为没有建立和利用产权市场这个区域性要素资本市场平台，地区资源价值和战略投资人没有得到有效发现，产权信息存在严重不对称的结果。

三、创业投资和风险投资与企业的融合，需要产权市场作为基础的市场化平台

随着自治区经济的高速发展，吸引了一批国内外其他地区的各类投资基金关注内蒙古的发展，基金正在成为产业重组和项目投资的主要推动力和运作方式，自治区近年来也逐步形成了一批民营为主的类似于创业投资和风险投资的投资基金和投资人群体，并专注于"两高六新"（高科技、高成长、新经济、新能源、新技术、新农村、新服务、新商业模式）产业大胆挖掘投资项目。自治区政府更是准备投入专项资金组建国有的创业投资基金、能源产业基金和私募股权投资基金，力争在自治区政府战略扶持的行业和领域内以参股方式带动和引导民营资本抓住产业跨越式发展的制高点，促进先进生产力快速发展，一举改变传统的投融资模式，建立新的资本与企业的融合机制。然而实现这一机制的关键因素是区域性资本市场，因为仅从退出通道来说，创

业资本或风险投资不可能都从唯一的 IPO 上市通道实现退出，必须有不同层次的资本市场给予支撑。自治区拥有法人企业约 12 万户，个体工商户 60 万户，但上市公司仅仅 20 多户，这就可以证明上市退出的路径是多么的狭窄。因此，发达的区域产权市场是创业投资和风险投资进入退出企业重要的基础市场平台。

四、建立和完善中小企业直接融资渠道，需要建立创新的产权市场平台

2008 年以来，席卷全球的金融海啸对我国实体经济的影响正日益加深，强有力的宏观调控政策并不能从系统上解决市场体系不完善的问题，国民经济尚停留在宏观调控政策直接拉动性增长阶段，还未走向民间资本自主性增长的道路。当前扩张性宏观调控政策与紧缩性微观经济运行环境同时并存，成为制约经济全面转折的一个尖锐矛盾，这其中的一个重要原因在于金融和资本市场体系的缺陷造成企业的融资渠道过分集中于国有商业银行和公开证券市场，即使放松信贷政策和推出创业板，对于全国 500 多万家中小企业来说仍然是远水不解近渴。特别是在内蒙古这种以投资拉动型增长的典型地区来说，目前资金紧张显得更加突出，中小企业几乎无一幸免。因此，区域产权市场正是大力发展为广大中小企业提供融资服务业务的历史良机，而且也只有区域产权市场有能力在政策框架内创新股权间接融资和直接融资模式，从根本上解决中小企业的投融资渠道问题。

总之，建设区域产权市场同现实经济发展中的矛盾密切相关，自治区政府只有把产权市场建设作为完善自治区要素资本市场体系的重要手段，才能进一步构建区域性、多层次、多形态、多元化的金融资本市场环境，从根本上改变和加强自治区经济发展的推动力量，实现区域经济的科学发展。

区域资本市场催生
内蒙古经济发展方式转变[①]

内蒙古的经济发展方式是西部资源型区域经济发展的典型模式，内蒙古地域辽阔，资源丰富，资源型产业是地区主导的产业。近些年内蒙古通过资源的开发转化利用，2009 年以完成 GDP 约 9 700 亿元，增速 17% 的业绩创造了连续八年发展速度全国第一的奇迹。但同时资源型行业产品的附加价值低，经济增长方式粗放，高附加值产业和中小企业发展滞后，现代服务业务发展任务非常重。因此，转变经济发展方式是区域经济提层次、上水平的关键问题，也是内蒙古综合发展水平跨入全国前列的必然选择。众所周知，经济转型意味着要进行产业转型，而产业转型则需要企业结构调整，企业的结构调整必然要由资本推动下的企业重组整合，以及通过产业资本的投融资来完成。

一、内蒙古转变经济发展方式必须要建设区域资本市场

从内蒙古的经济增长结构来看，能源大省的"投资依赖症"非常严重。资料显示，在投资方面 2009 年全区完成 50 万元以上固定资产投资 7 381 亿元，增长 33.8%，约占全年 GDP 总值的比重达到 76%。在消费方面同期的全区居民消费水平和收入水平却没有随之同步走高，

---

① 原载于《内蒙古日报（汉）》，2010 年 8 月 3 日理论版。

甚至低于全国平均水平。截至 2009 年底,内蒙古居民存款余额为 3 913.6 亿元,增加了 702.8 亿元,增长 33.7%,储蓄量的增加,一个直接原因就是居民消费能力不足。在出口方面更是不能成为内蒙古经济发展的驱动力,2009 年内蒙古全年完成进出口总额 67.6 亿美元,下降 24.1%,其中,出口 23.2 亿美元,下降 35.3%。自 2002 年至今,内蒙古的投资贡献率一直维持在 70% 以上的比例,所以说现阶段投资是拉动内蒙古经济增长的最重要方式,强大的投资拉动效应使内蒙古经济的高速增长同时伴随着经济结构失衡风险。

从内蒙古的企业融资结构来看,2009 年在适度宽松的信贷政策下,内蒙古金融机构扩大贷款规模,截至年底全区金融机构各项人民币存款余额 8 373.7 亿元,比上年增加 2 056.1 亿元,增长 32.1%;各项贷款余额为 6 292.5 亿元,增加 702.8 亿元,增长 39%,而放贷额度几乎达到了极限,存贷比已经接近 75% 的"警戒线"。据调查,截至 2009 年自治区境内法人企业约 12 万户,目前在海内外证券市场上市的公司数量约 26 家,而 2009 年内蒙古只有一家上市公司在证券市场直接融资超过 4 亿元人民币,即使是 2007—2009 年三年合计的上市公司直接融资也不足 20 亿元人民币。2009 年全区企业债券融资约 95 亿元,信托融资约 150 亿元,这对于自治区大规模的资金需求都是杯水车薪,可见自治区企业融资结构之单一,内蒙古金融系统结构性问题已不容忽视。2010 年国家的宏观调控政策进一步缩紧,信贷规模急剧下降,而在以信贷为主的单一融资结构下,面对自治区政府提出的 2010 年超过 8 000 亿元的巨量投资规模,如果企业的直接融资规模不再迅速提高,即便有新的投资政策,资金如何保证将是严重的问题。

因此如果不建设具有资本聚集效应的区域资本市场,增加地方政府对资本市场的话语权,拓宽企业的直接融资渠道,内蒙古就难以实现区域经济的稳健快速发展。

二、内蒙古不缺金融资源，缺的是配置资源的规则

由于近几年内蒙古的大规模资源开发，围绕能源、重化工等产业产生了一大批高利润的行业和企业。鉴于内蒙古高速发展的经济态势，金融机构也闻风而动，不但纷纷入驻内蒙古，而且还提出了基于能源产业的能源金融服务概念。据了解，截至目前全区共有内外资银行17家，全国性保险公司25家，地方性银行和非银行金融机构123家，国内主要的全国性银行机构大部分都已落户内蒙古，证券、保险、信托、担保体系也已初具规模，而且有2家外资金融机构也开始涉足内蒙古。特别值得一提的是，经自治区政府审批设立的小额贷款公司已近350家，约是全国小额贷款公司总数量的五分之一。此外还有大量的民间金融公司在地下开展针对企业的融资服务，以鄂尔多斯为例，据中国人民银行鄂尔多斯支行统计，截至2007年底，鄂尔多斯全市注册的典当、担保、投资公司和委托寄卖行已达560家左右，注册资金约150多亿元，而地下放贷的机构和个人放贷者则数目众多，无法统计。每年发放的民间贷款资金规模保守估计在1 000亿元左右，占该地区全部融通资金的1/3以上。由于民间金融公司利率灵活、高效快捷、创新服务，不断刺激当地的正规金融服务，有力地促进了鄂尔多斯地区中小企业的发展，加快了地区产业结构优化，促进了区域金融市场的活跃程度，为地区经济实现快速健康发展起到了重要作用。但同时，游离于监管体制之外的大量民间资金严重影响了国家宏观调控效果，对地区社会稳定和金融安全带来巨大隐患，亟待找到合理方法使其合法化、阳光化，以维护区域金融和经济的稳定。

资本市场是经济发展的结果，其最重要的功能之一是使更多的居民参与股权投资市场，起到分散企业经营风险、分享企业资本增值的利益，从而增加企业的融资渠道、调整居民收入结构，促进社会生产力的

发展和社会中产阶层的形成。由于资本市场的交易品种是相对无形的资本品，因而市场秩序的形成和建立需要严格的法律政策环境支撑，市场的形成使企业的融资渠道有了正规的交易规则和权威的法律保障，对于居民的投资也有了合法的交易场所和安全保障，使民间金融资本通过参与资本市场更趋于阳光化。所以在全国性资本市场融资渠道狭窄、区域金融市场信贷风险聚集、居民投资品匮乏的环境下，建立区域资本市场，用正规的方式配置资源是最为现实的选择。此外在区域资本市场挂牌的驻区企业与当地居民的生活息息相关，当地居民针对企业的投资回报也应当首先受益，因而建立区域性资本市场也恰好解决了这个问题。

三、国内区域资本市场布局是区域之间经济竞争力的博弈

经过近几年的发展，各地交易机构已经逐步成为区域非上市企业并购的重要平台，2009 年全国产权交易机构的企业并购规模粗略估计在 800 亿~1 000 亿元，很多区域产权市场已经发展成为区域资本市场的雏形。但是由于历史的原因，全国产权交易机构非常分散，正式注册的交易机构有 200 多家，具备特许经营资质的也有 60 多家。以内蒙古为例，正式注册的交易机构不足 10 家，正式具备特许经营资质的只有 1 家，即内蒙古产权交易中心。全国交易机构的交易规则和市场标准尚未做到完全统一，各地行政力量对于交易资源的保护较为严格，导致投资人资源相对分散，获取交易信息的成本较高。伴随着现代交通、通信技术的发展，投资人跨地区的企业并购需求对于产权交易机构服务提出了更高的要求，特别是重要地区有实力的交易机构更是感同身受。因此为了扩大业务范围、降低交易成本、提高成交效率、追求规模效应，大交易机构不但努力开发异地市场，例如北京、上海等中心城市的交易

所已经把跨区域交易的比例做到了 50% 以上，而且还将交易所之间的合作模式不断升级，由大交易机构牵头和主导，从最初的松散联合、信息共享，发展到共建平台、共享资源，不断地在互动中聚集资源、确立核心市场的品牌。但我们已经清楚地意识到，无论是怎样的合作，竞争已经打破了区域的限制，交易机构在全国范围内由业务整合到机构整合已经是大势所趋。

内蒙古作为中国重要的能源和重化工基地，其区域经济的影响力是辐射东北、华北和黄河中上游地区甚至是全国范围，其区域经济的竞争力如何才能充分体现呢？区域内的相关产业如何尽快转型升级呢？很大程度上要依赖于资本市场的功能和作用，区域内企业利用资本市场的程度是体现区域经济竞争力的重要标准。交易机构作为资本市场的载体是资本市场发挥功能的最重要环节，因此对于交易机构的占有和争取就是对资本市场的占有和争取，更是对区域经济资源的占有和争取，区域资本市场今后必将成为挖掘区域经济潜力的引擎。所以内蒙古应当建立以产权交易所为核心的区域资本市场，发挥区域经济的特殊优势，开发有利于区域经济发展的交易品种和融资渠道，聚集国内外与区域产业发展相关的投资人资源，建立良好制度规范和信息平台，吸引全国范围内相关企业在本区域的产权市场挂牌交易和融资。并在全国交易机构整合尚未形成固定格局的情况下，未雨绸缪，先期成立与其他地区错位竞争的市场主体，这才是自治区在区域经济博弈中胜出的可选之路。

四、有形的手去推动市场建设，无形的手去发现企业价值

区域资本市场的建设和发展不是一个简单的事情，涉及多个市场主体的方方面面工作，其中最核心的问题就是以市场监管主体为核心

的公信力建设。中国的历史背景和社会环境决定了中国资本市场建设必须要由政府这只有形的手来推动，即用行政化的手段去解决市场化的需求。产权市场本身是基于政府对国有产权阳光交易的需求建立起来的市场组织，如果将其延伸到全社会的企业产权交易，就必然要求政府对企业的产权真实性、价格合理性、结算风险规避以及合同履约监管等方面履行诸如业务监督、资质认定、纠纷调处、规则仲裁等职能，否则仅依靠商业契约根本无法保障交易安全顺利的进行。所以产权市场的监管体系和制度体系建设是市场建设的重中之重，依托行政强制力建立起来的市场公信力在现阶段是无法替代的，这也是相对落后和欠发达地区市场经济发展的常规模式。

区域资本市场一旦建成，市场化的交易和融资规则就非常重要了，特别是企业的上市挂牌标准、融资规则、客观信息披露、违规行为处罚等要求都体现出这个市场公开、公平、公正的原则。这些规定决定了一个市场交易中的诚信基础，市场对于企业的筛选是真正基于企业价值，而不是基于行政干预，企业的股东权限履行完全是出于本意而非行政强制，特别是中小股东针对企业经营管理的参与权、监督权、决策权和收益权都能得到充分的保护，居民参与投融资的过程方便快捷，产权交易的发生合法有效。只有这样，企业的价值才能被市场发现，投资人对区域资本市场的信心才能真正树立起来，这个资本市场才能像一只无形的手，对企业通过自然的优胜劣汰，使这个市场成为一个有生命力的市场。

所以，从区域经济发展的角度来看，只有区域资本市场才能支持内蒙古经济加速跑，只有区域资本市场才能实现区域经济的跨越式发展。

内蒙古区域产权市场发展前景[①]

区域产权市场是区域要素资本市场的核心，产权业界对于要素资本市场有清晰的趋势判断，这也是各地产权市场的发展思路，内蒙古产权市场同样面临这个问题。

一、区域要素资本市场特征

自从 2009 年《企业国有资产法》实施以来，产权市场已经从法律的层面得到认可，产权交易机构已经成为各类公有性质资产权益交易的制度性市场和交易平台。

（一）区域资本流动的交易所化

经济建设的成果必然会带来资本的聚集和流动，中国随着西部大开发的深入，资本洪流向西部流动已经成为大趋势。但是目前无论是PE/VC 还是拥有投资能力的自然人甚至普通人，共同困惑的是社会投资品种匮乏、投资价格不理性、投资渠道狭窄、投融资信息不对称，为什么会出现这些问题呢？非标金融资本市场发展缓慢，具有社会公信力的区域性投融资交易平台缺乏，而区域性产权交易所将成为最合适的要素资本流动平台，并扮演区域要素资本品交易中心、价格中心、资讯中心的角色，成为区域经济发展的引擎和动力。因此，越是区域经济发

---

① 原载于《碰撞》（内刊），2011 年 4 月号，第 1—2 页。

达的地区越会将建立交易所作为区域资本市场的核心工作，并抢先抓住交易所资源利用先发优势向其他地区辐射和扩张，成为下一轮经济增长的主要竞争优势。

（二）非标准资产权益市场的规模化

产权市场以政策性业务起步，已经覆盖企业国有产权、行政事业性资产和金融资产，并不断地向社会公共资源领域复制，这个市场在区域内基本上是一种非竞争性市场，具有一定的政策性垄断。由于这些政策性业务的溢价率和不断提升的服务品质，政策性资源就会越聚越多，在各地形成区域性非标准化资产和权益的大超市，而且这个超市在交易规则、信息平台、投资人资源统一的前提下是全国联网的，这种资产超市的业态很快会形成固定的交易场所和庞大的消费习惯，也就形成了今天主要服务于非上市企业的产权交易和股权融资的新型资本市场，这个产权市场也会产生巨大的规模效益。

（三）产权交易的电子化和网络化

在互联网时代，中国已经成为全球最大的互联网市场，资本市场也是一样，互联网在资本市场的应用很可能成就产权市场这个新型资本市场。因为投资者对快速便捷的交易、更低的交易成本和更高的流动性孜孜以求，所以新兴互联网产权交易平台对传统的产权交易市场必将形成强有力的冲击甚至取而代之。一个成立运行第一年的产权网络交易平台"金马甲"①，其 2010 年的成交额就达 70 多亿元，迅速成为第一梯队的交易市场就是很好的证明。而任何一个小机构都不可能通过

---

① 金马甲是由北京产权交易所牵头，包括广州产权交易所、天津交易中心等国内二十多家产权交易机构共同出资创立的基于互联网的产权交易服务平台。广泛的股东分布让金马甲集中了全国的产权交易项目、投资人及服务机构资源，从而整合成一个强大的覆盖全国的产权网络交易服务平台。同时，地方交易所获得了更大的信息覆盖机会，促进整个行业发展。

建立独立的网络系统来实现盈利，因为基础设施投入巨大，交易成本相当低廉，没有巨大的实力和巨大的交易量支撑是根本不可能赚钱的。所以交易所采取了联合组建金马甲公司形成有实力的基础投入的形式来提高进入门槛，通过共建、共用、共享来实现大家共同用业务量支撑的局面。这种聚合效应既应用了先进的互联网技术，又通过共同做大规模提升了统一交易平台的竞争力，这种交易平台模式必将成为中国未来一个历史时期最有前景的资本市场模式。

二、自治区产权市场现状和远景判断

在自治区刚刚制定的"十二五"规划中，关于发展现代金融服务业的章节中明确提出"大力发展金融业，以引进为主、引进与培育相结合，加快构建多层次资本市场体系……加快产权交易平台建设，完善功能，提高服务水平"。在未来五年中，自治区已明确提出产权市场之于区域经济的重要作用，并把产权市场建设明确列入到"十二五"重点工作中。伴随着自治区经济建设质量的不断提高，作为现代服务业核心的金融服务业将大幅增长，其中区域要素资本市场是核心中的核心，虽然自治区产权市场较全国发达地区还明显滞后，但随着区域经济越来越发展，区域要素资本市场必将越来越发达。

（一）规范进场交易由国资全覆盖向公共资源全覆盖过渡

由国务院国资委牵头建立的企业国有产权进场交易制度已接近完善，以财政部为首的其他各部委纷纷出台国有资产进场的相关制度，在其他省区特别是经济发达地区几乎实现了国有资产进场交易的全覆盖。西部欠发达地区在市场建设初期的行政强制力是市场建设最重要的、最有效的手段，用行政手段聚集资源和规范交易，用市场手段实现资产保值增值和快速流动，最终才能形成带动效应。自治区国资委和财政厅已经明确指定了内蒙古产权交易中心作为自治区各类国有产权交易承办机构，下一步国有资产进场交易的种类还将在不同领域不断复制，以至于具有公有性质的各类社会公共资源也将进场交易。

（二）产权市场体系由条块分割向统一规划建设过渡

目前自治区各部门已出现根据职能条块分割、管办合并的方式建立产权市场的倾向，自治区国资委已经了解并支持区域产权市场统一规划的格局。按照我们初步拟定的操作方案，自治区区域产权市场建设将分三个层次进行：第一个层次是内蒙古产权交易集团，主要落实国家和自治区的国有资产管理政策、规章和制度，负责国有资产的保值增值；第二个层次是专业交易场所，主要落实国家和自治区各类社会公共管理体制改革过程的资源市场化配置政策，如金融体制改革、文化体制改革、生态环境政策的改革和落实、能源资源配置政策的改革和落实等；第三个层次是覆盖全区、联通全国的分支机构和会员机构，实现业务的全覆盖和高效便捷服务。我们将小步快跑，在自治区人民政府和相关部门的支持下在"十二五"期间将这个规划全面落实。

（三）产权业务由交易所运行为主向会员机构操作为主过渡

我们从 2005 年就开始全面推行会员制，到目前为止已经形成了几家业务相对成熟、操作相对规范、人员相对稳定的会员机构。但是目前仍然没有摆脱业务操作主要由我中心人员为主的格局，原因是多方面的。市场在培育期很多事情都不能够按常规来要求，但终有一个事实是存在的，如果仍以产权交易中心为主来操作业务，则市场规模将受到严重限制，业务范围无法做到根本性的扩大，会员体系最终也不会真正建立起来。我们一直本着合作互利、分工负责的市场逻辑分三个阶段来建立会员制体系：第一个阶段是主动让利吸引会员进入产权市场，会员参与越早获利越多；第二个阶段是会员得利主动参与产权市场，市场对会员的能力要求提升很快，专业素质较差的会员终会被淘汰；第三个阶段是实现区域市场由会员机构按照市场监管的规则进行自主创新、自由竞争生存的格局，逐步形成经纪会员、服务会员、信息会员等种类齐全、层次分明、竞争有序、各取所需的会员市场秩序。

三、内蒙古产权交易中心下一步发展思路

目前中心正在制定和完善自己的第二个五年发展规划，重点是完善区域产权市场体系，做大区域市场规模，通过汇聚各类政策资源和投资人资源，在加强市场软硬件设施建设、开放合作体系建设的前提下做到市场各类资源共享，达到快速的资本形成和流动的目的。

（一）结合"呼包鄂"经济一体化建立覆盖全区的五统一产权市场体系

当前国家发改委已将《国家主体功能区规划》（以下简称《规划》）上报国务院，并将呼包鄂地区列入国家级重点开发区。《规划》对呼包鄂地区给出了明确的功能定位：全国重要的能源化工基地、农畜产品加工基地、稀土高新技术产业基地、北方重要的冶金和装备制造业基地。对自治区来说，在一体化进程中，最主要的是统筹规划好当地的煤炭开采、煤电、煤化工等产业布局，而产权市场在主体功能规划区建设中也必将扮演一个重要角色，中心成立以来涉及矿产资源和能源产业的产权交易量占到中心全部产权交易量的71%就很好地说明这个问题。中心将以呼包鄂一体化战略作为中心"十二五"的市场建设重点，以产权市场的统一推动区域经济一体化战略的实施。这方面我们主要从交易规则、信息系统、投资人资源、收费标准、鉴证结算等五个方面实现统一，从企业国有产权、行政事业资产、金融资产交易，以及中小企业投融资等方面率先实现突破和一体化运行，从先进的技术系统应

用、信息系统联网以及会员体系建设方面支持统一的实现，形成作为自治区经济核心区的综合性、一体化要素资本市场。

（二）产权市场创新业务将全面展开

产权市场的核心魅力就在于创新的空间广阔，交易品种创新、交易制度创新、交易手段创新和技术创新、业务模式创新都蕴藏巨大的想象空间。这不仅仅是因为产权市场是新兴市场，主要还是因为中国的市场经济发展层次尚待提升，虽然国人观念超前，但市场制度却严重滞后，而这种滞后也给产权市场带来了巨大的发展空间和市场规模。从会员制的角度看，交易机构应当只做市场平台，让会员去做业务代理，虽然现在有些交易所既做市场平台也做业务代理，但是从长远来看，两者应当是分开的，通过市场分工提高效率、建立规模化的产权市场。近几年产权市场的业务创新持续诞生，以企业国有产权交易为基础，各类国有产权的全覆盖、实物资产、民营企业、外资企业、PE/VC 等分行业分层次的各类业务已经在产权交易市场占据了重要地位和份额，例如当前比较热的如私募股权交易、环境交易、文化产权交易、农村产权交易、林权交易、技术产权交易、大宗商品交易、国际产权交易等，数不胜数。我中心也将不断学习借鉴各省市经验，不断推进创新产品的进场交易。

（三）产权市场专业服务需求将大幅增长

产权交易的每一宗业务都有其特殊性和复杂性，由于涉及资本权益转换和对价博弈，小小的产权交易背后是参与各方并购利益的复杂博弈。我中心的会员机构运行几年来主要承担经纪代理业务，尚未向财务顾问的专业高度提升，而专业性才是会员长久立足产权市场的根本。例如我们很多会员作为转让代理的工作只限于收集资料、规范流程，而为客户提供挂牌方案设计、股东纠纷调解、投资人征集、并购调查、成交文件定制，甚至涉及协调上市公司的信息披露等诸多工作还处于初级阶段；再例如我们的很多会员作为受让方代理更是无所适从，对于客户需求的挂牌条件解读、舆情监测、投标要点预测、竞价准备和协助等工作还不具备相应能力。所以我们的很多会员从业务当中体会到的价值并不大，更没有达到"服务内涵专业化、服务定制灵活化、服务流程规范化、服务成果优质化"的行业标准，这就会造成客户的轻视和不理解，因此会员机构专业人员素质是制约产权市场做大规模的瓶颈。在2011年初，中国企业国有产权交易机构协会成立大会上，业界同仁已经就产权会员机构管理进行了规划，有关产权从业人员职称体系建设方案已上报国家有关部门，这些举措都是提升行业水平、加快市场服务体系建设的大事。因此我们内蒙古产权市场会员必须要确定自身发展目标，提升专业服务价值，这样才能与中心共同推动市场体系建设。

2011年是"十二五"开局之年，内蒙古产权交易中心将进一步明确自身的历史使命和功能定位，全面把握要素资本市场的发展规律和金融产业的发展趋势，不断加强与会员的合作，全面提升内蒙古产权市场的整体实力，为建设有内蒙古特色的区域要素资本市场作出贡献。

加快内蒙古自治区
资源资本化改革的思路①

《内蒙古自治区党委贯彻落实〈中共中央关于全面深化改革若干重大问题的决定〉的意见》（内党发〔2014〕1号）提出要"加快推进资源资本化改革"，强调"支持依托矿产资源、土地资源、水资源通过资本市场直接融资，允许各类资本发起、参与、组建投融资平台。支持企业利用多层次资本市场，促进股权融资，推动特色优势资源与资本市场深度融合"。笔者认为，作为自治区重要的资源战略顶层设计方案，如何通过资本市场将资源与资本有效结合，开辟全新的投融资渠道、改变资源的融资模式与转换模式、促进包括民营资本在内的各类资本参与资源整合、防范资源产业链短、产业结构单一带来的经济风险和环境风险是题中的要义。

一、要搞清楚几个概念

什么是资源，这里所讲的资源是指狭义的自然资源，包括矿产资源、土地资源、水资源、森林资源、草场资源、环境资源等。此类资源作为自治区的优势资源，主要是指物质形态的东西。其实除了上述资源我们还存在大量非物质形态的资源，如文学艺术、知识产权等，在这里暂不作分析。

---

① 原载于《碰撞》（内刊），2014年4月号，第1—2页。

资源资本化则是将物质形态的资源转为价值形态的资本，并通过价格杠杆来实现资源的价值最大化，通过资本流动来实现经济风险分散和防范。资源资本化改革的目标是如何从行政方式配置资源向用市场方式配置转变，并且充分利用资本市场的功能来实现资源配置的高效和增值。自治区的文件中特别提到股权是资源要素的集合形态或高级形态，对于特色优势资源而言，多层次资本市场是主要的渠道和平台。

多层次资本市场主要指什么，这要从中国资本市场的构成来系统观察，这个资本市场是广义的资本市场，不仅有多个层级、还包括多个类型：第一是主要由公众投资人群体参与，并实现标准化拆细发行与二级市场交易的股票市场，包括主板、创业板、新三板等多个层次；第二是主要由非公众化的合格投资人群体参与，实现非标准化发行与交易的产权市场，包括全国各地区域产权市场、专业性和综合性产权市场等不同种类；第三是可以面对特定群体进行非标准化募集发行，但可以面对公众拆细连续交易的某些方式多样的证券化的市场；第四是以标准化的形式存在，但只能在合格投资人群体中非公开发行和交易的区域股权市场等。

二、资源的资本化路径

资源的资本化核心是资本市场，那么选择什么样的资本市场、采取什么样的方式方法，实现资源价值的最大化、降低资源转换的交易成本是实现资源资本化的关键。

（一）资源的直接资本化

由于资源品或资源产权的存在形态各异，获取方式与交易成本不同，产生未来现金流的模式不同，因此资源产权的权益实现途径也存在很大的差异。其直接资本化的途径一定是非标准化的权益资产交易平台，即各类专业或综合产权市场。例如我们常见到的产权交易所、矿业权交易所、水权交易所、排污权交易所、环境能源交易所、林权交易所、农村产权交易所等。此类资源产权的交易应当仍属于实体经济的交易范畴，因此所受到的环境制约因素相对较高，普通投资人参与程度相对较低，但资源产权品种多样、容易满足个性化需求，创新空间巨大，特别是在基于互联网环境下的发展前景相当广阔。

（二）资源资产的间接资本化

资源品或资源产权的间接资本化主要通过证券交易所、期货交易所、银行间市场、金融资产交易所等平台发行与交易金融产品来完成，由于金融证券交易所对产品的门槛高、监管严，使得大量资源实现金融产品化产生了一定难度。金融投资品的虚拟特点和投资人参与门槛低，使得金融资本市场具备较高的投机性，很难统一评价产品设计的合理性，而且其价格受政策影响较大。因此想在资源金融资本化的过程中有效利用金融资本市场，在当前的监管环境和制度体系下设计复杂、规模不大，可以说大量的自然资源还不容易具备金融资本化的条件，只能是优中选优、强中选强，资源资产的间接资本化并非普惠制的金融服务。

（三）资源性企业出资人权益资本化

我们可以按照资源性企业产权股权化、股权资本化、资本证券化、证券流动化的路径来制定一条以企业成长培育、交易服务和上市融资为基本方法和目标的资源资本化路线图。资源的开发与利用首先以企业的主体存在为前提，而企业是组织资金、技术、人才、原材料等各类要素资源的聚合体，也就是说资源转换是以企业实体作为载体。其基本的逻辑是无论处于什么阶段的资源性企业，都可以在出资人权益资本化路线图中找到相应的方法与途径，主要通过企业的公司化改制、股份化确权、股权交易与上市流通、企业并购与资本退出，最终实现资源性企业的成长壮大。资源性企业同一般性企业一样，同样也要经历初创、成长、成熟、衰退、重组的自然生长过程，而这个过程完全可以在相对规范的通道内，采取相对低成本高效率的方法来解决成长过程中的问题，同时政府配置相应的政策、法规、资金、税收等方面的扶持手段，使企业能够循序渐进、顺应规律，健康成长，最终按照企业的特点，对接合适的资本市场，使企业的发展变得更有效率。

三、产权市场在资源资本化过程中的作用

（一）资源权益产品创新平台

由于自然资源的典型非标准化存在形式，绝大多数资源品或资源权益是可以设计为交易标的进行直接资本化，这是基于现代产权制度的基本原则进行的产品创新和制度创新。但是要解决好各类进场交易的产权能够快速发现投资人、成功发现价格的问题，就需要产权市场提供基于发达的互联网信息平台，包括信息的广泛发布、项目异地同步路演、各类中介服务优选、跨时空的网络动态竞价等，使投融资双方尽可能大范围地解决项目聚集和投资人聚集问题，并能顺畅沟通以解决信息不对称问题、中介服务问题、行业监管问题等。目前的产权市场已经完全具备这样的条件，并正在国务院国资委的统一领导下，按照国务院关于产权交易市场化改革的"四统一"（统一信息披露、统一交易规则、统一交易系统、统一过程监测）目标在积极投入与整合。

（二）资源性企业的基础性培育成长平台

资源性企业的创业、成长与融资在现行的经济法律制度下特别需要政府的基础性、普惠性扶持政策，使其能够超越初创期困境、摆脱成

长的困扰，政府除了以行政手段支持以外，更多应建立企业孵化、培育、竞争、筛选的市场化机制，这就需要建立区域化、市场化、"三公"化的企业市场服务平台，让市场机制起决定性作用，这恰恰是产权市场的优势之一。所谓基础性服务是由产权交易机构对本区域内的非上市、非公众企业开展基于股权的集中登记托管服务，并以此制度来汇聚政策资源、项目资源、投资人资源、中介服务资源，从而高效率、低成本地形成批量的企业融资需求、产权交易需求、政策分类指导需求、中介服务需求等，将分散的资源聚合起来，解决各类金融资源、投资人资源、中介资源、政府资源的规模化效益问题，弥补中低端资源性企业的成长与融资短板。

（三）资源性产业结构调整与国有企业并购重组平台

资源性产业特别是涉及稀缺资源、优势资源、战略资源的结构调整与并购重组往往涉及面广、牵涉利益大、国家的掌控力强，甚至关乎国计民生，这在自治区显得尤为重要。为了保证资源整合重组符合政府的战略意图，政府往往采取行政干预或直接划拨的方式进行整合与并购，形成一系列针对性的政策，但如果没有依法依规的手段和市场机制的介入就难以保证资源整合的科学性、规范性、合理性，更难以评估其综合效益，这就容易产生各方对政策方案的质疑，特别是涉及国有资产的并购重组更是引人注目。因此产权市场作为区域政府依法设立或选择指定的市场化的国有资产阳光交易平台，完全符合此类并购重组活动的政策意图和市场功能的需要，完全能够以科学的规则、合理的流程、采取市场化的方法与手段实现资源的优化配置。

四、政府如何推动资源资本化进程

在经济欠发达地区，资本市场的成长初期怎么也离不开政府的强力推动，否则有市场也难以发挥作用。

（一）通过购买服务支持建立资源性企业基础服务平台

内蒙古区域资本市场体系滞后于经济发展的需要，还欠缺合适的市场化、多元化的资本市场平台，大大影响了各类资源的自由流动和配置效率。如果通过行政手段来提供此类服务则可能存在专业性不足、服务效率低、标准不统一、机制不灵活的问题，甚至还可能引发腐败。因此政府以较低的成本购买产权市场的服务，令其通过企业股权托管承担对各类资源企业，特别是中小型企业的基础规范与制度引导工作，有序开展全要素产权交易服务。

（二）整合政府资源向企业托管服务平台汇聚

政府依托产权市场企业托管服务平台，对资源性企业或中小企业提供必要的政策、资金、培训等服务资源，整合分散在不同的部门管理，通过不同的渠道发布的政策通过一个平台或较少的几类平台来作权威发布和共享资源，解决资源性企业获取系统的政府支持成本较高的问题。这样不但提高了政策效率，产权市场也通过规模化服务找到合适的盈利模式，保证这个平台的可持续发展。

（三）给予资源资本化项目一定的优惠与减免

对于企业与项目在实施资源资本化的过程中，由于创新金融产品或提供专业服务都需要一定的策划成本、推介成本，因此政府要鼓励各类金融机构积极参与，帮助企业降低成本，在法律、法规允许的情况下，对于此类项目或企业采取必要的税收优惠和减免。政府则因势利导，利用产权市场以竞争的方式合理分配政府扶持资金，给优质企业以雪中送炭的支持，要比对企业自主努力实现目标后的锦上添花更有意义。

（四）制定区域资本市场发展规划，构建区域性资本市场体系

针对自治区的长远发展战略和资源资本化进程，如何更好地利用资本市场功能解决区域经济问题是经济转型的重要手段。自治区政府应当在统一规划指导下，在充分调研的基础上，有计划、有组织、分阶段地组建以龙头企业为统领，按照自治区资源优势配置必要的区域资本市场平台，打破部门利益分割，避免盲目重复的建设，形成汇聚自治区资源禀赋和特色的交易所体系或交易所集团，打造区域经济必备战略平台。

产全云生态系统构筑新型产权市场①

提起产权市场，绝大部分从业人员和客户想到的是我们大家所熟悉的有形市场，也就是由几十家具备资质的各地交易机构所组成的划疆而治、差异明显的产权交易所。特别是一些行业内的优秀交易所更是行业的标杆，依托丰富的交易资源和强大的政策、资金和人才优势，成为本地区甚至全国范围内的重要的要素资本市场，也为众多产权交易机构所学习和模仿。

一直以来产权业界有一个权威判断，即证券市场是工业化时代的标志性产物，而产权市场的长尾属性在互联网时代才可以大行其道。近几年，不断涌现的基于互联网的颠覆性技术正逐步成熟，云计算作为一种新的 IT 建设使用模式，在安全性、降成本、灵活性等方面都有非常大的优势，随之而来的大数据应用更使各行各业都离不开云平台上的共享经济环境，产权市场正在迎接一个大数据思维下的新时代到来。当前已有不少产权交易机构从操作工具角度开发全流程互联网交易系统，可以说多数是属于线下"交易机构＋互联网"的一种工具创新，相较于交易所利用云平台开展的无边界场景模式则差了一个层级，更别说全部是线下交易模式的交易机构根本就无法参与竞争。当然，产权行业内已有许多交易所意识到这个问题，并已经斥资数百万元甚至上千万元进行云系统开发，行业内已经出现了接近同质化的若干个交易平台，虽然系统开发与云计算门槛并不高，很多机构都可以起步。但是，如果

① 原载于《碰撞》（内刊），2016 年 11 月号，第 1—4 页。

没有持续的资金投入，没有可持续改进的强大技术团队支撑，没有可持续的大规模用户入驻和项目资源汇入，没有线下稳定成熟的专业服务形成O2O格局，更关键的是如果没有市场化机制下核心管理团队的企业家精神注入，哪一片云能下雨也未可知。

产权市场分散在各地的中小交易机构一般来说规模不大、影响力有限，但这些机构的特点恰恰是很多规模较大的交易机构所不具备的，例如区域分布广泛、市场纵深布局、标的品类丰富、区域特征明显等，如果有适当的统一交易系统配合，中小交易机构互通互联之后的大数据平台反而更有优势。"产全云"是由内蒙古产权交易中心联合江苏省、黑龙江省、山西省、湖南省、海南省、广西壮族自治区的8家产权交易机构共同出资设立的一个新型产权市场云服务平台，正是针对上述理念设计开发的一套以"四统一"为目标的"e交易"系统，最终以云平台和各地交易机构的O2O框架形成的新型市场模式，也可以说是传统交易所的平台化新型业态。

一是针对中小产权交易所资金实力不足，人才和技术匮乏的问题，大家都希望自己的交易所能够依托行业统一的云端服务来拓展业务空间，或者说是依托产权行业共用的第四方统一后台实现市场的统一，抱团对抗来势汹汹的跨界竞争。这个目标也是国务院国资委首倡、行业协会持续推动、交易机构梦寐以求的重要基础设施建设，但现实情况是实质性进展不大。原因很简单，为防止产权行业云平台被某交易机构垄断，实际上无论哪家机构来投资建设都不能得到其他交易机构的完全信任。产全云充分考虑了这种现实，采取机构众筹、平均持股方式来集合产权交易机构的资金，自主共建公司制的行业云平台基础设施，通过共建、共用、共享、共治实现民主管理基础上的共有和共赢。产全云正是站在行业"四统一"的初心之上，采用市场化的运作手段来争取实现行业成长的全局性目标。

二是针对产权交易所对交易系统安全性、稳定性、先进性的客户体验方面的需求，统一云平台必须要解决好技术持续升级、应用场景开发、软件维护到位、需求响应及时等问题，这也是交易所对于买来的通用性交易系统工具最为诟病的问题。就多数交易所而言没有很强的技术团队、也无必要保留，所以交易所在不掌握系统知识产权的情况下，不得不支付给软件开发公司持续不断的系统个性化开发费、长期消耗的系统维护成本，如果感觉系统不灵，更换另一套系统则成本和风险更大，如果开发公司能力不足或出现问题，也容易造成交易所的需求技术响应速度慢等问题，再加上交易所自身管理水平参差不齐，可能对自己的需求也不能梳理清晰，使得系统工具很容易成为交易所一个沉重的包袱。产全云采取的方式是公开采购市场上的成熟软件模块，在集合了行业技术、管理、业务方面的优势团队基础上，共同设计出云平台的构架布局思路，形成交易系统的工程设计方案，然后外包给成熟的软件工厂实施开发，集众智的结果是形成交易系统的自主知识产权，摆脱了软件开发公司的核心技术制约，真正成为产权市场自主品牌的云端服务，也更贴近产权交易所的需求和体验。

三是针对全国的产权交易所布局分散、区域分割的局面，行业内部交易机构协调不力常导致一些跨区域的恶性竞争发生，最终形成机构间内耗，为客户所轻视，为监管部门所顾虑。出于机构利益自保的考虑，各交易所也不得不参与这种竞争，并形成机构之间的业务壁垒，直接造成的结果是每一个交易所都单打独斗、形不成合力，都很难真正做大做强。还有很多客户更是利用交易所之间的恶性竞争，采用招标选择入围交易机构的做法助推这种竞争，客大欺店，助长了机构定位不清、行业前景不明的现实。产全云则通过对系统平台的共享化设计，实现了交易机构自愿自发的横向联合，以中小交易机构自身流量导入平台的付出，实现每个机构对整个平台大数据的获得，平台上的每个交易所都会因大数据而提升自身来自客户和政府部门的社会影响力，都会因大数据里的海量投资人而提升自身的项目成交率，都会因这覆盖全国的交易系统而跳出区域资源的各种限制，都会因相互合作的异地交易机构支撑而提高自身的研发能力、营销能力和盈利能力，统一云平台的建成会实现分布在全国各地交易机构的海量业务资源自动汇聚，各类金融、投资、服务机构的自动汇聚。这还不包括平台良性循环后对于各类社会民营资本的吸引力所带来的大量市场化资源。未来的产全云平台生态系统将逐步形成，其中包括各类交易所、公共资源交易平台、招投标机构、大企业用户等，为客户提供全方位、系统化的交易流程服务；包括与交易所有深度合作关系和业务创新空间的银行、咨询、投行、法律、会计、信用等中介机构，为客户提供专业化、系统化的解决方案；包括产权交易业务所需要的交易技术开发、网络沟通工具、交易场景设计、安全维护服务等，解决客户便捷性的问题；还包括基于大数据应用的数据统计、指数发布、数据分析等，提升整个交易过程的质量和效益；当然还包括进入平台参与交易的机构和自然人，都会有全新的市场体验。

四是针对产权交易标的区域分布广，跨区域交易系统和交易服务差异大，导致客户在不同地区参与产权交易有水土不服的问题。在信息技术条件不足的阶段，这是能够被客户理解的，甚至可以看作是产权市场的明显特征，也是各地交易机构差异化服务的竞争基础，但在信息已经十分对称的互联网大数据时代却成为传统市场的硬伤，所以必须要改变市场形态，在统一云平台的基础上统一各地的专业服务标准，增强客户的良好体验，促进交易活跃。产全云正是看到了多数电商平台线下服务不足，专业程度不够又很难快速到位的问题，而产权市场却具有天然的区域合格交易场所，而且都是历经十几年以上项目磨炼的成熟机构，在各自当地都具有相当的公信力和社会影响力，很容易调整成为统一服务标准的线下服务团队。这样原来劣势可以变成优势，原来的优势依托平台会得到强化。这些交易机构可以在线下进一步强化服务能力，在线上不断创造新的业务机会，依托统一云平台充当类似于电商平台的线下体验店，让客户在线上高效、在线下安心，这样就会整体提升产权市场的核心竞争力。

五是针对互联网云平台的稳健、持久性是最为核心的问题，除技术因素以外，还有云平台的公司体制、机制，而最根本的问题还是人的因素。尤其是企业家精神的注入和传承才是一个公司长治久安的保障。IT行业人员流动性强、公司上市预期市值高、高管人才稀缺是这个行业的典型特征，而合理的股权结构能够使公司的实际控制方与其他股东形成合力共谋公司长远发展，尽可能减少或者不受到出资股东的管理体制、人员变更等限制，从而形成合理制约下的高效率才是最理想的公司治理结构。但事实上有很多好的项目都是因为管理团队的原因使公司成长半途而废，使股东和客户受到巨大损失。一个好的企业不但要有合理的治理结构，关键还要有核心的灵魂人物即企业家，企业家以自身的创业情怀与正确的价值观才能带好企业的方向，使这个企业不忘初心，持续为国家和社会创造价值，最终成就事业、成就团队、成就个人。产全云试图解决这个问题，所以设计了三个层面的治理体系：第一是由全国合格产权交易机构共同出资组成的产全云科技投资有限公司，是想集合有共同需求和愿景的合作伙伴筹资筹智，以民主决策的方式侧重于产全云平台的战略方向把握和重大事项决策，形成产全云平台的决策中心；第二是由产全云公司出资组合管理团队、技术团队、民间战略投资人等共同组建易交易公司，特别是从市场中选择有事业心、有专业能力的企业管理人才，并配套以市场化的激励和约束机制，以市场化运营的方式侧重于产全云平台的技术服务和系统支撑，形成产全云平台的技术服务中心，e交易系统的成功是产全云平台成功的关键；第三是由所有使用e交易系统的交易机构共同组成的e交易共享委员会，并下设各类业务的专业工作小组，创造从客户角度参与产全云平台技术创新、重要决策与业务合作的新模式，体现行业系统共用和市场布局统一的理念，形成产全云平台的业务支撑和资源汇聚中心。

第二章
内蒙古产权交易中心的改革发展

应尽快建立内蒙古自己的交易所体系[①]

目前全国市场经济区域化布局的"特区"政策不断涌现，如天津滨海金融改革综合试验区、成渝城乡统筹综合改革试验区、武汉城市圈两型社会综合配套改革试验区等，各区域地方政府都在选择自身的区域经济发展道路，而这其中最重要的是区域资本运营的分工、合作、竞争、协调和发展问题。现实中，我国目前经济活动中的资本已经由过去的单一国有资本发展为多种成分的复合资本，在资本逐利特性的驱使下，区域经济要完成产业结构调整、经济结构转换以及确立区域经济的分工定位和提升在全国经济发展梯队中的位次，依靠行政力量是很难做到的，必须要依靠区域要素资本市场来优化配置资源，否则作为欠发达地区的西部很有可能出现"马太效应"下的边缘化问题，而交易所就是区域金融和要素资本市场创新的重点。

一、交易所是一个地区经济发展程度的象征

交易所是主要由资金流和信息流构成的高层次现代金融服务业态，是一个国家或地区经济发展到一定程度后，其市场体系中不可或缺的组成部分。俗话说"市由商兴"，商也就是企业，企业的数量和质量决定了一个地区经济的发达程度。但仅有企业是不够的，在目前的状态下企业之间的资源配置和资本流动仍然不够顺畅，主要是没有合适的统

---

① 原载于《碰撞》（内刊），2009 年 10 月号，第 1—2 页。

一市场平台造成的信息孤岛和相互封闭，最终导致企业的经济效率较低、运营成本升高，以致反过来制约了区域实体经济的发展，形成金融资源缺乏的恶性循环。以内蒙古自治区企业的并购为例，由于提供专业投融资服务的交易场所不够发达，使收购方找不到好的企业，而好的企业也找不到合适的投资人，依靠政府部门会议式的招商引资活动也很难解决大部分企业的问题。

从另外一个角度来分析，上海之所以成为中国市场经济最为发达的地区，甚至成为全球金融中心，很重要的一个原因就是上海拥有众多高层次、全体系、多功能和高水平服务的交易所资源，如上海证券交易所、上海期货交易所、上海黄金交易所、上海产权交易所、上海石油交易所、上海航运交易所、上海环境能源交易所、上海文化产权交易所、上海商品交易所、上海技术产权交易所、上海钻石交易所等。大量的资金和信息在交易所聚集，大量的资本和资源在交易所流动，交易所的价格成为行业和企业投融资的指导价和资源配置的市场价，优势资源的价值在交易所中得以充分发现，优势的资本在交易所中得以充分逐利，从而就会吸引更多的资源在上海的交易所中上市，形成金融资源充分聚集的良性循环，最终促进实体经济发展。

鉴于此，自治区在经济高速发展的过程中非常有必要建立适合自己的交易所体系，并组建成立自治区区域资本市场的核心平台，围绕全要素交易的权益和资产流动功能在自治区各类交易场所中占据较大比重，形成服务于区域经济发展的要素资本市场体系。

二、产权交易所是区域经济资源优化配置的基础性市场平台

从自治区目前的经济发展阶段来看，由于部门和地方对国有资源条块分割的管理体制，使得建立覆盖多方资源的综合性交易平台成为

艰巨的任务；而目前已经存在的要素市场往往坚守传统业务模式，若在此基础上改造成为更多社会资源参与建设、更多要素资本畅通流转的交易平台也有很大的难度，主要是涉及业务模式的改造升级和交易规模、交易品种、交易手段的创新。从以传统交易中心为标志的要素市场转变为以现代交易所为标志的资本市场，关键是增加市场的金融产品服务和融资功能开发，当然技术系统升级、人员机制转换、专业程度提升和市场覆盖面扩大等诸多问题也很重要，但最重要的问题还是打破现有利益格局。因此区域性交易所体系的建设不可能一蹴而就，而应当全盘布局、结合实际、突破重点、渐次收官。

鉴于此，目前建设内蒙古产权交易所是从全局考虑的战略性决策，要立足于现实的自治区经济社会环境，选择合适的市场化运作平台，以构建自治区现代金融服务体系为目标，以自治区的资源禀赋为主战场，开创服务于区域实体经济的基础性要素资本市场新格局。

首先，建设内蒙古产权交易所要依托已经具有权益性资本（企业产权）交易经验和融资创新服务经验的内蒙古产权交易中心，进一步完善其现有的交易规则体系和软硬件系统，开发具有内蒙古资源特色的交易品种，以较高的起点和竞争优势打开区域资本市场局面。

其次，产权交易所要定位于包括股权、债权、物权、知识产权的各类产权交易平台，从功能上涵盖全要素服务范围，并用行政命令实现尚未规范的国有产权进入交易所实施交易，再以市场化机制来带动社会其他各类产权进入交易所，从而渐次影响目前已经形成固有格局的要素市场逐步向交易所方向改造，最终构建起自治区完善的交易所体系。

最后，各部门应当鼓励和支持产权交易所不断进行金融创新，包括政策支持和业务协调指导，逐步开辟出自治区国有企业和中小型民营企业投融资的新渠道，增加自治区政府对于金融资源的掌控力度，促进经济发展。

三、产权交易所的业务范围应当选择准确的切入点逐步展开

根据自治区目前的产业经济发展阶段和资本市场现状，产权交易所的首要任务是创新企业投融资平台、增加中小企业融资渠道、规范国有资产处置行为，以及开辟权益资本市场新领域的问题，这也是目前建设产权交易所的切入点。

首先，利用产权交易所的企业股权登记托管功能，规范自治区近12万户公司制企业的股权管理，并将股权托管与工商登记相挂钩，确保自治区非上市企业股权逐步纳入统一的登记平台，在股东确权的基础上不断创新股权投融资业务，使原来不能流动的非上市公司股权成为可流动的资本，并为下一步资本的证券化打好基础。值得一提的是在股权集中登记平台上开发的以股权质押融资业务为主的间接融资方式和以"中小企业成长上市路线图"为主的中小企业直接融资业务是很值得推广的创新模式，产权交易所必将成为非上市企业融资的重要平台。

其次，依据《企业国有资产法》和国务院国资委、财政部等部门出台的相关政策法规，各部门和企业严格履行国有资产进场交易制度，实现国有产权的阳光交易，在源头上防范和杜绝腐败行为，有利于在制度层面规范国有资产的民营化过程，保护干部队伍的廉洁和稳定，并通过提升国有资产的竞价率和资产增值率，实现国有资产的流动增值和财政资金高效的使用。

最后，结合自治区长远发展战略的要点，发挥区域资本市场服务地方经济、优化资源配置作用，积极开发符合自治区经济特色和长远战略的交易品种。例如服务于低碳经济的环境能源交易将是区域产权交易所的重点操作领域，因为我国应对全球气候变化已经制定出国家战略和具体实施方案，自治区作为全国第一大碳排放省区自然责任重大，而

利用环境能源交易这种市场化节能减排机制不仅仅是国家和自治区的全球义务问题，更是节能减排企业在目前减排成本较低的情况下所应当关注的涉及企业生死的发展战略。因此，尽快建立我区的环境交易机制是我区企业抓住新一轮低碳经济和新能源发展机遇的重要手段。

四、自治区政府应主动推动产权交易所建设

由于产权交易所是主要服务于区域经济建设的要素资本市场，因此交易所的建设必须要取得自治区政府的大力支持，建议自治区政府可以考虑本级国有资本除了在产业领域的合理布局之外，在金融领域应当按照资本的收益性、安全性和流动性属性分别组建着力于强化国有资本增量的投资集团、稳定国有资本存量的运营集团，以及专注于推动国有资本合理流动的交易集团，形成三足鼎力的区域国有资本控股平台。其中的交易板块应当以内蒙古产权交易中心为主体改造成为内蒙古产权交易集团，达到统领全区各类权益性交易场所的目的。

首先，组建交易集团应按照企业出资、政府监管、市场机制、规范透明的原则来进行。整个交易集团既要保证其灵活的市场机制又要保证地方政府的绝对控制权，还要能通过规范操作和平台建设来保证市场功能得以实现，通过市场开拓和业务创新来保证集团实力不断增强。

其次，交易集团应当将政府的政策投入作为最基本的前提条件，包括交易所资质认证和特许经营、国有资产强制进场和场外交易处罚政策、非上市公司股权登记托管及增值服务政策等，其中的关键是相关权属变更部门的配合与联动，所以政策的出台应当以自治区政府令或通知的形式下发，甚至可以考虑通过人大出台区域性法规，以便各部门和各企业认真执行。

总之，成规模、一体化的交易所体系终将成为自治区经济社会当中的重要战略平台。

内蒙古产权交易中心改革发展新路径^①

党的十八届三中全会提出"建设统一开放、竞争有序的市场体系，是使市场在资源配置中起决定性作用的基础"，并提出"互联网＋"以及共享理念。作为欠发达地区的内蒙古产权交易中心如何打破区域边界，融入全国统一开放的市场体系就成了我们当前面临的主要问题。

一、以云平台突破区域局限，联通全国市场

内蒙古产权交易中心作为全区唯一一家由国资委监管的合规产权交易机构，成立十几年以来累计交易规模170多亿元，主要服务于驻区央企和地方国企的产权流转，对于市场化业务的探索也主要围绕国企和各类国有资产开展多种要素交易，发展较为稳健。

近年来除了外部的跨界竞争，国务院国资委和财政部32号令提出了省级以上国资委监管机构应当在全国范围内选择交易机构的要求，这也加剧了交易机构间的竞争。环境的压力迫使我们这样的交易机构必须要思考如何突破区域局限，获得更大的发展空间。

笔者认为，在互联网时代越是边远地区越应当利用互联网与全国联通，所以2016年我们以国务院国资委提出的产权市场"四统一"为目标，联合江苏、黑龙江、广西、湖南、山西、海南等省市产权交易机构，共同出资5 000万元在呼和浩特市注册成立了产全云科技投资有限

① 原载于《碰撞》（内刊），2017年7月号，第1—4页。

公司，并在江苏常州投资开发了"e 交易"互联网云平台，以"共建、共用、共享、共治、共赢"的合作理念吸引了 20 多家各省市产权交易机构陆续加盟使用，仅一年多时间平台的交易宗数达到 6 400 项，规模突破 180 亿元，上线投资人和供应商超过 2 万，对接结算银行 8 家，各交易机构通过相互联通、共用系统向交易数据规模大、种类多、速度变化快的大数据标准迈出了实质性的一步，也为建设全国统一产权市场作出了大胆的尝试。

二、通过平台共治，实现资源共享

内蒙古产权交易中心牵头组建的全国产权市场云平台合作机制特别重要，其核心是共同治理意义上的共有平台。我们参考中国铁塔公司的模式采取出资机构平均股权来对平台的方向性、战略性问题决策，所有上线交易机构组成共享委员会参与平台的功能性、业务性问题决策，"e 交易"平台运营机构采取混合所有制来保障专业人才的市场化机制和待遇，为上线客户提供互联网云端服务。我们的目标是通过各地产权交易机构使用统一云平台来实现客户、投资人、供应商、业务研发、品种创新和专业服务等资源的共享，各地交易机构自身负责区域内客户的地面服务和跨区域业务合作对接，形成线上线下相结合的交易市场新业态和新模式。

系统的开发利用了国家标准委员会认证的两个全国性行业标准化试点成果，通过统一标准来推动数据共享，目标是力争改变各地产权交易机构信息系统封闭且自成一体，全行业信息化发展水平滞后且重复建设严重的局面，各地交易机构通过抱团取暖共同打造一个具有行业公信力的全国性信息化交易平台。例如，鉴于行业内公认的甘肃省产权交易所操作增资扩股业务经验较丰富、能力较强，2016 年我们推荐平台成员甘肃省产权交易所向国务院国资委申请央企增资扩股业务资质，希望平台各机构共同支撑和共享资质资源，来践行"以一家优势交易机构为龙头，多家交易机构为支撑的统一产权市场"理念，虽然未获审批，但平台的建设理念也得到了国务院国资委产权局的认可与中国产权协会的大力支持。

三、依托流程标准化，实现操作精细化

内蒙古产权交易中心始终贯彻国务院国资委提出的制度先行理念，视规范为交易机构的生命线，中心成立十几年来未出现一起违法违规事件。

按照中心制定的第三个五年发展规划要求，中心始终贯彻"企业化经营、市场化生存、金融化发展、信息化支撑"的定位，交易活动逐步由线下操作转向全流程线上操作，不断提升客户体验，提高交易质量，并结合产权市场供给侧结构性改革的要求，积极应对市场业态转型、降低收费标准、强化能力建设等挑战，依托云平台在转变交易机构的盈利模式方面做出努力，例如不断探索客户自助交易，鼓励大企业自主注册会员，全线上完成处置资产和招标采购业务，交易机构不再收取交易手续费。

按照"制度化、流程化、信息化、规范化"的原则和路径来逐步提升交易系统和线下操作流程管理水平，特别是从 2016 年开始启用"e 交易"系统后，结合国务院国资委 32 号令，从线上标准化流程倒逼线下制度完善和职责分工，用了半年多时间重新修订了相关交易规则，不断巩固产权交易制度体系和互联网云平台相结合的交易机构核心竞争力。

四、积极对接各方监测，严格执行统一监管

国务院国资委对于交易机构的资质要求主要体现在对交易系统的

动态监测管理上面。系统监测是我们的保护伞，坚持尽可能最快速度对接监测，因此无论是之前使用的交易系统，还是正在使用的互联网云平台，中心都第一时间与国务院国资委监测系统进行了对接，而且云平台在多家交易机构的统一使用更加提高了监测效率，降低了交易机构的对接成本，并且可以在监测数据统计分析和应用方面为国资委提供更加系统全面的服务。由于云平台是按照国家发展改革委公布的系统标准开发的，所以2016年内蒙古产权交易中心成为全国最早与省级公共资源交易平台进行系统对接的产权交易机构之一，得到了自治区公共资源交易管理服务中心和自治区政府办公厅的高度评价，并且也开始推动自治区各盟市公共资源交易中心和自治区矿业权交易中心共同使用"e交易"平台，目的是在自治区公共资源交易平台统一监管方面通过统一系统作出有益的探索。

五、落实国企阳光化战略，持续推动盈利模式转型

国务院国资委提出的"国企阳光化战略"旨在推动国有企业全要素进场交易，实现国有资产保值增值，产权市场在国有资本形成、流转和运营阶段都承担着不可或缺的角色。内蒙古产权交易中心在发展规划中提出四个平台建设目标，即"国有资产阳光化交易平台、国有企业并购和重组平台，创新产权权益托管交易平台，金融和信息化服务平台"，就是围绕国有资产阳光交易来设计的，在主业突出的前提下不断向其他产权领域拓展，例如金融资产、旅游文化产权、农村产权、环境产权等，而交易机构的市场化主要体现在拓宽交易品种范围和转变交易机构盈利模式上面，自治区国资委也都这样要求我们不断进行创新突破，而最艰难的突破也恰恰在这两个方面。我们一方面采取平台共享研发的模式，学习其他省市兄弟机构的创新品种不断在本区域内落地，如国有企业物资集中采购就是学习其他省的做法并取得了不错的成果，

在自治区国企范围内形成品牌效应；另一方面采取整合中介服务机构的模式形成产权市场专业服务团队，通过与中介机构结成合作伙伴、分享业务资源来实现共赢，例如，中心与中国银行共同打造"交易金融"等五个金融子品牌，为产权交易客户在交易过程中提供金融服务形成了不错的成果。此外，我们还在探索利用互联网云平台产生的大数据开发互联网金融服务，不断挖掘产权市场新的增长点，不断降低客户的交易成本，提高成交效率。

内蒙古产权交易中心的 2020[①]

2020 年是内蒙古产权交易中心（以下简称中心）第三个五年规划收官、第四个五年规划编制之年。从国家到地方越来越来越重视以顶层设计为核心的规划引导工作，因此每一个人都要再次明确这样几个问题：我们是谁？我们是干什么的？我们为了谁干？我们的工作是不是社会需要的？我们的工作有没有可能推动这个市场、这个行业乃至这个地区和国家进步？

一、对未来形势的分析

产权市场存在的价值是任何一个市场都无法比拟的，这里面有很多维度，就企业国有资产总量来说，到 2018 年底全国国有企业（包括金融国企）的资产总额达 474.7 万亿元，其中央企业 345.1 万亿元，地方国企 129.6 万亿元，这还不包括 2 700 多万户民营企业与 6 500 多万家个体工商户[②]，还有在百万亿元规模以上的行政事业性资产、农村和资源性产权。而同期深沪两市上市公司总市值不到 50 万亿元，加上纽约、香港等全球前十五大证券交易所上市公司总市值还不到 90 万亿元人民币。如此庞大的业务资源确实不可思议，中国作为全球第二大经济体，产权市场这个制度建设成为中国特色社会主义制度在资本市场的

[①] 本文系作者在内蒙古产权交易中心 2019 年年终工作总结大会上的讲话。有删改。

[②] 数据来源于文章《中国企业组织的"四元结构"》，载自安邦集团、中国宏观经济研究中心出版的《每日经济》2019 年 12 月 30 日。

体现是理所当然。

党的十八大提出经济上进入新常态，我们一直关注两个词，一个叫做"制度红利"，另一个叫做"全要素生产力"。制度红利的意思是，以制度创新为基础的市场动力成为经济发展的新引擎，那么产权制度作为党的十九届四中全会提出的"重要制度"，其对未来的影响红利不言而喻，而其中产权交易流转制度带来的就是产权市场的大发展。全要素生产力是指推动经济发展不仅仅依靠土地、矿产、资本、劳动力等传统要素，更要注重新的要素资源对经济的推动作用，这就是动力转型问题，例如资源环境、知识技术、商业模式、供应链网络、5G互联网和大数据等新要素资源的组合与流动将成为经济发展的新动力。那么产权市场在新要素交易方面就必须要做出布局和探索，形成资源配置的不对称创新。在面临新的规划发展阶段，我们就要做出应对经济结构调整的超前布局，谁能提前布局，谁就能提前爆发。

要解决这样一个大的问题，我们必须对产权市场未来是什么样子作出判断。首先，我们的目标是要建设区域最大、融入全国的资产、资本、资源交易大市场，而不是交易代理或中介机构，也不是单打独斗的一个地方性市场。我们如何融入全国，借助外部力量来发展自己的能力，这是做平台的思路，可以叫做联合创新，这是我们有可能做大平台的现实选择。其次，理想的平台将是多要素联动，全方位、全链条、多层面互动，而不是一单一单相互割裂的交易业务，也不是一个部门一个部门的条线式业务。那是工业化时代的组织特点，而现在的信息化社会是网络的，摆在眼前的需求是相互联系的，每个部门要能够依托平台综合解决客户的问题。在这个平台上无论是部门之间，还是交易机构之间、行业或区域之间谁都不能小看谁。客户资源不再是我们的短板，但对我们的能力要求就高得多了。除了行政、法律的限制，没有什么可以拦住我们开拓市场的路，我们可以依托网络就地崛起，并在优势领域超越全国，我们将是地处内蒙古，却可以整体解决企业综合性资本运营、流转和融资问题的全国性市场。

可以想象产权市场的未来业态：一是技术系统全面升级，物联网、云计算、大数据、区块链、人工智能等创新技术应用，将改变由我们操作变成客户自主操作为主，自助交易系统将成为主流；二是交易所人员逐步由前台向后台转移，由流程化操作向业务咨询、项目策划、品牌推广、产品设计等专业性强的方向演进，交易所是培训机构、策划机构、社交平台和创新平台；三是云平台将成为具有全社会公信力的公共服务平台，全社会的标的都可以在平台上交易，交易机构的盈利模式与目前大不相同，产权市场将成为政府以至于全社会的基础设施；四是随着产权制度的完善，产权市场将各类产权的设计、确权、托管、交易、监督、仲裁、诉讼等各项管理、运营、保障工作集成为一体，真正实现全要素顺畅流转和社会服务一体化，产权市场将与政府公共管理部门实现信息系统后台的互联互通，进入一个更大的社会服务网络，实现全社会大数据共享。

二、为什么要好好干产权市场

从经济运行数据来看，我们很难得出所谓确切的分析结论，因为在全球化下的中国经济所要观察的维度实在是太多了，不能够也不应当仅从几个数据去判断发展趋势，任何一个分析结论都可能是人云亦云。做企业没有别的选择，无论经济情况发生什么变化，只有一条路可以走，那就是抓住我们所能抓住的发展机会，直面挑战，认真工作。

但有一点是肯定的，那就是"赚钱越来越不容易了"。所以，一方面我们做任何事，都得想一想怎样干能成本更低，效率更高，怎样能让业务量更大，客户反馈更好。另一方面这个行业里的机构都是国有企业，手里有政策支持，很容易形成依赖思想，养成赚那种容易赚的钱的习惯。其实，我们有些机构的市场化能力还是很强的，但有政府帮助和没有政府帮助是不一样的，如果在政策支持之下还能很市场化，那将无往而不胜。

难道就是因为这个我们要好好干吗？当然不是。原来我们一度接受的理念是没有个人成就感在社会上都无法立足，面对国家和社会的进步，我们好像都是旁观者；其实党的十八大以后，最大的变化是改变了我们看问题的角度，拓宽了观察事物的时空维度。人还是那帮人，就是把应该做的事做到位了，就让我们深刻地感受到整个社会的变化。党的十六大报告提到："21 世纪头 20 年，对我国来讲是一个必须紧紧抓住并且可以大有作为的重要战略机遇期"，这 20 年无论是全国还是内蒙古都发生了巨大的变化。内蒙古产权交易中心和整个产权市场也正好是在这段时间发展起来的。党的十九大报告提到："当前，国内外形势正在发生深刻而复杂的变化，我国发展仍处于重要的战略机遇期，前景十分光明，挑战也十分严峻。"这说明个人的成就其实是依托着整个国家的成就，因此我们必须全身心参与其中，用我们对中心、对产权市场，甚至是对这个国家的"贡献感"而不是个人的"成就感"引领自己去直面困难、正视挑战，只有这样我们才没那么多抱怨和计较，才能够从容面对眼前的任务，保质保量地完成我们的工作。

三、解决问题的方法

既然容易赚的钱没有了，那只能提高自身能力，提高做事的成功率，这就对精细化、创新性提出更高的标准。其实从中心成立到现在，虽然很多外部条件越来越好，但也有很多问题依然没有解决，所以要从想办法解决问题到习惯与问题共存，毕竟问题形成的因素太复杂，不是我们想解决就能解决的，而且有的问题不解决可能更有利，比如外部竞争的存在，反而可以促进团队的危机感，让我们保持激活状态。唐代柳宗元有一篇题为《敌戒》的短文讲："皆知敌之仇，而不知为益之尤；

皆知敌之害，而不知为利之大。秦有六国，兢兢以强；六国既除，诞诞乃亡……"无论人还是机构，只有拥有压力，才会有活力、有动力，可怕的是懈怠。

（一）做好我们该做的事

我们经常讲产权市场是个大市场，但从经营来说要有操作策略。首先要知道产权市场可以做什么。我们常说全社会到处是可以操作的产权交易业务，这甚至是一个无边界的市场，虽然很多领域是个理论范畴，但这代表了我们的思考能力和创新空间。其次要知道我们这个企业能力所及的边界。这跟我们的资源禀赋有关，是个综合考量的变量，这里面有大量的战略规划与布局因素，我们的判断与人的格局有关，所谓格局有多大，市场就有多大。就像下围棋，我们要提前在全局的关键点上落子，未来才有收获。最后是我们的行动范围。必须要考虑到团队的执行内耗，因为取乎其上，得乎其中；取乎其中，得乎其下。由于人的惰性存在，所以人的能力是需要激发的，成功的团队都是通过激发潜力加上精细化管理和资源配置而成就大业的。

（二）如何让别人记住我们

几乎所有的人在了解了产权市场以后，第一反应都会说我们缺乏宣传，其实中心一直很重视宣传和营销工作，但为什么起色不大，就是因为我们没有抓住关键的方法。我们的业务覆盖面很宽，与各领域的交叉度也会很高，所以无论怎么说都好像没说到点子上。但大家有个共识，就是我们能记住的事情一定是个最能让人理解和接受的概念，最终这个概念可以化身为品牌认同。举几个例子，从不上火的凉茶我们能想到"王老吉"，"阿里巴巴"是天下没有难做的生意，"瓜子二手车"是交易量遥遥领先……那么我们的概念是什么，我们业内的北部湾产权交易所提了个概念"北部湾大市场"，内蒙古股权交易中心提了个概念"内蒙古自己的资本市场",其实都不错,去年中心集思广益,初步确立了"资产、资本、资源交易市场"这个概念,希望这个概念能够引领我们的品牌效应。创造概念是我们对业务深入理解和定位清晰的表现,所以要提高我们对业务的抽象提炼能力,用抽象化概念去引导市场,才容易被市场记住,才能带入资源。

(三) 把握好解决问题的角度

首先,我们是以"三公"原则立市的一家企业,解决任何经营问题都要有这个出发点和前提,否则会因角度不对而搞乱角色。每个人在社会上有角色,每个机构也一样。其实监管部门、客户单位、投资人等都会从外部观察我们,我们关注外部是为了防止自己只有内部视角,防止出现只顾自身利益而侵害其他各方利益而违背"三公"原则,避免自说自话和自以为是,这正是因为有更广的外部视角所以才没有放弃原则。

其次,我们要分清战略角度和战术角度的不同,不能只关注利润。华为公司在十年前就成立一家子公司开始研发海思麒麟芯片,这个芯片公司亏损了十年,但华为仍不用它来替代进口芯片,而是选择让它与外国公司并肩竞争发展,逼着自己同步提升,确保自己的芯片达到国际先进水平,这就是战略决策。战术层面的安排要始终服从战略目标,否则公司是没有未来的,这个方法论是我们应当认真坚持的。

最后,负责任的角度。中心是企业,每天都要解决问题,这就考验团队的责任心和工作能力,要避免那种就某个问题只提出各方面的分析,就是不给出真正负责任建议的现象,其实这是对自己的位置负责而不是对事情负责的态度。而团队要的是有担当、且对事情负责任的人,希望团队能以多年的经验来分析判断,对解决问题提出真正有价值、可执行的建议,这才担得起团队进步与企业发展的重任。

(四) 怎么应对复杂问题

随着中心规模扩大、业务品种增加、区域拓展、盈利模式多样,中心的管理问题不但多起来，也越来越复杂，我们应当有所调整。

一是从顶层设计方面要做出安排。比如组织机构调整要跟上业务发展需要，包括内设部门、专业平台、分支机构的布局优化、职能分工都要合理调整，人员安排要满足需要、体制机制要尽量配合等。这其中最重要的思维方法是以市场发展目标引领资源配置，而不是以现存资源存量为前提去调整目标，否则会严重限制中心的发展。

二是要适当分解，不要把所有问题集中在一个层面研究。例如专业平台能独立的要尽可能独立运行，最次也要独立核算，这样不但多层级适当分担工作任务，分散决策风险，也能够减少沟通成本，培养企业管理人才，调动所有人都去思考解决问题的办法，用华为的话来说就是让听得见炮声的人做决策。

三是真正树立制度的严肃性。中心一直强调要树立起监督和问责部门的权威性，才能确保制度的严肃性，避免只讲理由不负责任，否则小问题会变成大问题，不利于事业发展。所以我们必须要把党务纪检和法律审核部门的作用发挥出来，真正树立制度权威而不是个人权威。

（五）用什么来判断对错

中心在经营过程当中，经常会面临作出权衡风险和收益的判断，如果仅从底线思维来看问题，只要我们没风险就可以，但我们是否想过客户的体验。事实上往往是对中心有利的事情，对客户就不一定有利。因为大量情况是中心在信息不对称的前提下做出决策，有的时候是中心的信息量大，客户的小，有时正好相反。那么我们作决策时就必须有价值观判断，保持一贯的标准，比如说中心企业文化提出来的"高标准诚信"。对外，中心对客户作出承诺，特别是收费问题，应当把握好标准，一视同仁。对内，管理层与员工作出承诺，特别是收入分配，也要坚持原则，否则就会给大家传达错误信号，容易否定经中心正式决策的制度，结果就是没有人再把制度当回事。

四、2020 年的关注重点

（一）业务拓展

一是关注县域市场，寻找新的业务增长点。全国县域经济占 GDP 的比重约 25%，中西部地区县域经济比重约 50%，内蒙古的县域经济区占内蒙古全区总面积的 99.02%；县域人口占全区人口的比重约 70%，县域 GDP 和财政收入占全区的比重接近 60%。所以党中央的文件和政策无论是从共同富裕目标、脱贫攻坚任务还是一系列国家战略都指向县域经济，以农村改革拉动县域经济发展为先导，今年国家 18 个部委联合下发《国家城乡融合发展试验区改革方案》，公布了 11 个试验区，西部有陕西、四川、重庆，中部有河南、江西，东北有吉林，其他的在东部。方案强调 2020 年到 2025 年，城乡生产要素双向流动……农村产权保护和交易制度基本建立等，我们相信试点很快会在内蒙古落地。内蒙古的县域业务机会多，产权交易方面的短板不少，所以我们要认真分析自身情况，拿出我们农村产权交易平台的经营策略才是有的放矢。

二是金融和政府化债业务可大有作为。2019 年在全国基金业协会备案的 2.9 万只股权投资基金中，国资认缴的 LP 占比达到 13%，但认缴总规模占到全部认缴额的 68.8%，说明大头儿还是国有资本。在股权退出市场中，通过 IPO 渠道退出的约占 50%，那么还有一半的国有基金退出通道可以走产权市场。2019 年全国地方政府债务限额是 24 万亿元，2020 年各地地方债到期 2.07 万亿元，城投债到期 1.56 万亿元，新发行专项债用于基建项目约 2.4 万亿元，但政府债特殊的投资结构使得产权市场可能成为政府债流动性的主渠道之一，化债业务也成为持续滚动进场的业务。未来我们只有在操作政府关注的大项目当中发挥作用，平台的影响力才会真正打开，产权市场才能成为政府关注的资本市场。

三是关注国家战略，真正成为政府的基础设施。国家先后出台 11 个区域经济发展战略，涵盖了几乎所有省份，内蒙古能够纳入布局的国家战略衔接，包括呼包鄂榆城市群与黄河流域生态文化保护与振兴战略，这其中的旅游一体化市场建设已经写入自治区相关部门的规划，我们的文化资源交易平台应当持续对接，确保成为这一战略落地的基础设施工程。我们依托 e 交易平台可以让共建的统一产权交易市场和统一阳光采购平台在多个国家战略中发挥作用，包括振兴东北经济区战略、西部大开发战略、中部崛起战略、长三角一体化战略、"一带一路"倡议等在落地过程中形成产权交易基础网络支撑，使我们内蒙古产权市场融入全国产权市场和国家重点建设项目的服务当中。

（二）改革创新

今年是规划年，好的管理从规划开始，所以我们要从规划入手为下一个五年发展打好基础，在定位、方向基本明确的情况下，通过改革保持中心的活力，并在高质量发展的推动下，设立争创"内蒙古一流企业"的新目标，并围绕这个目标，在提升管理质量、拓展平台功能、稳健增长效益、落实国家战略、升级创新驱动、转换体制机制等多个维度进行准备，在中心发展方式、发展动力、发展结构方面研究论证具体指标体系。高度重视这项工作，中心将在公司层面、部门层面、员工层面进行调研、引导、论证和宣贯。确保三项制度改革（职务能上能下、员工能进能出、薪酬能升能降）真正落地。建立真正有用的市场化经营机制，包括强化董事会职能、落实职业经理人制度，实现强激励、硬约束的管理体制，不断提高管理效能。为了确保中心事业的长远发展，我们必须有刀刃向内的改革勇气，不断地自我否定，自我升华，才能少走弯路、持续进步。

（三）高质量发展

从经济发展轨迹上通常要考虑三个阶段的维度，第一，需求体系建立阶段，主要是投资、消费、进出口三驾马车，这个思考维度是被动以市场对我们的要求来决定怎么干；第二，供给体系建立调整阶段，主要是在产能过剩前提下，在产业和实体经济方面进行的结构调整与改造升级，主动以我们对市场的科学判断来决定怎么干；第三，高质量发展阶段，主要是基于产业升级、技术创新、商业模式转变、全要素驱动、提升效率与效益方面做出方方面面的综合性提升，可以说是穷尽其所能进行精益化、动态化调整进步的过程。就宏观而言就是符合五大新发展理念下的发展方式和过程，就微观而言就是一个企业从业务拓展、客户服务、产品质量、操作效率、成本控制、效益增长、团队提升、商业模式、风险管控、体制机制、要素组合等全方位的优化与可持续发展过程，体现为企业的发展动力、发展潜力、团队凝聚力、市场创造力和企业竞争力高于同行业平均水平。因此这个高质量发展的实现过程，一是要强化整个团队勇于担当的责任感与使命感；二是要聚合集体智慧，循序渐进并持之以恒；三是要有容错机制的保证来保护团队的积极性；四是要有可评估、可量化的考核指标，用数据来证明改革的成果；五是要有不断突破自我，持续提升的团队文化支撑。中心高质量发展前提是统一对高质量发展的认识，按照统一的思想去行动，这样才能保证高质量发展的顺利进行。

统一思想，继续前进，我们的未来无限光明。

第五编

产权市场未来展望

第一章
以信息化建设为抓手

产权市场信息化发展趋势[①]

近年来，围绕一系列区域经济建设规划和西部大开发相关政策出台，中国经济已经进入大转型、大调整的发展阶段，而中国产权市场经过 22 年的积累，得益于国家政策的扶持和区域经济的发展也进入了大发展的关键时期。之所以说关键时期，是由于此时的市场建设要扩品种、上层次才能抓住机遇、跟上时代，因此国务院国资委和国内的龙头交易机构围绕"制度化、程序化、规范化、信息化、市场化、国际化"，提出产权市场的战略发展方向。产权交易机构对这个"信息化"应当说体会最深，不但信息化与其他五化均有关联，而且信息化的落实也最彻底。

一、产权市场的发展定位和交易模式的变革

产权市场成立之初的目的是实现国有产权阳光交易，防止国有资产流失和杜绝暗箱操作，市场发展到今天其功能定位主要有两条主线：第一条主线，随着企业国资、金融国资、行政事业性国资陆续强制进场，工信、文化、农业、林业、交通、司法、地矿、环境等政府部门也相继出台一系列管理办法，逐步将各类国有资产、公有资产甚至民营资产纳入产权市场交易范围，而且部分行业有出台全国性法律法规的趋势，产权市场已成为了体现国有经济结构调整成果的显示器，也已成为

[①] 原载于《碰撞》（内刊），2010 年 8 月号，第 1—3 页。

各类国有经济生产力要素供求关系的市场化晴雨表。第二条主线，随着大量的非上市企业进入产权市场进行股权托管、私募融资和股权流动，在地方政府的政策支持下，越来越多的中小企业寻求产权市场的帮助和扶持，很多产权交易所以全国性或区域柜台市场为发展方向建立起区域性的非上市企业初级资本市场，以天津、浙江、深圳、重庆等地为代表已经成为不可忽视的资本市场新力量。可以说区域资本市场需求旺盛、资源丰富、急需加强、尚待规范，但毕竟产权市场走出了一条全新的资本市场体系建设之路，对完善中国多层次资本市场功不可没。

产权市场从成立之初，也扮演过只做买卖双方交易鉴证手续的过场服务角色，但在制度执行不严和机构生存危机之下，以发挥市场功能、防范交易风险为主的交易模式创新开始不断涌现。特别是党的十六届三中全会之后，全国产权市场很快就体现出勃勃生机，不断发挥市场的信息推介、传播、扩散功能，创新完善或组合应用拍卖、招投标、电子竞价、网络竞价、多次报价等交易方式，并最终以部门规章或法律法规的形式将上述创新加以规范。更可喜的是，很多大的交易所已经将各类交易模式应用到产权交易系统软件当中，使这种产权市场有独特竞争力的创新成果，在技术上进一步标准化，在操作上进一步简便化，这也是信息化对产权市场基础建设的一大贡献。

二、产权市场信息化建设的五个阶段

产权交易过程中最大的、也是最为重要的成本就是信息获取成本，而信息化建设要解决的首要问题就是解决买卖双方信息不对称的问题，所以我们经常说，产权市场首先是信息平台。中国产权市场信息化建设大致可分为以下几个阶段：

第一阶段：国务院国资委成立后首次将产权市场信息平台进行了统一规范，国务院国资委和财政部 3 号令以交易机构网站作为信息发布起点联合主流纸媒体作为产权市场信息平台最初构架，这是信息平台的最低要求也是最简单的要求，当初的产权市场信息更多依靠纸媒的影响力，而不是产权交易机构的网站进行推广。

第二阶段：为扩大市场信息覆盖面，各机构逐步向机构网站联合推进，交易信息由多点分散发布向异地同步发布迈进，但鉴于标的区域性、信息的非标准化和机构之间的合作机制不完善，使得这种联合发布未能取得实质性进展，产权市场信息平台仍然未进入主流媒体行列。

第三阶段：随着产权市场的影响力和社会认知度越来越大，产权市场的信息平台得到了社会的进一步关注，为了节省投资人的查询成本，很多机构认为有必要将全国产权信息平台进行统一，国内主要产权交易机构在这方面都经过了很长一段时间的探索，包括几个共同市场网站、异地同步挂牌系统、专业信息平台运营商等，虽然模式不同，但在信息标准化方面进行了有益的实践和探索，为后期信息平台的开发提供了宝贵的经验。

第四阶段：由于产权交易是实体经济交易，信息发布不能够充分解决交易过程中违规操作和控制交易的行为，因此交易系统软件设计开发便提上日程。以上海、北京等交易机构为主先后开发了基于3号令的产权交易系统已成功上线，并实现了系统统一和与国务院国资委的交易监测系统对接，这样企业国有产权阳光交易的问题通过系统操作基本上得到了解决。

第五阶段：虽然企业国有产权在系统建设上取得了实质性进展，但是系统对于产权市场广泛的交易品种，灵活、高效的参与需求仍然是个问题。产权市场的流动性不足成为发展中最大的障碍，信息的传播速度、交易的复杂性成为了影响产权流动性的最主要问题，为了使投融资需求和产权价值能够实现快速集中的发现，所以基于互联网的电子商务平台开发成为了产权市场最为迫切的需求，这就是金马甲等类似平台诞生的背景。金马甲虽然还处于较为初级的互联网竞价工具使用阶段，但相比传统的电子交易系统就如同用高速铁路联结起来的中心城市，不但信息资源聚集，交易品种丰富，交易成本低廉，而且交易过程快速灵活，竞价方式还可以实现动态报价，彻底打破了交易时间和空间的限制，交易方式更加趋近于资本市场的模式。可以想象，这样的信息系统应用于中国产权市场，将对中国资本市场实现根本性突破，今后中国资本市场将由两块屏幕构成，一块是证券市场的虚拟股票即时交易系统，另一块是产权市场的实体产权即时交易系统。

三、产权市场信息化发展方向判断

产权市场信息化是提升市场发展层次最重要的技术手段，信息化的发展方向其实就是市场的具体建设目标。

（一）市场虚拟化、服务网络化

产权市场应用信息技术的结果就是有形市场逐步淡化，大量的信息和交易过程通过网络完成，但围绕产权交易的市场服务机构将遍布全国，方便各地交易双方的衔接和沟通，形成以一家或几家全国性信息平台为核心、以各类交易服务机构（也包括省、市、县交易机构）为支持体系的全国大市场网络。各地产权交易机构一定会实现功能分置，形成交易机构之间竞争和整合的新格局。

（二）交易便捷化、板块多样化

信息系统将可以解决今后各类产权的电子化挂牌和交易需求，投资人上网交易非常便捷，信息系统应当可以设计多种板块的交易平台和制度体系，交易双方的各种需求都可以得到满足，产权交易所将成为涵盖综合要素市场与初级资本市场的产权大市场格局，产权交易业务涉及各类非标准化标的、半标准化标的，形成小批量多品种交易的市场样态，产权市场真正成为以信息化为支撑的、各类资源丰富的、操作方便快捷的综合性、基础性资产、资本、资源配置平台。

（三）区域统一化、服务差异化

信息技术使产权市场彻底实现跨越时间和空间的交易，区域方面已不会形成障碍，但国内产权市场很可能形成各具优势的几个大交易所或交易所联盟，其影响力均可以覆盖全国联通海外，在部分区域上实现统一，也会在绝大部分区域上交叉竞争，但在竞争优势上却各有所长，每个交易所的品种和特色将会有所区别，每个产权市场在更高层次上强调市场的专业化、便捷化、差异化，甚至消费习惯等文化特色，因此，信息化不会简单的带来市场的单一化或垄断化，而是仍然要支持一个丰富多彩的多样化产权市场。

总之，正像产权市场的核心愿景一样，"汇聚市场资源，融通天下产权"，这个理想只有通过产权市场的信息化才能得到最终实现。

让互联网化成为产权市场
转型发展的动力①

面对供给侧结构性改革，从广义上来讲，各行业都将面临着一个如何转型发展的问题，产权市场作为具有中国特色的非标准化、全要素资本市场不应当仅仅讨论业务创新、资源整合、制度建设和行业定位等目标性问题，更应当来讨论实现上述市场目标的具体路径或者说是产权市场转型发展的动力问题。

一、产权市场的转型动力就是互联网化

产权市场转型动力问题就是产权交易机构的互联网化改造问题。为什么这么说？因为产权市场是制度立市，当制度不能够形成法律法规的时候，市场的边界和内涵还是不甚清楚的，或者说没有官方明确定位，大家都是自说自话。市场的生存发展过多依赖于国家政策的倾斜与政府部门的保护，创新便成了产权市场未来发展的灵魂，是未来生存的需要，也是发展的无奈。但产权市场经过将近 30 年的积累，全国交易机构的产权人经过持续不断地开拓与提升，社会的认可使产权市场逐步积累了相当规模的交易量和消费习惯，所以市场需求渐渐成为市场存在的基础，因此就要考虑市场生存发展所面临的具体问题该如何解决，市场怎样才能够在不确定的政策环境下，在水深火热的市场竞争中

① 原载于《产权导刊》，2016 年第 8 期，第 37—39 页。

确保无恙，还能不断进步。

当前"互联网＋"正在改变大工业时代"层级、控制和封闭"的线下思维，所有人都在寻求变革之道，"平等、共享和自主"的互联网化思维成为大家追求的目标。就产权市场而言有两个层面的意义：一是交易机构仅限于较短产业链和较单一服务，而没有跨界合作的协同服务已经不能够满足客户对于交易的多样化、高层次、高品质需求；二是每个产权交易机构不能仅限于机构间的线下业务合作，不借助共享平台的独立生存也越来越没有竞争力，客户对于交易的便捷性、安全性、高效性的要求越来越高。所以归其一点，产权交易机构要想推动产权市场真正意义上的转型提升，必须要让信息技术真正为行业所用，并以此为动力将跨界联网、移动应用、云计算、大数据都具体体现在产权交易的业务后台里面，真正起到支撑产权交易机构功能提升、支撑产权市场转型发展的作用。

二、玩好"四统一"的互联网化交易平台

多年来，产权市场一直在提"四统一"的概念，即统一信息平台、统一交易规则、统一交易系统、统一过程监测，这是产权市场一体化建设的重要原则。但由于交易机构根本上的利益格局和地区、体制差异问题，时至今日"四统一"仍然进展不大。产权交易机构的发展很不均衡，个别机构占有大量政策性资源，贫富差距悬殊，全行业形不成统一竞争力，行业门槛屡屡受到其他机构的冲击。所以如何能够通过共建、共享、共用、共治统一的信息化交易平台，打破机构间的能力壁垒，聚合所有的市场资源，最终形成产权市场与其他市场或平台的竞争力，实现产权市场的长治久安与自主升级，这应该是产权市场一直以来追求的目标。总之，行业的大部分机构好起来，全行业才会好起来。

（一）"O2O"构架建立高质量的产权市场生态圈

产权交易机构的独立生存是在线下有形市场阶段的生存逻辑，是信息不对称环境下的中介服务模式，已经完全不适合平台服务模式下的机构业态发展需求了。在互联网平台经济环境下，信息对称问题已经基本得到了解决，平台竞争的核心已经转到了"互联网＋优质体验与专业服务"的竞争模式当中。相较于同类型的电商平台，当前我们的任何一家产权交易机构都做得不够，而且很难达到平台级的规模与质量，不可能形成服务完善的市场生态圈，而我们若经过资源联合与共享，优势便可得到核裂变级放大，则可能迅速具备平台构架基础。若以"四统一"的产权交易系统为互联网电商平台，以加入联盟的产权交易机构为线下专业服务团队，交易所类似于电商平台的线下体验店，则可以快速形成专业级的 O2O 产权市场新格局，使产权市场既在云端也在脚下，形成云端织网、地上结伴的立体市场生态圈，并以此为基础聚合因业务和利益而相互需要的各类机构进入平台，交易机构的自身强大无疑会对大量优质服务机构、金融组织产生吸引力，实现高质量的共生共存、共同发展。

（二）大数据资产创造机构核心竞争力

全国交易机构之间的合作是长期以来行业的奋斗目标，但这种合作往往局限于相互帮助的业务协同上面，囿于工具缺乏、空间距离、组织内部协调、观念和能力差异等问题，没有形成各自业务活动所带来的大数据共享机制和条件，因此机构间的合作往往流于形式，共享对方视为财富的数据资源成为了一句空话，各机构交易活动所形成的数据资源在信息孤岛上，没有变成真正有价值的财富。但是如果利用"四统一"模式下的统一大后台，由通过互联网加入统一系统的各机构所形成的交易大数据，则瞬间可以成为各机构同步具备的核心竞争力，这就是小舍与大得的道理。谁先发现这个道理，谁就先获得这个资源，只有跳进大海，才能拥有整个大海里的一切。如果将这一资源加以科学的分析、统计、加工和整合，这个大数据资产不仅可以成为各交易机构的金矿，也可以服务于同时进入系统的客户和投资人决策，甚至成为国家政策制定、科研、监管等部门和机构的重要数据来源。最重要的是在大数据引导下，各交易机构逐渐具备了创造本机构独特竞争优势的方法和路径，又再次不断汇入大数据平台，使竞争对手永远无法超越这个不断自我完善与自我升级的智慧平台。

（三）跨地区布局实现市场低成本扩张

每家产权交易机构都有一个全国扩张的梦想，实在做不到开疆拓土，最基本也要做到守土有责。因此随着各自业务拓展，机构之间的利益冲突和矛盾必然也会产生，而在全行业大敌（如电商专业频道）当前的危机面前，中小交易机构之间与其远交近攻相互消耗，不如合纵连横一致对外，至少在全国产权市场形成几股强大力量对抗巨无霸电商的跨界竞争。所以市场整合是大势所趋，但是全国产权交易机构全部为国有体制，存在形态还包括事业、企业和股份制公司，只有在尊重行业管理传统和机构主权独立的前提下，通过"四统一"实现业务整合、技术整合、人才整合、数据整合、资金整合、服务整合等绝大多数要素整合，使各交易机构同步实现质量提升，同步实现全国性低成本扩张；使各交易机构的独立性寓于统一平台之内，统一平台又支持独立机构百花齐放；各交易机构依托平台共同筑牢行业壁垒，行业多年积累的资源优势通过技术与合作而进一步放大。最终实现各地机构不用再搞同质化的重复建设，节省大笔经营资金，增加机构经济效益。

（四）知识共享推动产权市场自我提升

首先，"四统一"互联网平台建成后，交易机构在共用基础上将把各自的存量知识和能力实现共享，各机构在共享的基础上取长补短、总结规律，像"俄罗斯方块"一样不断地消化、吸收新的增量知识和技能。随着产权市场业务的拓展，"四统一"平台的增量知识将进入持续的均衡、到不均衡、再到均衡的无限循环升级通道，这种随着解决问题积累知识的做法只有在多机构共用的情况下才能够实现，而且用的机构越多知识增长越快，这将持续推动交易机构的同步提升与良性循环。

其次，因为产权市场拥有全要素的市场空间，随着"四统一"平台的 PC 端、微信端、APP 端等全方位互联网信息通道打开后，大量的交易主体可以轻松进入操作平台，并逐步实现智能化，甚至用游戏化方式自主处理产权交易业务，产权市场的知识积累将更加迅速，交易机构的知识结构也会发生很大变化，产权市场形态将是另外一番高层次的应用场景。

（五）共有共治迈向产权市场"共产主义"

有恒产者有恒心，对于"四统一"平台的控制权是每一个机构必然关注的问题，平台的发展方向、平台的服务水平、平台对于每个机构的公平对待等都影响着我们的使用体验。产权交易机构最理想的"四统一"平台建设模式是公平民主和均衡控制的真正落地，相当于在统一平台领域的"平均地权"改革，所以笔者尝试提出，建立"四统一"平台的合作理念是"共建、共用、共治、共享"，没有提基于股权关系的"共有"，这主要是因为：首先，上述"四共"的前提本身就是共有，但考虑到机构之间的差异和出资事项的灵活性，希望最大限度地吸引国内的产权交易机构加盟，尽最大努力形成一股强大的平台力量。其次，无论是出资共建还是使用共建都是"四统一"平台的决策者，都可以参与平台的治理，只是有区别的权利公平而已，各机构都可以平等享受平台功能带来的利益。最后，不断加盟的产权交易机构通过"四统一"平台的共建，未来可以间接实现产权市场"统一交易场所"的共建和共用，只是其场所形态不同于有形市场而已，最终将建成全国统一产权市场。

任何事情只空想、不落地，就达不到最终的目的，内蒙古产权交易中心和多家产权交易机构正在共同策划组建"产全云"和"e交易"系统基础，并通过升级开发与监测对接已经基本实现了当初构想的"四统一"平台框架，现在需要做的是通过充分研讨、统一认识，实现更多机构系统共用，并扩大导入流量，同时公开推选出各个方面操作较为成熟的交易机构牵头，在集思广益的基础上带领大家同步升级各交易机构的操作流程和规范文本，并以"e交易"系统统一对接各地公共资源交易平台，形成逐步覆盖全国的交易所接入公共资源系统的主流模式，随着加盟的产权交易机构越来越多，在国务院国资委的统一监测下，逐步实现全国性产权交易市场的平台统一，突破区域市场格局，增强全国统一的产权市场影响力。

产权市场改革与大数据^①

2018 年 5 月 11 日是中国产权市场成立 30 周年纪念日，作为亲身经历产权市场十多年的一名交易机构从业者，深刻地感受到产权市场的发展进步是中国改革开放大局的一个组成部分。特别是党的十八届三中全会提出全面深化改革的战略指引背后，各种利益群体都在想如何利用这一改革的制度红利，打造一个更加美好的未来，产权市场也不例外。

产权市场这 30 年大致可以分成两个阶段：

第一个阶段是从 1988 年武汉出现第一家产权交易服务机构到国务院国资委成立的 2003 年，这十五年间一直是各地区交易机构独立摸索、相互借鉴的积累阶段。这期间有过短暂的风起云涌，也有过长时间的寂寞无声，更多的信息是来自国家的一次次的清理整顿，产权市场作为线下有形市场其实是一个个信息孤岛，只是在个别区域内保留了一些标志性数据，全国并未形成统一市场，更没有统一的数据，因此也从未被承认过它的资本市场属性。

第二个阶段是从国务院国资委成立开始到 2018 年，这十五年间国家首次以法律、条例、政府部门规章的方式支撑起产权市场。以国务院国资委为首的各级国资监管部门积极支持产权市场发展，推动交易机构成立了行业协会，开发了产权交易系统和监测系统，产权市场的各类制度创新、业务创新、科技创新、组织创新等信息数据，终于经国务院

---

① 原载于《产权导刊》，2018 年第 8 期，第 27—28 页。

国资委和协会等权威机构向全社会推广，产权交易机构经典案例和交易业绩渐渐为社会大众所了解，产权市场开始了有组织、成体系的信息数据平台建设时期。这个期间产权交易机构真如雨后春笋般发展壮大，有的省市还形成了不小的交易集团，特别是互联网技术在产权市场推广应用以后，信息数据的传播明显提升了整个市场的影响力。利用全流程互联网系统的产权交易机构不断涌现，各类产权市场的信息数据不但更加深入和广泛，而且还不断被各类权威媒体所引用，线上线下相结合的产权市场新业态成为引领资本市场发展模式的一个新的重大变革，产权市场也因更多的信息和数据被大众所关注和参与。随着国企国资改革的进一步深化，产权市场也被党中央正式认定为服务于国企改革的资本市场之一。

党的十九大召开以来，资本市场特别强调服务实体经济，产权市场又迎来一个新的挑战。首先最为表象的就是信息数据方面的挑战，因为资本市场首先就是一个信息数据的中心，而统一的资本市场就要有统一的数据信息中心。但当今的产权市场并非只有产权交易机构，很多不同种类和性质的交易平台已经在产权市场业务当中占有了相当的市场份额，新兴的公共资源交易平台也在不断地吸纳产权交易机构，甚至有的公共资源交易平台已经部分取代了产权市场的职能，以大数据著称的电商平台参与产权交易更是与日俱增。越来越多的产权交易平台的介入，使产权市场的数据信息变得无法统一口径，产权市场的统一也变得越来越渺茫。春江水暖鸭先知，由于缺乏强有力的产权市场理论引导，当前的产权交易机构甚至出现了一些唱衰产权市场的声音，很多从业人员都感到方向模糊、前途未卜。可以说这些现象都属正常，但作为产权交易机构的领军者，为了机构的发展目标，必须要找准机构定位和行业方向。因此马上面临一个发展定位的选择，这应当是深化产权交易机构改革的重点，也是产权交易机构摆脱历史包袱，找准历史方位的重大机遇。

在互联网环境下，产权市场改革的重点仍然是市场的统一，而统一的核心是信息平台和市场大数据的形成，这也是产权市场改革的重中之重，更是资本市场的典型特征。全国产权市场一定要产生本行业的专业电商平台，众多的产权交易机构只有融入统一口径的大数据平台，有众多产权交易、金融、互联网、大数据方面的跨界人才加盟，还要在行业内部形成一批规范操作、专业性强的数据运营机构，并且形成能够支撑产权市场发展的数据驱动性企业，产权市场才能进入真正的高质量发展阶段，才能承担起全要素资本市场的责任。

当前，大数据是代表一个行业治理水平的根本性标志。所以产权交易行业能拿出来给人看的数据，不应当再是简单的一个全行业的统计报表和数据汇总，或者是一些个性化案例的定性判断，这并不能表明这个行业对于国家经济和社会的作用发挥得怎么样，而是需要更多的用动态的数据流、数据波等一些可读的数据来客观地反映企业并购重组行情、产业结构调整变化趋势、投资人分布与行为习惯特征等，交易机构、客户和投资人以及监管部门能够从中找到智慧运营、智慧投资和智慧监管的钥匙，才能算是真正的大数据应用。

大数据的形成任重而道远，随之而来的应用更是充满了不确定性，这也是大数据值得行业为之努力的原因。虽然信息孤岛、封闭运行的时代正在过去，但隐私保护、主体平等也正在逐步强化，如何科学合理地应用大数据成为考验产权市场的根本性问题。总体而言对于涉及国有资产的国家公共信息，开放共享是大趋势，除非涉及国家安全，这是国家建设阳光政府的具体体现，此类数据的存在和变化应当要接受全社会的查询和监督。但对于交易主体特别是企业和个人的行为数据，科学保护和合理封闭是大趋势，这是保障市场主体合法权益和个人隐私的具体体现，此类数据的公开应当经过市场主体的许可和应用方面的加工处理。这就需要产权交易业务产生专注于数字经济的运营主体，能够在行业大数据的形成、挖掘和利用过程中不断的探索与挖掘，最终打开产权市场数字经济的大门，从根本上实现行业的升级。

当前，产权交易行业每个交易机构都有责任参与建设全行业的大数据云平台，将自身的数据融入到统一市场信息体系当中，不再封闭发展，以开放的心态和实际行动推动行业数据标准的建立。产权市场的高质量发展只有紧紧抓住大数据这个关键点，从数据的形成入手，建立产权行业在信息技术应用方面的数据标准，推动交易机构上"云"、用"云"，并形成"云"上产业链和数据产业生态圈。当前，我们行业的部分交易机构合作组建的产全云科技投资有限公司已经在数据标准方面进行了有意义的探索，也尝试性地开展了大数据商业分析，虽然数据量仍然很不够，分析结果的参考性也有待提升，但毕竟我们已经迈出了可喜的一步。

未来，随着行业数据标准的建立，我们每个产权交易机构应当要主动行动起来，用统一的数据标准开展业务，在统一的云平台中筑牢基础，统一的产权市场就自然形成了。而且产权交易机构都应当循着数据汇聚、数据分析、数据应用的路径来增强大数据管理水平，例如在客户行为分析、交易品种分析、营销推介分析、商业模式分析、交易管理分析等，形成低成本高效率的产权交易管理策略，并可以提升产权交易机构的营业利润，转换其盈利模式，形成自己的核心竞争力。

作为产权人，我们的梦想是真正通过大数据来强大产权交易机构，通过大数据来强大产权市场，相信这才是产权市场下一步改革的目标。

第二章
以全要素资本市场为方向

以 32 号令为新起点
产权市场必将成为主流资本市场[①]

产权市场伴随着国企改革的全部历程，在国有资产保值增值和防范国有资产流失方面发挥了不可替代的历史作用。据国家权威部门数据统计，从 2007 年至 2015 年的 8 年间，产权市场全行业挂牌转让企业国有产权成交接近 1 万亿元，通过市场竞争，国有产权增值达到 1 626 亿元。产权市场在国有资本流动重组过程中的功能与作用得以充分显现，得到了国家的高度重视和社会的广泛认可。在党的十八大后深化国企改革大背景下，鉴于产权市场成效显著，中央将产权市场和证券市场同时作为实现国有企业混合所有制改革所依靠的资本市场，出台了一系列推动产权市场发展的改革政策。

2016 年 6 月 24 日，国务院国资委和财政部联合发文，并请示国务院同意出台了《企业国有资产交易监督管理办法》（国务院国资委、财政部令第 32 号，以下简称 32 号令），这份文件的出台对产权市场的发展无疑具有里程碑意义。作为产权市场从业人员，我们更多关注的是政策对市场、机构和人员生存发展方面的意义。

一是政策重新定义了产权市场的资本市场定位，这是对产权交易制度的重要理论创新，也是对资本市场制度的重要突破性成果。产权交易制度是基于美国经济学家科斯关于现代企业理论中交易成本理论，不断丰富和发展起来的制度体系，它不仅涉及经济学中的博弈理论、信

---

① 原载于《产权导刊》，2016 年第 12 期，第 38—39 页。

息经济理论、委托代理理论，还创新性地探索了公共产品或者说是国有产权交易的经济规律和制度设计。笔者认为，当前的国有产权交易制度应当属于微观经济学领域中重要的理论创新成果。我国的国有产权交易制度从最早的国有产权拍卖流转制度到包括国有产权流转、产权运营和产权融资在内的全流程资本交易制度逐步深入，经历了近 30 年的历程，并把现代交易场所制度和最新的互联网技术有机结合，大胆创新了国有产权交易的资本市场制度框架和监管体系，也为产权交易市场成为创新型资本市场夯实了理论基础。其中的一个重要标志就是以"国有企业增资扩股进场交易"等超前的制度安排打破了多年来社会各界对于传统产权交易机构的看法，不再把产权交易所仅当作一个国有资产领域的反腐倡廉的基地，而是看作一个侧重国有企业的产权结构调整、降本增效、运营招商、资产处置、并购重组的多功能交易市场，是通过线上线下并行完成交易的创新型资本市场。

二是政策指出了产权交易场所的市场化发展方向和每个交易机构的出路。32 号令中很多看似简化、原则的规定却对产权市场提出了很高的要求。如降低了投资方的参与门槛、拉长了信息披露的挂牌时间、去掉了具备区域影响力的纸媒体披露环节，却保留了跨空间、跨时间的互联网披露渠道。甚至还明确要求监管机构打破区域限制，在更广范围内选择交易机构，从而挑起机构间的竞争，以保证交易质量，而且对拟选择交易机构的条件中特别强调其市场影响力、专业能力、信息化能力等，为交易机构发展也指明了方向。

文件的用意已经非常明确，那就是要求产权市场要通过联合、协作、重组，打破区域分割，形成全国统一的大产权市场。对每一个产权交易机构来讲，已不再是当地国资监管部门保护下的垄断经营的产权交易场所了。面对文件对产权交易机构的高标准要求，加上跨行业竞争的步步紧逼，交易机构必须做出选择，要么改变自己，要么就被淘汰。理性的做法是，交易机构通过横向整合，绕开自身不同的体制机制限制，以共同出资方式搭建新的互联网协同经营平台，以充分的民主管理机制加快机构之间的实质性整合，以集中智慧共同研发来突破关键技术，集聚大家的力量导入各个机构的核心资源，共同打造具有全国影响力的共同市场。此外，还要充分利用网络技术提高市场资源的集中度，通过交易机构的不断加盟扩大市场的覆盖面，推动行业标准化建设，最终实现全国产权市场"统一交易规则、统一信息披露、统一交易系统、统一过程监测"的市场建设目标。当前国内部分中小型产权交易机构顺势而动，整合全国资源汇聚于统一交易系统，共同组成共建、共用、共享、共治、共赢的互联网交易平台就是一个积极的探索。

三是政策将确保国有资产不流失作为国有产权交易监管的关键，交易机构要做好全流程接受监督的准备。党的十八大确立全面依法治国的基本理念，特别强调程序正义才能解决结果公正的问题，而对于国有资产监管问题则把严防国有资产流失作为重中之重，任何机构或个人不得以任何理由触碰这一底线。因此，32 号令特别强化了对产权交易机构的过程监管，产权交易机构要高度重视。新的监管要求不仅仅将业务局限于原来的指定机构，也不仅仅侧重于对交易结果进行事后监督，更多的是对交易过程的动态监督，包括对业务过程的动态监督和对交易机构能力变化的动态监管，并明确加大了对于违规机构的处罚力度。需要强调的是，对于交易机构的第一条要求就是能力建设要求。由此来看，监管部门总的目标是抓住产权交易的过程规范和交易质量标准，以此为切入点来推动产权市场的供给侧结构性改革和高质量发展。

对产权交易机构而言，规范问题是底线，能力问题则是始终在路上，这样就对弱小型产权交易机构提出了严峻的考验。但是做强交易机构也不是一日之功，还需要系统思考自身短板、逐步提升。所以最好的办法还是依托平台发展，共享业内优秀交易机构的优势资源，这就需要各交易机构打破门户之见，统一业务标准，共享大数据资源，使弱小机构可以跳出区域限制，有机会参与复杂业务，在业务合作中锻炼队伍，在资源共享中同步成长。

内蒙古产权交易中心作为西部地区的产权交易机构要想做强做优做大，就要突破区域限制，抓住广泛的市场资源，通过机构联合协作，重置市场的规章制度，参与共建统一的信息平台，以开放的心态共享资源，以有利于投资人参与、提高交易效率、带动各类资本流动和提升机构影响力的原则，融入全国市场当中，才有望在全国市场占有一席之地。

未来，随着交易信息技术的进步，全国统一的产权交易平台上的客户不仅仅只是国有企业，还包含着各种跨所有制、跨区域、跨行业的各种制造和消费平台大数据的交易主体，这个平台会成为以客户操作为主的自主交易平台，客户在这个平台上实现了自适应、自生长和自成熟。这样的产权市场才能成为真正的主流的、全要素的资本市场。

抓住发展机遇　布局未来市场[①]

党的十六届三中全会提出现代产权制度为产权市场迎来了十年的黄金发展期，党的十八届三中全会启动了经济社会领域新常态下的新一轮改革，产权市场作为解决国有资产阳光交易的重要制度建设和顶层设计，作为区域性、全要素、非标准化资本市场也应当深入研究新常态，抓住历史发展机遇，做好战略布局。

一、深入分析当前的战略机遇，提前布局

我们理解新常态对于国家经济社会的影响体现在方方面面，但产权市场更关注的主要有三个发展趋势：一是市场经济的发展规律将由职权经济模式向产权经济模式转变，其内涵主要表现在政府的简政放权使得审批经济逐步淡化，更多的经济决策是基于市场规律的引导，企业家不再主要围绕着政府部门去争取项目、争夺资源，而是在研究市场供求关系和外部环境的变化趋势，最终作出科学决策，在这个过程中市场将在资源配置中起决定性作用。二是社会商业合作关系将由曾经较多存在的灰色交易模式向全面的阳光交易模式转变，其内涵主要表现为市场主体之间的商业合作更加注重过程正义和依法依规，特别是涉及国有资产民营化过程中的交易流程和交易规则更为透明，在这个过程中依法治国的理念和措施起决定性作用。三是新型服务业的发展趋

① 原载于《北方经济》，2015 年第 11 期，第 11—13 页。

势由中介服务模式向平台服务模式转变，其内涵主要表现为在信息技术的支持下，全社会已经习惯于信息趋于对称，各类交易平台已成为现代服务业去中介和脱媒介之后的必然选择，而且对平台的要求已经更趋于专业化、多样化和社交化，各类新型服务业生态圈正在形成，在这个过程中互联网在各种业态中起决定性作用。

在上述基本判断成立的前提下，我们认真分析当前党和国家出台的一系列政策和规章，无疑都会得出一个明确的分析结论，就是产权市场要抓住当前有利于市场发展的三大战略机遇，为布局未来市场未雨绸缪。

（一）依法治国所形成的系统性规范进场交易机遇

党的十八届四中全会提出依法治国的战略方针，要求将全社会管理都纳入法治建设的轨道，李克强总理更是在 2015 年政府工作报告中提出"所有行政行为都要于法有据，任何政府部门都不得法外设权。一切违法违规的行为都要追究，一切执法不严不公的现象都必须纠正"，由此可见政府坚决执行党中央的决定和从自身做起的决心和勇气。这将意味着以《企业国有资产法》为核心的一系列关于"国有资产进场交易"方面的法律和规章都将得到严格执行和落实，各类国有资产交易都将依据国务院国资委提出的"应进必进、能进则进、进则规范、操作透明"的规定进入产权市场阳光操作。2014 年底，内蒙古自治区政府及时出台《企业国有资产转让管理办法》（205 号政府令），全面规范企业国有资产转让行为，也是全面落实中央十八届四中全会决议的重要举措。产权市场应当持续加强政策宣传力度，引导社会舆论促进国资规范流转，同时更应当加强国有资产集中监管，依法严肃查处违法违规行为，形成合力推动国有资产规范进场交易。

（二）经济体制改革所形成的国资与民资混合操作机遇

混合所有制改革是全面深化改革的重中之重，也是落实现代产权制度的关键举措，国务院下发的《国务院关于创新重点领域投融资机制鼓励社会投资的指导意见》（国发〔2014〕60号）从投融资角度推出组合民间资本参与生态环保、基础设施、信息产业、金融服务等多个重点领域的改革举措。其核心仍然是如何实现规范的国有资本与民营资本合作机制，通过市场化机制引导和推动民营资本参与国家经济结构调整与产业转型，保持国家经济的持续稳定增长。产权市场从成立之初就始终参与国有资产的民营化过程，积累了大量的操作案例和成熟的交易规则，是现成的混合所有制操作平台和监管平台。因此产权市场应当着重打造国企混改的信息披露、规范操作平台；创新各类产权权益登记、质押、交易、变更操作模式，拓宽产权交易品种；参与组建和管理混合所有制基金，整合各类专业服务团队，创新金融工具组合产品，确保混合所有制改革规范透明和资源优化配置。

（三）大众创业、万众创新所形成的各类资本汇聚机遇

大众创业、万众创新是驱动就业与调动民间资本的一项重要举措，也是推动国家经济增长的重要引擎，中央先后出台《中共中央　国务院关于深化体制机制改革加快实施创新驱动发展战略的若干意见》《国务院办公厅关于发展众创空间推进大众创新创业的指导意见》（国办发〔2015〕9号）和《关于大力推进大众创业万众创新若干政策措施的意见》（国发〔2015〕32号）等文件，非常明确地提出扶持创业创新的具体政策措施与方式方法，必将催生出一系列创业创新相关产业的发展。产权市场的政府公信力、多交易品种、灵活交易方式恰恰能够满足创业创新项目吸引投资、规范基础服务和满足中小企业多样化需求的目标。因此产权市场应当积极开创各类产权的创新融资实现模式，如众筹模式等，发挥基础性的资本形成功能，并通过产权交易机构＋互联网信息平台，建立针对中小企业的创新融资服务产业链模式，使产权交易平台与互联网信息平台、中介服务以及金融机构结成合作伙伴，共同服

务于中小企业和广大投资人规范有效对接，从而降低社会交易成本，打造中小企业成长上市便捷路径，共同推动国家创业创新战略的早日实现。

二、抓住产权市场的变化逻辑，找准客户价值

不确定性的未来唯一确定就是变化，一个市场要想生存就要不断满足客户变化着的需求，如交易的持续便捷化、交易的持续低成本和高效率、交易品种的持续丰富多样等，我们必须要根据未来的变化趋势做出当前的选择。那么从产权市场未来的功能定位来看，主要有以下四个方面的趋势。

（一）产权市场的增长方式将从交易规模扩张逐步变为客户范围扩大

未来的产权市场是长尾市场，但目前却仍然在从某个政策性交易品种上不断扩大规模，从而实现市场的增长，这必然是初级市场的特点。成熟的或未来的产权市场比的不是交易规模而是不同需求的客户数量，市场的增长由线性逻辑变为非线性逻辑，市场的客户由单一需求的一次性接触关系，变为多样化需求的常态化粉丝关系，市场唯一要做的就是想尽一切办法增加客户黏性，满足客户不断增长和变化的交易需求。

（二）产权市场将形成一个生态系统

产权市场不是简单的产权交易机构，而是一个由多家机构共同组成，并依托于一个统一平台，并相互需要的生态系统。市场内的各种机构由独立运行变为跨界融合、结成伙伴，并共同强化统一的交易平台功能，不断整合行业资源，通过集成各类中介服务用工厂化操作满足客户

的个性化需求，不断提高交易效率降低交易成本。因为在去中心化的平台经济时代，任何机构都无法独占鳌头。产权交易市场需要做的就是不断完善市场内部的合作机制，通过优胜劣汰自动强化各类市场主体的服务功能，不断增强市场的资源汇聚能力和解决问题能力。

（三）产权市场通过"互联网＋"战略实现变革

产权市场虽然也有信息平台，但其服务性质也源于线下传统行业，未来必须要实现"互联网＋"的战略，因为此时的互联网已然不仅仅是工具而是一种生活方式了。产权市场只有充分利用大数据、云计算等互联网信息技术所形成的强大支撑，重构产权交易的价值链和商业模式，更好地适应产权交易非标准化权益的特点和实物交割的需要，通过线上线下并进的专业服务真正满足客户的需求，实现交易模式创新、交易风险防范和交易效率提升。

（四）产权市场的行业整合即将到来

产权市场即将迎来行业整合时代，但不同与一般行业的同质化大机构与小机构之间的并购重组，而是基于产权市场区域性、差异化特点，形成错位竞争与跨区域合作的格局。行业的竞争要素由产权交易机构的市场规模、盈利水平、技术进步、资本实力逐步转变为特色有效市场、精准用户数量、客户大数据质量和专业价值创造之间的区别。每个区域性产权市场的核心机构都有其跨区域的竞争优势，全国产权市场多点并存、相互补充、互为支撑，甚至形成统一后台数据存储与应用中心，足以抗衡任何一个跨界竞争的外来者。因此产权市场最需要做的就是持续做强自己的特色与优势。

三、准确判断市场机遇的切入点，快速转型

产权市场围绕着资本形成、资本运营与资本流转三个环节展开全要素服务，但当前的产权市场主要工作依然集中在资本流转环节的政策性交易品种，主要的市场需求点仍然集中在助力反腐倡廉和防止国有资产流失功能之上。那么产权市场要适应新常态，进行机构的转型提升就应该从市场痛点或市场需求切入。

（一）以产权市场阳光化交易平台身份＋市场化配置资源的功能切入混合所有制改革服务领域

国有资产或公有资产由于是委托代理制的管理模式，其天生就有阳光化的交易需求和价值最大化的业绩需要，否则当事人无论怎样解释，老百姓也不会答应，政府更不满意，甚至还要追究当事人的责任，这就是国有资产在与民营资本混合的过程中必须要遵循的逻辑。因此，《国家发展改革委关于开展政府和社会资本合作的指导意见》（发改投资〔2014〕2724号）中明确提出了国有资本与民间资本混合的五条原则，包括政府做好监督、投资合理回报、有效分散风险、保证合法权益、阳光透明操作，这恰恰全面阐述了产权市场制度化、阳光化、规范化和价值最大化的定位诉求，也证明了产权市场是混合所有制改革的规范平台。国有资本与民间资本混改模式有股权转让、增资扩股、公开上市、管理层收购等。以成立混改基金为例，招选基金管理机构、私募基金投资人、基金运行监管、基金份额退出等多个环节都需要进入产权市场公开操作，实现国有资本最大限度调动民间资本，最优配置市场资源，实现国有资本价值最大化，混合所有制改革效益最优化。

（二）以投融资产业链核心身份＋第三方公信力机构的功能切入投融资服务领域

传统金融价值链是以金融机构为核心，从产品研发、支付交易、人员营销等环节到客户购买实现价值，但在互联网、大数据支撑下的新型金融是以各类资产权益的获得、定价、流转和融资为核心，实现跨地域、跨时间、跨行业的一体化交易平台，因此只有交易平台才能充当整个金融价值链的核心平台，又是市场风险控制的关键结点。可见资本市场在金融产业链中的重要意义，因此我国的资本市场无论是证券市场还是产权市场都是由政府直接控制，一方面整合各类金融资源、政策工具、人力资源以及信息流、物流、资金流，通过引导资本合理流向调控国家宏观经济运行；另一方面间接监管市场运行、直接控制交易行为，维护社会公平正义，鼓励社会价值创造，彰显财富效应。一个有公信力的交易平台是资本汇聚和资本流转的基础设施，以政府监管为背景的产权市场成为了全社会股权、债权、物权、知识产权的形成与流转平台。以当前火热的股权众筹为例，产权市场作为项目股权托管、股权交易以及股权增值服务的规范市场平台，为社会合格投资群体参与股权众筹提供了制度保障和风险监管服务，将产权市场的公信力很好地移植到了新创中小微企业身上，解决了聚合社会资本的信用危机问题，有效地扩大了投资人范围，增加了新创项目的公信力，扶持了新创企业的规范和健康成长，有利于创业创新战略的成功落地。

（三）以创新金融资产交易所的身份＋非标准化全要素服务的功能切入创新资产权益投融资服务领域

当前由于社会上客观存在的大量存量权益没有财产化，且没有足够的产权市场去为各类产权、资产、权益提供流转服务，所以表现为社会投资渠道匮乏，资金频繁在楼市、股市窜投。所以产权市场就是要通过汇聚大量非标准化权益财产，并创造可流转的权益投资新产品，拓宽大众投资理财新渠道。产权市场主要植根于各种非标准化的产权、资产权益和权益未来收益的确权和交易服务，从权益初始登记、权益融资、权益质押、资产权益处置，以及权益变更登记等一系列服务，最终实现各类创新权益的流转和增值。例如各类金融资产权益（非上市企业股权、企业债权、应收账款、信托受益权、小贷资产权益、股东分红权益等）、商品权益（商品折扣积分权益、艺术品增值权益等）、固定资产未来收益（房产、海陆空交通运输工具、大型机械设备租赁权益等）、特许经营权益（土地承包经营权益、林权、水权、矿业权、门票收费等特许经营权，工程供水、供热、发电、污水垃圾处理等预期收益）、技术产权和知识产权权益（著作权版权、体育赛事与表演艺术主办冠名与内容转播权益、专利技术转移等）、有价值的时间和空间权益（社会名人活动机会权益、各种媒体的广告时空经营权益、文化艺术活动参与权益等）、虚拟产权权益（大数据、游戏装备等互联网空间创造出来的权益）等都可以通过产权市场实现确权、交易和增值，使产权交易市场真正成为人们创造财富的新渠道，成为国家经济建设的新型金融资本市场。

产权市场的新征程

——学习党的十九大精神的体会[①]

学习贯彻党的十九大精神，以习近平新时代中国特色社会主义思想的内涵，在经济领域以深化供给侧结构性改革为主线，推动各项改革事业的继续深入。

一、产权市场新高度

经济体制改革是各项改革的基础，也是关系到社会生产力的活力与动力的关键性改革。因此社会各界都特别关注社会经济体制改革的方向和目标。党的十九大报告明确提出"经济体制改革必须以完善产权制度和要素市场化配置为重点"。这不仅是国家顶层设计对于未来一段时间的基本要求，无疑对产权交易市场也提出了前所未有的建设高度，这意味着以党的十六届三中全会提出的"归属清晰、权责明确、保护严格、流转顺畅"为标志的现代产权制度将进一步被完善，新的制度体系要更加明确各类产权的归属与保护各类产权的平等地位，还着重强调要以市场化的方式实现要素配置，而要素市场化配置的实质就是要素产权流动。

应该说各类社会生产要素都可以通过产权市场的业务创新实现优化配置，产权市场就是服务于包括国有与民营的全社会要素资本融通

---

① 原载于《产权导刊》，2018 年第 1 期，第 26—28 页。

的交易场所。根据中国产权协会发布的数据，2012 年至 2016 年这五年，产权交易资本市场交易的产股权、实物资产、诉讼资产、金融资产、企业融资服务等包括非国有产权的交易项目，累计成交额已经突破 18 万亿元，取得了有史以来最好的发展成果。也许正是因为有这样一系列的发展成绩，党的十九大报告才会有这样的论述，而这一段论述就已经远远超越了十八届三中全会后中央深化改革领导小组提出的产权交易市场是服务于国企改革的资本市场之一的机构定位和服务范围，产权市场已经成为服务于全社会各类要素产权流动的大市场。

二、产权市场核心任务

追溯产权市场的发展历程，产权市场是因国企改革而生，因国资改革而长，在防止国有资产流失过程中磨炼，在建立现代产权制度过程中涅槃，虽然产权市场作为具有中国特色的要素资本市场有别于发达资本主义国家的资本市场体系，但也是因为有强大的国有经济和国有企业群体作为支撑，因此服务于国资国企改革，产权市场是当之无愧的主战场。在过去五年时间里，国资国企改革成为产权市场发展的主动力，包括中央深化国资国企改革的一系列文件出台，特别是国务院国资委和财政部联合下发的《企业国有资产交易监督管理办法》（即 32 号令），对于产权市场的推动功不可没。全国产权交易机构也顺势而为，大力开辟了一系列产权交易新领域，包括帮助国有企实施"三去一降一补"和提质增效、瘦身健体过程中提供专业化服务，取得了非常好的效果。据中国产权协会统计，最近五年全国产权市场共完成国有产权转让项目成交额超过 8 636 亿元，平均增资率接近 20%，其中超过 94% 的交易项目在评估结果的基础上实现了增值。这其中单个项目超百亿元交易额已不足为奇，但是，面对庞大而复杂的国有企业和国有资本体系，以及多年来积累的根深蒂固的国企改革的问题，中央要求全面深化改革落实，而现有产权市场的服务品种和服务能力应对这个艰巨的历史任务还是远远不够的。

报告中强调要进一步完善各类国有资产管理体制，加快国有经济布局优化、结构调整、战略性重组，促进国有资产保值增值，推动国有资本做强做优做大，有效防止国有资产流失。而针对国有企业而言，报告强调要继续深化国有企业改革，发展混合所有制经济，把培育具有全球竞争力的世界一流企业作为目标。这让我们看到的是如此广大的国资国企市场资源，同时也看到了我们服务国资国企改革的政策方向，抓住国有企业混合所有制改革这个当下国资国企改革的突破口，这对于产权市场而言仍然是巨大的挑战。产权市场仅仅依靠松散分布于全国各地的单个小交易机构来承接这样大的改革任务，或是依靠国内几个较大产权交易机构都力不从心，我们只有凝聚全国交易机构之力，打破区域分割的利益格局，联合打造统一的产权市场运营机制，带动各地交易机构能力提升，汇聚各地交易机构的优势资源，达到资源共享、合作共赢，方有可能担当新一轮国资国企改革重任。

三、产权市场新要求

产权交易机构承担着国家创新要素资本市场体系建设的重任，党的十九大报告清晰地提出了产权要素配置的目标要求，即"实现产权有效激励、要素自由流动、价格反应灵活、竞争公平有序、企业优胜劣汰的目标"，这恰恰是产权市场自身供给侧结构性改革的指导方针，也是完善市场制度、提升交易质量的努力方向。产权市场之于国有企业混合所有制改革和并购重组工作不应再停留在进场交易、规范挂牌、竞价成交、保值增值的这些程序性操作阶段，而应该将国有企业改革重组与企业长远发展战略、内部治理机制设计、中国企业参与国际竞争、创造良好市场环境等一系列经济体制改革目标都融入交易过程，这相当于对整个产权交易机构的工作内容进行了重新的定义。全行业从业人员应当从中感觉到来自各个方面的压力，项目的复杂程度不断增强，客户的期望值越来越高，专业服务的质量越来越高，特别是来自跨行业的外部竞争也越来越激烈。因此，我们从产权市场角度学习十九大报告，核心还是要抓住国家的新发展理念，建立创新、开放、共享、有序的统一市场平台，并以建设现代化的产权资本市场体系为己任，努力发挥市场在资源配置中的决定性作用。

一是培育高质量的产权交易机构群体。一个行业的强大与否主要来源于行业中有没有足够强大的主体企业，而这些企业的生存是否依靠市场化的交易资源是重要标志，如果这些企业仍然通过政府授权获得交易机会；如果企业手里仍然拿着政府批准的收费标准坐地收钱；如果机构中没有相关领域的理论权威与技术专家引领行业创新；如果这个行业业态不能适应行业快速迭代的生存步伐而亦步亦趋，那将绝对不可能适应可以预见的未来。未来的产权交易机构不会遍地开花，良莠不齐，而是经过市场的不断筛选和淘汰，最终形成一批专业能力强、市场化程度高、创新性和影响力大、具有国际竞争力的一流交易机构群体。

二是培育一批具有历史使命感和责任感的交易所企业家和知识型、技能型、创新型员工队伍。产权交易机构供给侧结构性改革的关键还是补短板，而目前的交易机构最为明显的短板是队伍建设。由于历史沿袭下来的行政化体制机制问题，使得行业内很多交易机构团队的竞争意识、危机意识和创新意识都不够强。正像我们整个国家的发展定位由经济高速增长的阶段转变为高质量发展阶段一样，产权交易机构员工队伍也必须要顺应市场环境变化，不断培养自身应对挑战的能力与勇气，敢于打破原有格局，敢于面对外部竞争，通过实践不断提高自身素质，打造一流交易所团队。

三是有计划有目标地主动开展市场创新。创新始终是产权市场的灵魂，我们是以产权交易机构为核心的产权市场，就必须要担起创新主体的责任。我们应以产权市场理论为指引，以市场未来业态为目标，以终为始地开展有组织创新，形成自主知识产权，坚持由产权交易机构引领行业发展，而不是借助其他外部机构的技术平台与力量开展创新。行业协会应及时总结全行业优秀实践成果，改善行业外部环境，促进创新成果推广应用。只有这样才能培养造就一大批具有相当水准的运营管理人才、科技领军人才和高水平的业务创新团队，打造产权市场创新文化，传承创新基因。

四是整体布局推动产权市场协调发展。未来的产权市场领域广泛，但目前的交易机构缺乏统一规划，政策不一、布局分散，存在严重的资源不均衡、发展不同步问题，产权市场服务实体经济的深度和广度在不同的地区差异化很大，西部地区和边疆少数民族地区的产权交易市场发展不充分、不深入的问题仍然非常突出。所以行业协会应当整体规划全国产权市场特别是交易机构的建设路径，利用信息技术平台的建立和丰富全国统一的云上产业链，整体推进行业服务的关键标准，带动不同区域产权市场建设和交易机构能力的同步提升，提高整个行业的数字化水平，最终形成全行业可持续的创新力与竞争力，不断推动全行业协调发展。

构建产权交易统一市场的制度设想[①]

中国产权人始终有个统一市场的梦想，但至今全国的产权交易机构仍长期处于实际的散碎分布、自主发展的阶段，虽然有"产全云"和"e交易"为代表的机构联盟在市场整合方面做出一些实践，行业协会通过统一信息发布和资源共享也在整合市场方面下了很大功夫，但是相关的发展模式特别是构建统一市场的制度设计仍然在探索之中。除了行业内的探索，业外基于政策资源、按照行政级别自上而下的市场整合也在进行当中，例如全国公共资源交易平台；还有基于电商平台、以赢家通吃的心态自下而上跨界整合市场的脚步更是没有停止过，例如淘宝资产拍卖平台。大家都在用各自的方式打造着属于自己的统一平台，但究竟哪一个平台，哪一种路径真正可以成为行业发展的前景，现在还不得而知，这也给产权市场创新发展带来了巨大挑战和无限可能。

我们可以把这个过程看成是一个统一市场整合的过程，无论如何整合都要深入到顶层设计和操作细节层面，并以制度的形式确定下来，方能体现出谁是适应时代的高层次整合。

一、建立统一的标准化互联体系

和平发展的互联网新时代，大家都已经形成一种共识，那就是统一

---

① 原载于《碰撞》（内刊），2019 年 11 月号，第 1—2 页。

市场体系最重要的是互联互通，再大的信息孤岛也只是代表一个区域或一种文化，即使再先进再发达也不能够代表整个世界，何况世界的多极化、扁平化发展更是不可逆转的趋势。在这个道理下面就产权市场而言，建立联通全国的统一互联网云平台这个基础设施至关重要，随着互联网技术的发展，可能会有更加先进的技术出来，但不论怎么先进也要有一个相互认可的统一标准，否则大家就没办法交流，更没有办法共享，而对于分布在天南海北的客户来讲，则更要千人千面，如果不统一标准，就会在交易细节这个事情上成本过高，影响客户参与，也就影响市场活跃度。客户虽然喜欢不同地区交易标的的差异性，但就商业操作来说还是规则越清晰透明、理解越一致、操作越简单，沟通起来肯定是越方便。这个统一的标准，包括统一的制度、规则和流程，统一的文本、表单和法律要件，但最关键的还是统一的执行到位，涉及执行就涉及平台的组织管理，所以最难解决的还是上线交易机构的操作管理问题。其实把简单留给客户就是要把复杂留给交易机构和云平台，所以，仅有互联互通这种理想化的精神目标是不够的，还要有更深入细节的一个个技术、业务、习惯、管理方式，甚至于人员素质难题的逐个解决，构建统一市场才有意义。

二、建立共同维护的核心利益

市场中的每一家产权交易机构都有它的核心利益，但是当我们进入同一个共用的云平台，在"四统一"的规则体系下面当然不是放弃自己的核心利益，这里要用市场格局的角度来解释。如果从一家产权交易机构来看，在自我需求充分满足前提下追求自身利益最大化是没有问题的，但从交易机构碎片化分布和相互竞争的市场现状来看，要达到这个目标几乎除了政策保护下的垄断经营没有别的出路。在行业内部市场拓展和外部跨界竞争不断加剧的情况下，原来的市场格局已经发生了巨大变化，产权市场已经不是由产权交易机构集体垄断、不断拓展外延的市场了，而是市场边界无限大、广义的交易机构无限多，而且相互激烈竞争。因此，这其中只要有类似于共同价值观的利益联盟存在，即使这个联盟的力量还不到整个市场的1%，它都将对于每一个竞争主体形成"以镒称铢"的决胜优势，并一定可以对行业产生重要影响，甚至可以制定行业规则，在不断扩大利益同盟的基础上，高效率地拓展更大的市场外延，甚至抵挡原来所谓跨界竞争的各类主体，捍卫交易机构原有的市场利益。联盟的能力要远远超过一个机构的能力，一个机构离开了联盟不但得不到增值收益，恐怕连原有的利益都保护不了，所以联盟的利益才是加盟机构的核心利益，维护联盟的利益就是维护自身的核心利益。

三、建立五湖四海创新合作的发展模式

统一市场的生态圈包括统一云平台、分散布局的众多产权交易机构以及围绕平台开展各类中介服务的机构群，当然还有各类客户和投资人。客户通过登录平台、联系产权交易机构或者由中介服务机构引导进入平台实现顺畅交易，应当可以满足各地各类市场主体的多样化需求。但这种市场结构如何实现各取所需、清晰全面的产业链盈利模式是最关键的问题，市场主体能够相互支持、互相牵制、合理分工、利益均衡，共同推动整个系统良性运转、客户综合体验持续提升并创造新的需求。要达到这个目标，首先云平台要汇聚一批拥有相同理念的管理团队和资本支持，团队最好是来自全国各地，以保证平台的去地域化思维模式和工作理念，用资本纽带和业务合作牵动各地机构打造利益共同体。交易机构则要有全国性视野，不要自限格局、自筑壁垒，错误地认为自己只是服务于地方经济发展的交易机构；其次要确立整个系统不同主体的市场定位，相互之间既不越位也不错位，交易机构主要是业务操作

主体并要承担法律责任，云平台主要是资源汇聚主体并要保证交易效率，中介机构是专业服务主体并起辅助和支撑作用，大家是合作共同体；最后是要有清晰完整的盈利模式，云平台、交易机构和中介服务机构的盈利模式既相互联系又迥然不同，总目标是合理收取各类服务相关费用，达到相对均衡的利益格局，并且能够不断降低整个市场的交易成本，保证三类机构收入的持续增长，这才是统一产权市场最为吸引人和最有生命力的地方。

四、建立快速适应外界变化的发展机制

产权市场的环境已是一个完全开放的系统，各类市场主体比拼的就是适应时代生存发展的能力，如何能够保持统一市场的与时俱进是必须要考虑的问题。这其中的核心发展机制就是要保证不能让整个市场形成固有的利益格局，否则依然会重新陷入一轮破局、颠覆和整合的境遇。传统的以交易机构为核心的产权市场就是因为在政策的推动下形成了按级别、能力和区位优劣势以及地方保护主义所造成的条块分割的利益格局，因此统一市场一直难以整合。那么如何改变，简单地说就是要保持去中心化的交易机构联盟决策机制和完全市场化的云平台运营管理模式。去中心化的交易机构联盟不能保证整个平台按照最先进和快速的模式发展，但可以保证整个平台去地域化的发展机制和通用化的发展路径，其实通用化的路径才是最适合绝大多数交易机构的发展路径，它既可以给先进的机构以创新探索的机会，也可以让落后的机构能够跟上整个平台的发展节奏。服务于整个产权市场的云平台要具有独立于交易机构，不与交易机构竞争同类业务的生存模式，而且必须要保证云平台的完全市场化，其主要是通过不断拓展产权市场的业务边界，吸引更多的广义交易机构进驻平台，目的就是要培养产权交易机构的竞争对手，让交易机构在平台内部竞争中始终保持活力，不断强

化自身的业务优势，避免了形成传统的利益格局。平台同时也为交易机构创造新的市场机会，为平台自身的发展创造条件，这才是产权市场始终保持激活状态的有利前提。统一的云平台已经成为全社会市场机制的保护者与整合者，成为真正意义上的产权市场。

五、建立交易机构主体制度创新体系

市场体系发展变化一直存在，因此产权交易机构作为产权市场的核心主体会随着市场本身的不断转型升级必须要进行制度创新，不断适应来自市场内外部的挑战，不断解决市场客户需求的变化，否则就有可能被市场淘汰。拿产权交易机构这种组织形式来说，不得不说是模仿证券交易场所而来，它作为资本市场的核心组织，目前只是在产权交易机构行业被认可，外界特别是金融资本市场的主管部门并没有明确产权交易机构的这一定位，这就让外界对于产权交易机构的角色认同变得更加模糊。其实从理论层面来讲，生产力的发展来自要素的自由流动，而不论是劳动力、土地、资本、知识、技术、管理还是数据等各类要素报酬的核心还是其产权价值的体现，[①] 所以产权市场是个全要素权益流动的大市场，仅以资本市场来定位产权市场是把产权市场的功能说窄了。因此，产权市场的制度体系和顶层设计就不能只停留在国有资产或公共资源交易领域，更不能完全照搬其他行业机构的操作方法甚至成了其他机构，我们始终认为这样的产权交易机构并不是产权市场的未来。因此，产权交易机构作为全要素权益市场的制度创新，应当以国家顶层设计层面的重要制度体系为基础，在操作层面则以完全不同于证券市场、电商平台或拍卖和招投标机构的操作方法去开展业务，厘

---

① 2019 年 10 月 31 日党的十九届四中全会通过的《中共中央关于坚持和完善中国特色社会主义制度　推进国家治理体系和治理能力现代化若干重大问题的决定》提出："健全劳动、资本、土地、知识、技术、管理、数据等生产要素由市场评价贡献，按贡献决定报酬的机制。"

清产权市场与交易机构的角色定位，以充分发挥市场功能为前提去重新定义统一产权市场的未来，这也是产权交易机构能够独立组成市场体系，而不是被某一个体系所能涵盖甚至代替的原因。

产权交易统一市场的前路依然崎岖，但我们的前景却无比广阔，只是需要我们产权人团结努力，联合发展就会最终见到曙光。

附　　录

附录 1

中国产权市场建设与改革 40 年[①]

　　1978 年，党的十一届三中全会开启了中国改革开放的伟大征程。国有企业，作为中国经济的重要组成部分，经历了放权让利、承包经营、公司制改革、混合所有制改革等从计划经济到市场经济的改革历程，取得了辉煌成就。中国产权市场正是在这个过程中，因服务国资国企改革而生，在服务改革中发展壮大。服务范围从最初的企业国有产权转让，逐步拓展到股权、债权、知识产权等现代产权制度所涉及各类要素的有序流转和优化配置，走过从无到有、从小到大、从单一到多元的发展历程，展现出旺盛的生命力和创造力。中国产权市场自诞生以来始终肩负着国有资产公开、阳光交易的重任，为国资优化配置和保值增值提供高效平台，成为国家建立健全惩治和预防腐败体系的重要抓手。同时，中国产权市场的建设和发展，是中国在非标准化资产交易领域的重大制度创新，它与证券市场一起，构成了中国复合资本市场体系的基础框架，有效推动了产权制度改革，为我国完善社会主义市场经济体制发

　　① 本文作者为邓志雄、何亚斌、吴汝川、陈志祥、苗伟、刘闻。邓志雄，教授级高级工程师，国务院国资委产权局原局长、规划局原局长，现任中国电信、中国铝业、中国保利集团专职外部董事；何亚斌，研究员，中国产权协会党委原副书记、原副秘书长；吴汝川，中国产权协会会长，北京产权交易所党委书记、董事长；陈志祥，中国产权协会副会长，武汉光谷联合产权交易所党委书记、董事长；苗伟，中国产权协会副会长，山东产权交易中心党委书记、董事长；刘闻，中国产权协会常务理事，广东省产权交易集团党委书记、董事长。原载于国务院发展研究中心市场经济研究所：《改革开放 40 年：市场体系建立、发展与展望》，中国发展出版社，2019 年 1 月，第 215—237 页。

　　本文定稿前，课题组成员何亚斌受组长邓志雄委托，登门向中国产权协会党委书记、秘书长夏忠仁，向国务院国资委产权局副局长李晓梁，征求意见，受到高度重视，他们提出了高水平的修改意见和建议，这些意见和建议已完全地体现在本稿中。他们的负责精神和智慧，对于提高本文质量，起了重要作用，特此表示真诚感谢！

挥了重要作用。产权市场，中国创造，为世界其他国家和地区建设现代市场体系提供了中国智慧和方案。

一、产权市场的发展历程①

（一） 萌芽兴起阶段（1978—1993 年）

改革开放拉开中国经济体制改革的大幕。从尊重经济规律办事，到计划经济为主、市场调节为辅，到实行有计划的社会主义商品经济，再到计划与市场的内在统一，当时体制僵化的国有企业，亟须推进改制重组以适应新的市场环境，中国产权市场正是在这种背景下破土发芽。1988 年 5 月 11 日，武汉市体改委批准设立"武汉市企业兼并市场事务所"②，中国第一家完全意义上的产权交易机构就此诞生。之后，昆明、深圳、山东、江西、山西、北京、上海、南京、乐山等地产权交易机构如雨后春笋般出现。

1993 年 11 月，党的十四届三中全会提出建立"产权清晰、权责明确、政企分开、管理科学"的现代企业制度，首次提出实行"产权流动和重组"，产权市场发展随之趋于活跃。截至 1993 年底，全国共成立产权交易机构 170 多家，形成中国产权市场的第一次发展高潮。

（二） 艰难探索阶段（1994—2002 年）

中国产权市场发展之初，尽管国家和一些省市政府出台了一些支持和规范企业产权交易的政策措施，但由于市场缺乏必要的监管体系，少

---

① 发展历程划分方法，系参照何亚斌：《中国产权交易评述：政策沿革视角》，载曹和平主编：《中国产权市场发展报告（2008—2009）》，社会科学文献出版社 2009 年版，第 312—320 页。

② 1988 年 5 月 11 日，武汉市体改委对武汉市财政局发出《关于同意成立武汉市企业兼并市场事务所的批复》（武体改〔1988〕第 012 号），同意成立武汉企业兼并市场事务所。

数产权交易机构对初级企业的股票擅自开展非上市公司股权拆细和连续交易，即所谓一级半市场，当时成都的红庙子、武汉的汉柜、淄博的SDK 都很红火，[①] 但它游离于证券监管之外开展证券交易，引发市场风险。鉴于此，1994 年 4 月，国务院办公厅发出明传电报 12 号《关于加强国有企业产权交易管理的通知》，要求暂停产权交易市场活动。到 1997年，受亚洲金融风暴的影响，国务院为掌握场外交易市场情况，同年 5月组织证券委员会、证监会、人民银行、体改委、国资局 5 部委成立联合调研组，到山东、河北专题调研，11 月全国金融工作会议讨论形成清理整顿意见，12 月，《中共中央、国务院关于深化金融改革整顿金融秩序防范金融风险的通知》（中发〔1997〕19 号）出台。为落实这个文件要求，1998 年 3 月，国务院办公厅转发中国证监会《关于清理整顿场外非法股票交易方案的通知》（国办发〔1998〕10 号），要求"彻底清理和纠正各类证券交易中心和报价系统非法进行的股票、基金等上市交易活动，严禁各地产权交易机构变相进行股票上市交易"。因此，淄博、乐山、成都、武汉等一批不规范的柜台交易机构被关停，全国只留下上海、北京、天津、深圳等地少量比较规范的产权交易机构，市场发展态势低迷。直到 1999 年，伴随国家大力推进高新技术企业发展，技术产权流转存在巨大需求，催生了技术产权交易市场的建设和发展，这给处于困境的中国产权市场注入了新动力，产权市场复苏。

（三）规范发展阶段（2003—2015 年 8 月）

如果说，中国产权市场诞生和发展的前 15 年，主要特征是孕育、探索和试错，那么 2003 年以后，在中央纪委和国务院国资委的推动下，中国产权市场进入规范运行、快速发展的时期。

2002 年初，党的十五届中纪委第七次全会提出："各地区、各部门

[①]　熊焰：《地方交易所的现状与前景》，引自 2018 年 8 月 31 日北京国富资本有限公司网站。

都要实行经营性土地使用权出让招标拍卖、建设工程项目公开招标投标、政府采购、产权交易进入市场等四项制度",这是中国产权市场实行全面规范发展的制度起源。同年,党的十六大提出"健全统一、开放、竞争、有序的现代市场体系","发展产权、土地、劳动力和技术等市场"。2003 年 10 月,党的十六届三中全会进一步提出建立"归属清晰、权责明确、保护严格、流转顺畅"的现代产权制度,提出要"依法保护各类产权,健全产权交易规则和监管制度,推动产权有序流转",要求"规范发展产权交易"。

按照上述要求,2003 年 11 月,国务院办公厅转发了当年新设立的国务院国资委《关于规范国有企业改制工作的意见》(国办发〔2003〕96 号),规范国有企业改制行为,同时提出"非上市企业国有产权转让要进入产权交易市场……并按照《企业国有产权转让管理暂行办法》的规定,公开信息,竞价转让"。同年 12 月 31 日,国务院国资委和财政部联合颁布《企业国有产权转让管理暂行办法》(国资委、财政部令第 3 号,以下简称 3 号令),从解决"进场交易"这个要害出发,建立了企业国有产权进场交易制度。之后,国资委指导各地出台法规和政策,就如何选择产权交易机构、做好进场交易准备、交易信息披露、场内竞价交易、买方与价格确认、交易价款结算、产权关系变更、交易过程监管等环节,制定了一整套严密的企业国有产权转让交易规则,明确了转让各环节具体的工作程序和操作细则。以 3 号令的出台为标志,我国产权市场进入规范快速发展阶段。

2009 年 5 月 1 日,《企业国有资产法》开始施行,其中第 54 条规定:"国有资产转让应当遵循等价有偿和公开、公平、公正的原则。除按照国家规定可以直接协议转让的以外,国有资产转让应当在依法设立的产权交易场所公开进行。""依法设立的产权交易场所"和企业国有资产进场交易的原则,正式被写入法律,有了法律保障。

在这一阶段,按照国务院国资委关于企业国有资产"应进必进、能进则进、进则规范、操作透明"的原则，企业国有产权转让行为在全国范围内实现强制进场，使中国产权市场全面复兴，交易行为规范大为增强，市场效率极大提升。以此为带动，中国产权市场不断拓展服务范围，企业资产转让、行政事业单位资产转让、司法机关涉案资产交易、查没贪腐资产处置等涉及的各类国有和非国有资产，以及知识产权、林权、碳排放权、金融资产等各类生产要素也陆续通过产权市场这一阳光化、市场化平台进行交易，交易规模和市场影响力持续放大。

随着产权市场的快速发展，社会上一些机构再次出现打着产权交易所旗号开展证券市场外的拆细连续交易的行为。2011年11月，国务院发布《关于清理整顿各类交易场所切实防范金融风险的决定》（国发〔2011〕38号），要求"按照属地管理原则，对本地区各类交易场所，进行一次集中清理整顿，其中重点是坚决纠正违法证券期货交易活动"。为此，国务院成立由证监会牵头的"清理整顿各类交易场所部际联席会议"，开始对全国范围内从事产权交易、文化艺术品交易和大宗商品中远期交易等各种类型的交易场所进行清理整顿。2012年7月，国务院办公厅发布《国务院小公厅关于清理整顿各类交易场所的实施意见》（国办发〔2012〕37号），明确划清了产权市场与证券市场的业务边界。到2014年前后，各省市自治区陆续公布本区域通过清理整顿检查验收的交易场所名单。全国各地国资委选择认定从事企业国有资产交易的产权交易机构全部通过检查验收，产权市场经受住了考验，市场公信力进一步提升。

（四）进入发展新时代（2015年8月至今）

2015年8月，中共中央、国务院出台《关于深化国有企业改革的指导意见》（中发〔2015〕22号，以下简称22号文），明确提出"支持企业依法合规通过证券交易、产权交易等资本市场，以市场公允价格处置企业资产，实现国有资本形态转换，变现的国有资本用于更需要的领域和行业"。该文首次将产权市场与证券市场平行纳入"资本市场"范畴，产权市场属于资本市场重要组成部分这一重要定位，在国家顶层设计中得到明确，产权市场和证券市场一起构成了有中国特色的复合资本市场。以22号文出台为标志，产权市场的发展进入新时代。

2016年7月，国务院国资委会同财政部发布《企业国有资产交易监督管理办法》（国务院国资委、财政部令第32号，以下简称32号令），明确将企业国有产权转让、增资扩股、资产转让行为一并纳入产权市场公开交易，在资产交易、流转的基础上，赋予了产权市场产股权融资功能，健全完善了产权市场的资本市场定位。

习近平总书记非常重视产权市场在中国经济转型升级中发挥的重要作用。2016年3月4日，习近平总书记在参加全国政协十二届四次会议民建、工商联界委员联组会议时指出："要着力引导民营企业利用产权市场组合民间资本，开展跨地区、跨行业兼并重组，培育一批特色突出、市场竞争力强的大企业集团。"[①] 2017年10月，党的十九大报告提出要贯彻新发展理念，建设现代化经济体系，指出"经济体制改革必须以完善产权制度和要素市场化配置为重点，实现产权有效激励、要素自由流动、价格反应灵活、竞争公平有序、企业优胜劣汰"。中央一系列政策文件和习总书记的指示精神，确立了产权市场在新时代的发展方向，也赋予了产权市场新的使命和任务。

二、产权市场的发展成就

（一）交易规模呈跨越式发展

在长期的市场实践中，产权市场坚持提升服务功能，加快业务创

---

① 习近平：《毫不动摇坚持我国基本经济制度，推动各种所有制经济健康发展》，引自《人民日报》，2016年3月5日。

新，较好适应了我国不同发展阶段生产力发展的需求，平台优势不断显现，交易规模呈跨越式发展。党的十八大以来，产权市场各类交易品种累计交易额已经突破26万亿元，取得显著的发展成效。

（二）业务品种显著增多

中国产权协会统计数据显示，其统计范围内68家交易机构目前已形成12类主要业务，包括：产股权交易、企业融资服务（含增资业务）、实物资产交易、其他公共资源交易、诉讼资产交易、金融资产交易、环境权益交易、技术产权交易、文化产权交易、林权交易、矿业权交易和农村产权交易等①，产权市场的业务已经深入到国民经济和社会生活的多个关键领域，对实体经济发展起着关键的支撑作用，促进了社会和谐稳定。

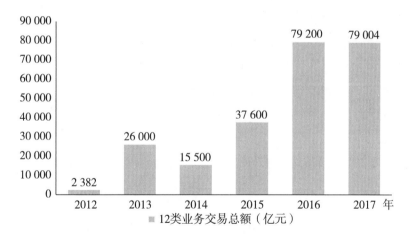

资料来源：中国产权协会《2017年度产权交易行业统计报告》。

图1　中国产权市场交易规模变化情况（2012—2017年）②

---

① 以上数据引用自中国产权协会《2017年度产权交易行业统计报告》。
② 2012年11月，《产权交易行业统计工作实施办法》开始实施，是产权行业统一的统计制度方法。

（三）服务领域不断扩大

第一，服务国资国企改革。在服务国有资产阳光交易方面，统计数据显示，2007—2016 年，全国各产权交易机构公开挂牌转让企业国有产权 9 590 亿元，较评估结果增值 1 626 亿元，平均增值率达 20%[①]，这与未进场交易前多以评估价转让或低于评估价转让的情形形成鲜明对比，表明企业国有资产通过产权市场在流转中实现了保值增值，国有资产价值得到有效挖掘。在服务国有资产优化配置方面，企业资产交易的标的，是"活"的产权，是企业未来发展必不可少的"活"的要素。因此，产权市场不仅要助力国有资产实现保值增值，还要实现资源的最优化配置，帮助标的企业找到最有利于企业后续发展的投资者。实践证明，过去十几年产权市场涌现出一大批助力企业做强做优做大的典型案例。2006 年，福建雪津啤酒有限公司 100% 股权在福建省产权交易中心采取"两轮竞价"方式，被荷兰英博啤酒集团竞得，5.3 亿元的净资产以 58.86 亿元成交，增值率达到 1 060%，在充分竞争的情况下，以巨额增值实现了国有股权转让的高倍增值，同时顺利引进了外资，实现了多方共赢，创造了中国产权市场的"雪津神话"。2011 年，国务院国资委产权局深入福建莆田对该项目进行回访，结果表明，该项目实现了企业、买方、地方政府、社会多赢的良好成果：一是企业管理水平明显提升；二是经营规模稳步增长；三是企业品牌和发展质量得到提升，全球品牌价值达 13 亿美元；四是经济效益不断提高，纳税总额由 2005 年的 3.26 亿元增加到 2011 年的 8.45 亿元[②]。武汉光谷联合产权交易所 2015 年操作的湖北华清电力公司破产资产（鹤峰县江坪河水电站）交易项目，经过 143 轮竞价，由湖北能源集团以 15.1 亿元竞得。增值率

---

① 以上数据引用自国务院国资委产权局副局长郜志宇在中国产权协会三届二次常务理事会暨学习 32 号令培训班上的讲话。

② 国务院国资委产权管理局编：《国资新局》，中信出版社 2013 年版，第 3—27 页。

虽然只有 11.78%，但其关键的社会意义在于，该电站是鹤峰县的"希望工程"，停工 4 年被起死回生恢复施工后，建设进展顺利。经 2018 年 8 月回访得知，预计 2019 年夏可建成发电，每年可为当地财政增加收入过亿元，防洪、航运和旅游效益显著，成为产权市场助力脱贫奔小康的典范。2015 年，重庆联合产权交易所受理中新大东方人寿保险公司 50% 国有股权转让项目，成立精干团队，与转让方一道，挖掘项目核心价值，广泛发动市场，征集到 4 家合格意向受让方。经过持续 4 个半小时 721 轮的公开电子竞价，最终恒大地产集团以 39.39 亿元高价竞得，比挂牌价增值 23.36 亿元，比股权对应的净资产 2.99 亿元增值 36.4 亿元，创下该所建所以来单宗国有产权交易增值新高，受到重庆市政府和社会舆论的广泛好评。党的十八大，尤其是十八届三中全会以来，国家积极推进国企混合所有制改革，在此过程中，产权市场充分发挥交易平台功能，助力国企混改引入社会资本，在放大国有资本功能、优化法人治理结构、提升国有经济活力和竞争力等方面发挥了重要作用。32 号令发布以来，国有企业通过产权市场以转让部分股权或增资扩股方式完成混改项目 822 宗，累计引入各类资本 3 074.7 亿元，在加快国有资本与社会资本融合的同时，有效降低了国有企业的负债水平，为国有经济更高质量发展提供了资金支持，确保了混改的规范、透明。东方航空物流有限公司 2017 年通过上海联合产权交易所引入德邦、普洛斯等行业龙头企业作为战略投资者，引入联想、绿地等民营资本作为财务投资者，同时引入核心员工持股形成利益共同体，在引进各类社会资本后，重点推进三项制度改革，经营效率显著提升，利润总额同比增长 62.78%[①]。2018 年，中国铁路总公司旗下动车 WiFi 项目通过北京产权交易所引入深圳腾讯公司和浙江吉利控股公司组成的联合体，实现高铁网和互联网的"双网融合"，产权市场助力中国铁路总公司迈出混改

[①]　以上数据引用自国务院国资委产权局副局长邵志宇在"2018 中国企业并购与国企混改（成都）峰会"上的讲话。

第一步，产生深远影响。这些案例都说明，产权市场已发展成为推动国有资本与社会资本相互融合、交叉持股的重要平台。

第二，服务各类经济主体去杠杆和扩大直接融资。为企业融通发展所需资金，是产权市场作为资本市场的重要特征。2017年，产权市场通过股权融资、债权融资、股权质押融资、政府与社会资本合作（PPP）等多种方式，共为实体经济企业募集资金7 984亿元。相比之下，2017年共有428家公司通过上海证券交易所首次公开发行上市，募资2 255.72亿元[①]；共有2 379家新三板挂牌公司完成定向增发2 580次，募资1 184.25亿元[②]。从这些数据可以看出，产权市场在为企业提供"非标准化"的融资服务方面，发挥了重要作用。

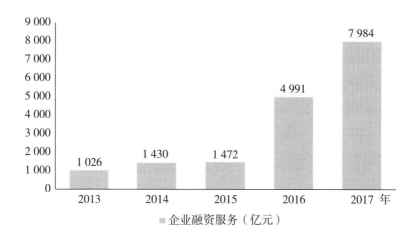

资料来源：中国产权协会《2017年度产权交易行业统计报告》。

图2 中国产权市场服务企业融资情况（2013—2017年）

第三，服务各类要素资源的优化配置。按照著名经济学家常修泽的"广义产权论"[③]，产权要素是"广领域"的：一是广到天上，即"环

---

① 以上数据信息引用自上海证券交易所于2017年12月25日发布的发审信息。

② 以上数据信息引用《中国证券报》2017年12月20日的报道：《2 379家新三板公司定增募资1 184亿元》。

③ 常修泽：《广义产权论》，中国经济出版社，2009年版，第3页。

境产权"；二是广到地上地下，如自然资源资产产权；三是广到天地之间的"人"的身上，如各种人力资本产权等。而产权市场的发展实践，正是沿着"广领域"产权要素来展开的。多年来，产权市场始终在积极探索和完善通过公开市场对各类要素资源进行有效配置的途径和模式，目前业务范围已经涵盖各类权益、实物资产、大宗商品和金融产品等品类，有效推动了各类要素资源的自由流转和市场化配置。2017年，山东兖矿科澳铝业有限公司14万吨电解铝产能指标通过山东产权交易中心公开转让，挂牌2.1亿元，吸引了东方希望、信发集团、魏桥集团等电解铝龙头企业在内的十多家机构参与，并最终以14.02亿元成交，增值11.92亿元，创造了产权市场有效服务供给侧结构性改革的新案例。

第四，服务政府部门资产管理和经济管理。在服务资产管理方面，产权市场积极服务公共权力部门在转变职能过程中下放产生的市场化处置业务，例如行政事业单位资产处置、公共资源交易、司法机关涉案资产交易、查没贪腐资产处置等，取得很好的成效。在服务经济管理方面，随着证监会等监管部门不断加强对上市公司并购重组和资产处置行为的监管，产权市场推出"上市公司并购重组和资产处置"等业务，为上市公司搭建了规范的并购重组和资产处置平台；为推进国内外产业和资本交流合作，产权市场推出"企业跨境并购重组"等业务，为国有、非国有、外资实体企业和金融机构，提供国际并购撮合和跨境融资等一站式服务；为助力各类企业"降杠杆"，有效防范和化解金融风险，产权市场推出"债权资产交易"业务，为银行、信托、资产管理公司、担保、典当行等机构，以及企业持有的债权资产、抵债资产的转让、债转股、投资等交易活动提供综合服务。例如，广东省交易控股集团积极开展银行不良资产跨境转让试点业务，为引入境外优质金融资源服务实体经济提供渠道；又如，广东国投破产财产整体处置项目在广东省交易控股集团以551亿元成交，溢价104亿元，有效化解了金融风险，很大程度上保护了债权人的合法权益。

（四）市场体系建设成效显著

第一，诚信自律建设初见成效。由中纪委推动、国务院同意、民政部批准登记、国务院国资委组建、党的关系由国资委党委直管的中国产权协会，于2011年2月成立，加强了行业自律，促进了产权市场统一、规范、高效发展。协会成立后，开展行业信用体系建设课题研究，建立行业信用评价工作制度，实行行业会员信用管理，对提升产权市场诚信意识、规范产权行业信用秩序起到重要作用。

第二，理论体系建设成果显现。理论研究一直是建设产权市场的基础。近年来，产权市场通过开展基础理论研究、举办创新论坛、建设博士后科研工作站、专门成立咨询研究机构等措施，不断加强理论研究工作，同时积极促进研究成果在实践中的转化应用，推动产权行业规范化、专业化、系统化发展。

第三，服务体系建设全面推进。在统一的产权市场建设方面，据中国产权协会统计，截至2018年9月底，全国具备企业国有产权交易资质的产权交易机构有122家，覆盖我国除台湾、香港和澳门以外的所有省、自治区和直辖市；部分产权交易机构还通过设立境外分支机构、发展国际会员等方式，积极推动产权市场境外服务的覆盖。2018年8月20日，澳门特别行政区行政长官颁布第94/2018号行政命令，由中央企业南光集团和澳门特别行政区政府等共同出资建设的中华（澳门）金融资产交易股份有限公司获准成立，标志着产权市场开始走向境外发展。

按照《关于实施〈国务院机构改革和职能转变方案〉任务分工的通知》（国办发〔2013〕22号）、《关于贯彻落实国务院第一次廉政工作会议精神任务分工的通知》（国办函〔2013〕63号）和《关于国资委贯彻落实2013年反腐倡廉工作任务分工的意见》（国资党委纪检

〔2013〕97号）三个文件精神，产权市场积极推动"四统一"建设。一是统一信息披露。由中国产权协会牵头，搭建全国统一的产权交易信息披露平台——中国产权网，实现了全国各机构交易信息的汇聚和集中披露，并强化信息披露的推广力度。二是统一交易规则。2016年，32号令发布以后，各地产权交易机构以此为遵循制定具体操作规则，中国产权协会也出台了相应的行业操作规范，交易规则的统一为产权市场业务的有序开展奠定了很好的基础。三是统一交易系统。产权市场的非标资产交易特质决定了交易系统的多样性。根据国务院国资委的要求，全国各产权交易机构在企业国有资产交易业务中按照统一的标准建设交易系统，同时满足了政府监管和交易机构业务的个性化需求。四是统一过程监测。当前，国务院国资委和各地方国资委依托企业国有资产交易监测系统，对产权交易机构的交易行为实时监测，实现了监管部门对企业国有产权交易全流程、各环节的动态监测。在线上线下服务体系搭建方面，适应大数据、云计算、移动互联和人工智能技术的快速发展，产权市场已实现注册、登记、挂牌、竞价、结算、在线咨询、撮合服务等交易功能的线上运行，形成完整的、支撑交易全流程的信息技术系统；与此同时，近年来，产权市场通过增设专业服务部门、发展交易中介会员、推进投资顾问服务、优化交易模式等方式，全面提升了产权市场的线下服务水平。在与证券市场联动方面，部分计划在国内外主板市场（含中小板、创业板）上市的国有企业申请上市之前，出于优化股权结构、满足上市条件等目的，积极通过产权市场进行产股权转让或增资扩股。例如，2016年9月，招商局华建公路投资有限公司通过北京产权交易所募集资金105亿元，成为32号令发布后首个进场的央企增资项目；2017年12月25日，招商公路换股吸收合并华北高速公路股份有限公司，并在深圳证券交易所挂牌上市（股票代码：001965）。此外，产权市场与新三板联动操作的项目也在不断增加，华龙证券股份有限公司通过甘肃省产权交易所募集资金96.22亿元，创造了2016年

中国新三板挂牌企业定向增发新记录。产权市场与四板市场即区域性股权市场的联动则更加普遍化和常态化。

（五）市场监管全面加强

2003年以来，产权市场形成了一套较为成熟的监管模式。在国家层面，国务院国资委、财政部、监察部、发展改革委、证监会和国家工商总局等六部委组成联合评审组，每两年对中央企业国有产权交易机构进行综合评审。国务院国资委开发建设了企业国有产权交易信息监测系统，对产权市场的国有产权交易进行全面动态实时监测。在地方层面，各地对口六厅局对本地产权交易机构进行业务指导和管理。

（六）为世界其他国家贡献"中国智慧"

产权市场的诞生和发展，虽然是中国特有环境下的"中国创造"，但也为世界其他国家做好国有资产监管以及建立完善本国资本市场贡献了"中国智慧"。一是产权市场完善的制度规则、内部控制体系以及互联网技术支撑，实现了各项交易和各个交易环节的阳光操作，有效预防了商业贿赂等腐败行为，很大程度上确保了交易的程序正义和依法合规，解决了国有资产交易易发腐败这一世界性难题，为世界上其他具备较多国有资产存量和增量的国家提供了良好借鉴。二是产权市场的市场化操作，能够助力企业找到优质的战略或财务投资者，为企业做强做优做大和经济结构转型升级提供有力支撑。三是建设产权市场比建设证券市场更简单易行，且产权市场覆盖要素资源的范围广，市场配置资源的效率高，产权市场和证券市场平行发展的资本市场结构大大优于单一证券市场的资本市场模式，这为世界其他国家完善本国资本市场体系提供了可借鉴经验。近十年来，产权市场的对外开放逐步展开：一方面，国务院国资委组织发达省市产权交易机构负责人"走出去"，先后访问联合国开发计划署等多个国际组织，考察纽约、伦敦、法兰克福等地证券交易所，积极学习国际资本市场运作经验，推动国际合作与交流。例如，2007 年 8 月，上海联合产权交易所与联合国开发计划署南南合作特设局在上海共同创立"南南全球技术产权交易所"（以下简称 SS - GATE），通过"技术 + 资金"方式援助部分欠发达国家的发展。2011 年 8 月，时任联合国秘书长潘基文在联大报告中，3 次提及 SS - GATE 并高度表彰其在国际技术转移和促进南南合作方面的突出贡献。国家发展改革委组织武汉光谷联合产权交易所、福建省产权交易中心负责人到古巴哈瓦那，在古巴国家和政府高等干部学院讲授中国国有产权转让的市场化操作经验，受到该干部学院院长的高度评价，写信邀请中国继续派遣授课。另一方面，采取"引进来"的办法。北京大学与康奈尔大学合办"美国未来领袖培训班"，开设"中国产权市场"课程，由国务院国资委产权局负责人讲授，获得参训者对我国阳光交易机制的赞叹。美国加州大学圣布拉第纳分校经济系考察团 3 次到访北京产权交易所。德国经济合作发展部与天津市人民政府合作开展的"中德合作建设中国产权交易市场体系项目"是中国产权市场首次获得的外国政府援助项目，该项目中方执行机构——天津产权交易中心在法兰克福、伦敦、布达佩斯、墨尔本设有办事处，承担招商引资任务。国家发展改革委和商务部开展"智力援外"，组织多哥和毛里塔尼亚官员培训班考察武汉光谷联合产权交易所，邀请资深产权交易专家在国内为古巴、菲律宾、埃塞俄比亚、冈比亚、赞比亚、纳米比亚、亚美尼亚、白俄罗斯、越南等多个培训班讲课，产权市场的"中国智慧"正在世界部分国家落地开花。

三、产权市场的发展经验

40 年来，我国产权市场形成了一些值得长期坚持的宝贵经验，主要有六条。

（一）始终坚持市场化改革方向

在改革开放过程中，产权市场始终牢牢抓住服务生产关系变革的主线，始终将服务市场化改革作为核心工作，始终紧跟国家政策，精准站位，深入贯彻并及时挖掘产权市场发挥作用的机会。从中央和国家的决策部署，到各级政府部门的政策法规，再到行业制度规范，产权市场始终坚持第一时间学习领会，第一时间将国家和各级政府要求与发挥产权市场功能相结合，第一时间实现各项服务的落地，取得较好效果，得到各级政府和各类企业的一致认可。

（二）始终坚持推进国企改革和预防腐败

改革开放初期，国有产权转让大多采取行政化手段，一个企业卖不卖、卖给谁、卖多少钱都由党政官员主导，这导致擅自决策、少评低估、暗箱操作、自卖自买等混乱状况，滋生腐败。更为严重的是，非市场化的配置方式往往导致资源的盲目流动和错配，对企业后续发展埋下隐患。如何寻找一条既符合中国实际情况，保证国有资产不流失，又能实现最优化配置的市场化路径，成为当时亟须解决的问题。利用好产权市场实行阳光交易就成为解决这一难题的最佳答案。其一，产权市场充分的信息披露制度，广泛征集受让方，能最大可能地发现投资者。其二，产权市场基本采用网络竞价的交易方式，避免了人为干扰，能最大限度地发现交易价格。其三，产权市场公开、透明的交易流程保护了交易各方，特别是被转让标的企业债权人和职工的合法权益，保障了社会公众对国有资产交易的知情权和参与权，很大程度上避免了场外交易经常引发的债权人和职工上访问题，维护了社会和谐稳定。产权市场的建立，实现了卖方公开规范的卖，买方公平合法的买，监管方公正高效的审批，解除了国企改革中极易引发争议和混乱的产权困扰，有效遏制住了国有产权流转中存在的暗箱操作、定价过低、资产流失等突出问题，企业国有产权得以顺利流转，国企改革得以在产权层面上规范有序地展开和深化[①]。2007 年，透明国际组织腐败指数总负责人约翰·兰斯多夫在对我国一些产权市场进行考察后作出如下评价："我们深刻感受到你们在所献身的反腐败斗争中所取得的成绩。政府采购和国有资产转让，在全世界都是滋生腐败的土壤。但在这里，你们用复杂而成熟的技术、透明的程序和明确的指导把这项工作组织得很好。我们钦佩你们如此迅速地在反腐败斗争中进行了最好的实践。其他国家相信可以从你们的经验中学到很多。"[②]

（三）始终坚持长尾资本市场性质定位

中国的资本市场由头部的股票市场和长尾的产权市场复合组成。产权市场具有三大特质属性[③]：一是非标准化交易属性。进场交易的是非标准化的产品，交易过程采用的是非连续的交易方式，能够为各类市场主体提供除拆细连续交易以外的各种资本市场服务，可以完成多个领域、多个交易品种的交易。二是具备完整的资本市场功能。既能以引发激烈竞争的二级市场功能为产权流转服务，也能以低门槛高效率的一级市场功能为产权形成服务。三是市场化服务平台特性。不同于一般资本市场的"银货两讫"的"一对一"交易互动机制，产权市场始终把对促进交易双方"多对多"互动服务贯穿于交易全过程：多个买方竞争一个交易标的，多个中介竞争一个交易主体，多个市场竞争一个交易项目，全面体现资本市场公开公平公正竞争要求。在发展过程中，产权市场始终坚持以上三个特质属性，始终坚持为我国数以千万计的广大非上市企业提供多种个性化资本服务，在我国经济体系建设中发挥了独特而重要的作用，使中国的资本市场形成了真正的中国特色。

---

① 邓志雄：《中国产权市场的回顾与思考》，《产权导刊》2007 年第 7 期，第 24—28 页。

② 熊焰：《资本盛宴：中国产权市场解读》，北京大学出版社 2008 年版，第 127 页。

③ 常修泽：《混合所有制经济新论》，安徽人民出版社 2017 年版，第 345 页。

（四） 始终坚持规范化运营

产权市场"公开、公平、公正"的平台属性，客观上要求交易机构必须坚持规范化操作。第一，在党中央、国务院相关政策指引下，国务院国资委等中央部委、地方政府部门、产权交易行业，陆续出台了一整套较为完备的产权交易制度和规则体系，确保了产权市场的有序运行和规范操作。第二，产权市场始终严格落实各项监管要求，从业务审核、会员管理、档案管理、内部控制等多方面入手，将风险防控工作有效融入到日常经营和业务活动中，建立起完善的风险防控体系。第三，产权市场始终将业务创新控制在国家法律法规允许的框架内，杜绝参与国家明令禁止的交易活动，有效维护了市场的持续健康发展。第四，基于信息系统的日常监测和地方政府与相关部委的定期不定期检查，有力加强了市场运行的规范性。

（五） 始终坚持市场化创新

为发挥好资本市场功能，发挥好市场在资源配置中的决定性作用，产权市场始终按照市场化方式开展各项工作。一是坚持平台化市场机制设计，不搞中心化市场。坚持产权市场区域化设置，中央部门选用地方交易机构，地方交易机构之间既有竞争也有协同，始终保持较强的市场运行效率和发展活力。二是持续推进市场创新，不论是制度创新、交易方式创新，还是产品与服务创新，产权市场始终坚持与时俱进，通过创新有效提高项目成交率、竞价率和增值率，扩大了产权市场的服务范围。三是开展广泛的市场合作。产权市场积极与各类企业对接，及时了解企业需求，解决企业进场交易中存在的问题；积极吸收产权交易链条上的产权经纪公司、审计评估机构、律师事务所、会计师事务所、拍卖公司、财务顾问公司、投资银行机构等各类专业服务主体成为交易会员，有效提升交易活跃度、完善产权市场服务功能。

（六）始终坚持强化互联网技术支撑

产权市场始终把信息化建设作为平台规范、高效发展的重要支撑。一是适应大数据、云计算、移动互联和人工智能技术的快速发展，大部分产权交易机构已打造出包括交易竞价系统、金融服务系统、投资人数据库和移动 APP 应用等在内的信息技术系统，实现了便捷的移动信息服务、移动交易服务和移动支付服务，实现了项目和投资人的快速聚拢和有效分类。二是充分利用信息技术手段，首创网络竞价和动态报价等交易模式，打造了全时空、全流程的竞价方式，大大提升了国有产权的处置效率。三是国务院国资委始终坚持加强国有产权交易信息监测系统的适时动态监测，中国产权协会也积极利用互联网系统加强市场的信用评价。

四、新时代产权市场发展面临的机遇和挑战

当前，中国经济面临着极其复杂的国内外形势，产权市场发展的内外部环境也发生着深刻变化，加快建设和完善产权市场体系，推动产权市场在新时代中国经济的转型升级中发挥更大作用，既面临难得的历史机遇，也存在一些问题。

（一）新时代产权市场的发展机遇

党的十九大报告提出，"经济体制改革必须以完善产权制度和要素市场化配置为重点，实现产权有效激励、要素自由流动、价格反应灵活、竞争公平有序、企业优胜劣汰"。产权市场作为现代化经济体系的重要构成，是市场化配置各类要素资源的主战场，必将迎来高速发展的新时代。

近年来，国家货币政策转向松紧适度，财政政策更加积极有效，市

场流动性紧张的局面得到缓解，减税降费力度超过以往；国资国企改革"从点到面"加快推进，混合所有制改革迈入深水区；国家深化科技体制改革、推进科技创新和科技成果转化的力度不断加大；中央首次提出"金融供给侧结构性改革"，发展绿色金融和金融改革开放的步伐越来越快，金融服务实体经济的能力将进一步提升；"一带一路"、雄安新区建设、京津冀协同发展、长江经济带发展、东北振兴、粤港澳大湾区发展等区域发展规划，显示出要素市场是国家区域发展战略中不可或缺的金融基础设施。以上这些国家改革发展举措的背后蕴含着广阔、海量的要素资源流动需求，迫切需要产权市场更加积极有为地参与和推进改革，为中国现代化建设提供更加强大的推动力量。

2019年3月5日，李克强总理向十三届全国人大二次会议作政府工作报告。报告指出，"我国发展仍处于重要战略机遇期，拥有足够的韧性、巨大的潜力和不断进发的创新活力"，"经济长期向好的趋势没有也不会改变"。在国资国企改革领域，政府工作报告强调，要"推进国有资本投资、运营公司改革试点"；要"积极稳妥推进混合所有制改革"；要"依法处置僵尸企业"；要"深化电力、油气、铁路等领域改革"；要推动"国有企业要通过改革创新、强身健体"；等等。可以预见，今后一段时期，各类国有企业的产权流转、融资活动将越来越活跃，产权资本市场为这些流转和融资活动提供服务的机会也将越来越多。同时，报告对财税金融体制改革、民营经济发展环境的优化、科技研发和产业化应用机制改革、绿色发展和生态建设、全方位对外开放等均作出明确部署，为产权市场提供了一系列业务切入点，而这些都需要产权市场发挥更加重要的作用。

（二）产权市场发展面临的问题和挑战

1. 交易立法待加快

中国产权市场经过30年的发展，已成为国家市场体系不可或缺的重要组成部分。虽然国家一系列相关法律和规章为产权市场的发展明确了方向，但《企业国有资产法》是关于企业国有资产管理的综合性法律，32号令仅是部门规章，因此中国产权市场至今缺乏一部专门的上位法作为基础支撑。立法的滞后、法律体系的不健全，一方面对产权市场的各项服务、业务操作带来一定的风险，另一方面则不利于非标准化资本市场的建设发展和功能的充分发挥。

2. 市场功能待提升

目前，我国产权市场的功能还未得到充分发挥，距离支撑国家和区域经济社会发展的要求还有一定差距。一是各地产权交易机构的发展程度参差不齐，一些机构运行机制老化突出，在治理结构、激励和约束机制、人才建设等方面尚有很大提升空间，市场化改革力度还有待加强；二是交易生态链上的商业银行、信托、保险、基金、资产管理等金融机构，以及投资银行、律师事务所、审计机构、会计师事务所等中介服务机构的数量和质量有所不足，这种市场体系的不健全影响到市场功能的充分发挥和可持续发展。

3. 交易信息系统待统一

信息系统对提升交易效率、促进交易规范、维护交易安全起着重要作用。当前，中国产权市场从单个机构或部分区域性市场来讲，建成了满足交易需求的信息系统，但从全国范围看，仍缺乏统一的足以支撑信息披露、竞价、结算特别是融资等全流程的信息系统。这一方面造成项目资源、投资者群体资源的分散，不能最大限度形成规模效应，影响到投资人和价格的充分发现；另一方面，信息化建设的分散，使得市场不能在移动互联、人工智能、大数据、区块链技术等信息化建设趋势的大背景下形成建设合力，影响到整个市场信息系统的迭代开发和应用，最终影响到市场的整体发展。

4. 发展动力待增强

长期以来，对于大部分产权交易机构来说，服务对象主要是国有企业，交易品种主要是国有产权和国有资产，为企业增资扩股等融资类服务的业务总量较少，为企业提供并购融资服务的能力较弱，由此造成部分交易机构运营收入来源单一、市场发展后劲不足等问题。产权市场如何加强业务创新、如何为非公有企业提供更多服务、如何为国际市场资本形成和流转服务，都是目前需要重点探索研究的方向。

五、新时代产权市场的发展路径

（一）坚持规范化，确保产权市场行稳致远

产权市场要认真贯彻落实中央经济、金融工作会议要求，加强对创新业务及重大项目的风控研究和审核备案工作，加强对已有业务的风险巡回管理工作，坚决守住不发生重大风险的底线；要增强依法决策、依法经营、依法管理意识，将法治文化融入企业经营管理过程中，不断提升依法治企能力水平；要坚持制度先行的原则，按照监管部门要求，及时起草、修订和完善各项业务规则和管理规章；要通过加快诚信建设、加强内部控制评价等措施，切实提升内部控制建设和规范化管理水平。

（二）坚持市场化，提升产权市场的资本市场功能

产权市场要按照成熟资本市场的标准，以服务实体经济和实体企业为根本出发点，不断强化和提升交易机构的公司治理能力、创新研发能力以及员工的专业技能；要在集聚上下游资源方面下功夫，要与银行、证券、保险、基金、资产管理、融资租赁、小额贷款等金融机构以及律师事务所、会计师事务所、审计机构、征信机构、信用评级机构等建立紧密合作关系，与国内外证券市场等各类交易场所开展深入合作，不断促成多边主体的合作互动与跨界集成，最终实现交易的活跃、价值的发现和效率的提升；要按照国务院要求，继续推进产权市场的市场化

改革，继续推进行业"四统一"工作，实现信息披露、交易制度、交易系统、过程监测在全国范围内的真正统一。

（三）坚持信息化，搞好"互联网＋产权市场"

产权市场应着力构建全国产权市场统一的信息门户网站和"互联网＋产权市场"网络生态体系。一是各产权交易机构要高度重视大数据、云计算、移动互联、人工智能、区块链等技术的开发和运用，高起点、高标准提升行业信息化水平，强化信息安全保障。二是按照信息时代资本市场的统一性要求，产权市场应建立统一的中国产权市场网络，以信息化培育新动能，用新动能推动新发展，各产权交易机构应通过贡献智慧、资本、资源等多种方式共同参与，避免重复建设。三是要充分利用互联网技术对产权市场原有业务和功能予以发展和创新，改善用户参与交易和投资的互联网体验，实现产权市场运营管理的精细化、网络化、数据化和智能化。

（四）探索多元化，加快对内对外开放

新时代赋予产权市场新任务和新使命，产权市场应坚持"一体两翼"的服务战略，即以服务国资国企改革为主体，以服务于民企和国外企业为两翼，不断开创发展的新动力新引擎，助力中国经济转型升级和社会和谐发展，为经济全球化和人类命运共同体的构建贡献智慧和力量。一是应坚守为国资国企改革服务的根基，紧紧围绕党的十九大报告提出的"加快国有经济布局优化、结构调整、战略性重组，促进国有资产保值增值，有效防止国有资产流失"，"深化国有企业改革，发展混合所有制经济，培育具有全球竞争力的世界一流企业"等内容，在推进国企混合所有制改革和股权多元化、降低负债率、推进重组整合、加强市值管理、促进境外国有资产保值增值等重点工作中发挥更大作用、做出更大贡献。二是应坚守为产权制度改革和要素市场化配置服

务的宗旨，推动国有资本、集体资本、民营资本、外商资本以及企业内部职工的股本交叉持股、相互融合，建立起各类资本有序流转、进退顺畅的体制机制；应按照各类要素资源所处行业特点，切实做好环境权益、技术产权、文化产权等已有的要素交易业务，不断提升服务水平和市场效率，同时紧跟政策需求，创新交易品种、交易模式和服务产品，不断促进各类要素资源的优化配置，协助政府部门实现对国民经济的调节与控制。三是以国际标准、国际视野推进产权市场国际化发展，应认真学习借鉴国内外资本市场和相关机构的先进经验和做法，应探索与国外交易平台和相关机构合作与交流，条件成熟的可选取部分国际金融中心城市探索设立分支机构，或与国际知名投资银行、律师事务所、咨询公司等中介服务机构合作建设海外办事机构，逐步搭建全球业务网络，拓展市场渠道和发展空间，推动国内和国外在资金、项目和中介服务等方面的高效对接和充分融合。

六、政策建议

（一）建立统一的产权市场法律法规制度

资本市场，法治当先。为推进产权市场高质量发展，应加快产权市场立法工作，应通过法律明确产权市场的资本市场功能定位，明确产权市场的概念、限定条件、运行规范、功能定位及主管部门，明确相关各方的法律责任。同时，应加快研究出台所有要素资源非标准化配置业务的政策法规，促进产权市场规范有序发展。

（二）完善并创新产权交易市场体系

为了完善并创新产权交易市场体系，应按照党的十八届三中全会提出的"建设统一开放、竞争有序的市场体系"的要求，从顶层制度设计入手，坚决摒弃"各自为政，各成一体"的非市场理念，打破行政壁垒和制度藩篱，充分运用产权市场的适应性和可复制性，组织更多的资本、要素资源进入产权市场交易，不再建设同质性的交易场所。

二〇一八年十一月二十日

参考文献

［1］邓志雄．中国产权市场的回顾与思考［J］．产权导刊，2007（7）：24 － 28.

［2］邓志雄．谈如何推进产权交易市场"四统一"建设［M］//曹和平．中国产权市场发展报告（2014）．北京：社会科学文献出版社，2015：24 － 31.

［3］邓志雄，胡彩娟．把产权市场打造成为推进资本混合的主要平台［J］．产权导刊，2018（3）：18 － 22.

［4］邓志雄．发展混合所有制经济的八条理由［J］．产权导刊，2019（2）：26 － 27.

［5］任兴洲．建立市场体系：30 年市场化改革进程［M］．北京：中国发展出版社，2008.

［6］任兴洲，王微，王青，等．建设全国统一市场：路径与政策［M］．北京：中国发展出版社，2015.

［7］常修泽．广义产权论：中国广领域多权能产权制度研究［M］．北京：中国经济出版社，2009.

［8］常修泽．混合所有制经济新论［M］．合肥：安徽人民出版社，2017.

［9］曹和平．中国产权市场发展报告（2008—2009）［M］．北京：

社会科学文献出版社，2009.

［10］夏忠仁．协会在中国产权交易行业规范化建设中的实践及未来发展方向［M］//曹和平．中国产权市场发展报告（2014）．北京：社会科学文献出版社，2015：45－52.

［11］本书编委会．产权市场　中国创造［M］．上海：同济大学出版社，2014.

［12］熊焰．资本盛宴：中国产权市场解读［M］．北京：北京大学出版社，2008.

［13］吴汝川．混合所有制经济的实现路径以及产权市场的作用［M］//曹和平．中国产权市场发展报告（2014）．北京：社会科学文献出版社，2015：69－74.

［14］何亚斌．中国国有产权转让的市场化经验及其国际意义［J］．产权导刊，2018（3）：23－30.

［15］国务院国资委产权管理局．国资新局［M］．北京：中信出版社，2013.

［16］中国企业国有产权交易机构协会．中国产权市场年鉴：2013—2015［M］．北京：经济管理出版社，2016.

［17］中国产权协会．中国产权交易资本市场研究报告［M］．北京：中国经济出版社，2018.

附录 2

联合发展是产权交易
机构的未来——访内蒙古产权交易
中心董事长马志春[①]

在内蒙古产权交易中心的电子显示屏上，我们可以看到入驻 e 交易的注册会员已经达到了 71 717 家。自 2017 年上线以来，短短的两年多时间里，e 交易以每天增加 200 多家注册会员的速度成为跨区域互联网云平台。此前，我们在网上阅读到了一些关于 e 交易和产全云的相关新闻，多是一些机构合作的会议新闻或者是取得成绩的数字，无论如何去看都有一种管中窥豹的感觉。究竟是什么原因让 8 家交易机构想到要建立 e 交易？又是什么原因推动了平台发展，吸引来大量的会员？e 交易未来的前景又如何？准备了一系列的问题，我们采访了内蒙古产权交易中心董事长，同时也是产全云科技投资有限公司的总经理和江苏易交易科技信息有限公司董事马志春，但他上来就笑谈眼下如火如荼的 e 交易最初建立只是一次偶然。

记者：创办 e 交易平台的初衷是什么？

马志春：早在 2013 年，中国国有产权交易机构协会就在北京昌平召开了常务理事会。会议的核心之一就是落实建设产权市场"统一交易规则、统一信息披露、统一交易系统、统一过程监测"的监管要求，应对来自外部的竞争，打造全国统一的产权市场。我记得当时的主题讲

---

① 原载于《产权导刊》，2020 年第 2 期，第 36—41 页。

到，行业要在转让方、受让方、交易所之外设立行业共建的第四方统一信息平台。当时的想法是以行业已有的平台为依托，进一步整合、拓展，变成一个全国统一的大平台，我们一直认为这是一个非常好的想法。

那时候还没有全流程互联网操作系统的概念，但到了2014年，由于业务量的增长，我们深刻地体会到当时的操作系统已经不适合再进一步拓展业务、提升质量、保证效率了，特别是一些车辆等小标的业务，通过系统操作很麻烦，工作人员操作效率低，还容易出错，于是，全流程互联网操作系统在我的头脑中逐渐成形。偶然的一次机会，我了解到常州产权交易所有一套全流程互联网交易系统，后来我去调研。在与王昕董事长一起探讨系统合作与产权交易机构未来发展问题的时候，大家都有一个共识就是需要建立一个机构共用的系统，才能真正实现国务院国资委提出的"四统一"原则。而我们和常州作为业内的中小交易机构，虽也肩扛行业进步的匹夫之责，但也不得不考虑节省资金成本。所以这个共用的系统万一搞成了行业共用的平台自然是大好事儿，当然用的机构越多，每家摊的成本也就越薄。所以说到初衷，我们还是主观为了本机构，客观上可能会为行业内的一些兄弟机构解决一些问题。但现在想想，其实这也是行业内大多数交易机构的共同需求。

我们常常思考，一支涓涓细流最终成为大江大河，是偶然中的必然还是必然中有偶然？但马志春给我们的答案是，互联网的奔流之势已经形成，最重要的是目标要指向广阔的蓝海，顺势而为必有所成。e交易在渐渐成形的每一步中，都凝聚着他们的思想。只有正确的指引，才有了今天的成果，也成为e交易不断扩大影响的必要因素。

记者：e交易的成功上线并非一朝一夕，也不仅仅是一次思想碰撞出来火花就形成的产物。作为一个满足多方需要的系统，您认为在平台的搭建中有哪些因素是必不可少的？

马志春：其实在e交易的开发中存在着很多因素，并不仅仅是交易流程的信息化，从效率提升、用户管理、风险防范、客户体验等方面也需要有很多精细化考虑，归纳起来有两个方面最重要。

第一个要满足交易机构对系统的工具化使用。交易系统首先是工具，而工具规范不规范、操作效率高不高、客户体验好不好，都要综合考虑，这就需要始终把握住标准化这个核心，那就是经国家标准化委员会认定的全国第一个产权交易的行业标准，e 交易就是根据这个标准设计的。如果没有数据标准化，业务表达会因地制宜，客户体验会五花八门，工作效率会因人而异，不同的项目变通的余地太大，导致员工难以抓住业务核心和高效率的方法，不利于自主能力提升，不适合团队知识体系传承。

标准化涉及的还不仅仅是某个机构的业务问题，目前来看，对于整个产权市场而言，没有标准化就像没有正规化一样，会让人质疑产权市场的品质。目前产权交易机构分散建设，信息格式各不相同，客户体验较为麻烦，很难让客户联想到统一的资本市场。但是，如果交易机构共同使用一套系统，客户体验就会有很大提升。同类业务公告是一个模板，格式都一样，操作流程也接近，具备通用性还兼顾差异性，客户一看就认得这套东西，产权交易市场自然就是个统一市场啊！所以 e 交易跟原来传统的交易系统相比本身就是一个升级，主要是为资源共享打开了方便之门。标准化源于工业化和信息化，产权市场虽是非标要素交易市场，但服务管理和数据联通应当标准化，否则没办法实现统一市场这个发展目标。

e 交易又不仅仅是工具，还是资源共享平台。过去各交易机构由于所处环境不同、创新做法不一，所以相互学习借鉴起来比较麻烦，复制成本也比较高。而依托统一系统就不一样了。就同一类业务而言，交易系统已经将流程进行了信息化处理，只要兄弟机构有类似资源，在拷贝兄弟机构的制度和文本后便可直接上手操作，这就对各地交易机构能力的同步提升创造了条件。同时系统还可将共用系统的所有机构资源进行整合，为各机构之间联合开拓市场和操作业务提供了可能。各地机构可以依托这个平台共享兄弟机构的各类软、硬件资源，由过去封闭运行到联合行动，最终会基于广阔的市场增量业务，形成机构合作的良性机制，改变过去存量市场的业务竞争格局。这样，在理论上每一家交易机构都能成为全国性交易所。

聚集了这么多交易机构的云平台通过标准化，会大量汇聚数据资源，逐步开拓出产权市场的大数据商业应用。我们都知道，现在很多机构都有投资人数据库，但实际上，如果这些投资人不参与交易或没有大量有价值的信息互动，就无法判断这个数据库的价值，甚至我们连数据库信息发生了变化都不知道。作为一个规模较小的交易所，我们体会很深。根据 2018 年的统计，e 交易平台的投资人数据库不但数量大，而且表现得非常活跃，黏性投资人的转化率达到了 39%，2019 年将有更多的投资人重复参与新项目，这将会给产权市场带来源源不断的发展动力。我们能从每一个项目分析出感兴趣的投资人或供应商在哪里，知道项目到底有多少人关注、在什么时段关注，这样就不难分析出项目成交或不成交的原因。我们基于大数据，还可以做精准营销，提升项目推介效果；做客户画像，强化市场服务黏性。只要这个平台聚集的机构足够多，交易量够大，那么未来的大数据一定能支撑起交易机构的持续运营。

第二个考虑的是云平台的市场化生存。搭建互联网云平台一个最大的问题是如何生存，如果没有很好的盈利模式，会导致平台运营失败，所以我们首先就从组织机构上建立起合理的管理与运营体系。我们集合国内八家交易机构的力量出资设立产全云公司，并赋予它整合交易机构资源、梳理平台共性需求、决策平台重大事项、协调和管理平台内外部关系等职能，而 e 交易就成了负责具体执行的运营平台。我们把产全云注册在内蒙古，设计了董事长轮值制度，把 e 交易放在江苏常州，充分利用了当地良好的营商环境，这么做不仅因为主要发起机构在这里，最重要的是要形成去中心化的组织架构，既便于协调各地机构合作，也好共同分担平台工作任务，还能充分发挥各地的相对优势，拓宽平台的全国性视野。

其次是平台盈利模式拓展。起初，我们从最基本的收取平台使用费来解决运营成本问题，但是我们发现对于习惯了系统免费的交易机构很难接受较高的平台使用费，这种模式无法支撑这个具有多种功能模块的平台的开发成本，据统计各上线机构最多的一年提出了 700 多条开发需求。e 交易团队承受了巨大的压力，争取了方方面面的支持，挖掘了每个同志的最大潜能，始终不放弃统一云平台的梦想，硬是用市场化的方式把系统升级到了 3.0 版本，这其中的酸甜苦辣只有团队心里最清楚。其实我们业内的老同志都清楚互联网对于交易机构的作用，以内蒙古为例，我们是行业信息化最积极的支持者之一。当年的金马甲对我们的帮助就非常大，现在用 e 交易，我们的年挂牌项目数已超过 7 000 宗，交易项目平均竞价率每年都能达到 90% 以上。特别说一下我们中心的采购业务在平台的支持下，年交易额已接近 100 亿元，在内蒙古所和 e 交易的引导下，平台上已有超过 5 个省的交易机构开展了这项业务，大家的业务收入增长也很快，这都得益于云平台的强大支撑。

其实最令人兴奋的还不是这些，现在加盟平台的市场化经营主体和政府部门的数量已经超过了交易机构，e 交易能够很好地满足这些客户的自助和委托交易需求，这是我们起初没有想到的。随着云平台底层数据的规模不断扩大，参与主体的多样性越来越广，按照互联网思维，我们的创新盈利模式也在逐渐成形。这些盈利模式也是我们在共用平台的过程中慢慢琢磨出来的，当然需要时间来验证，但只要我们坚持走市场化的道路，我们就已经有好几条路可以选了。所以我们会与交易机构一同成长，并在这个提下，尽可能地帮助机构降低交易成本，增加额外收益。当然目的还是想让更多的机构和客户加入我们，因为这样才会给平台带来无限的可能性。我经常这样想，一个人或一个机构的梦想那可能就是个梦想，但一群人和一群机构都为这个梦想去拼搏，那它就当真能变成现实！

谈到这里，我们明白了马志春所说的意思——没有人在乎蝴蝶效应中，是哪只彩蝶挥动的翅膀，旁观者也都只想知道风波的力量能有多大。但发展总是环环相扣，任何一个环节的失败都会使风波消失。任何事情的发展都有一些不可或缺的因素，只有做好每一点，才能在最后体现出磅礴的气势。而马志春也认为，他们所提出的"五共"的原则是这些要素中最能体现长远发展思路的一环。也就是说只有联合才是产权行业健康发展的必由之路。

记者：满足了工具化的需要，建立了合理有效的盈利模式，e交易取得成功也是情理之中的事了，但您认为最重要的成效有哪些？

马志春：对于一家机构而言，其实交易系统的功能好不好用不是最重要的，关键要看能不能共享资源，这也是受党的十八届全会关于五大新发展理念的影响。因此我们一开始就提出来要作云平台，不只做软件系统。依靠大家的智慧，包括协会领导的提示，我们提出了云平台"共建、共用、共享、共治、共赢"的发展理念：其中共建就是大家按照众筹的模式投资云平台，每家机构都出一点点钱；共用就是引导更多的机构和客户参与，主要是交易机构这个桥梁和杠杆；共享就是上线机构以自己的资源投入来换取整个平台的资源共享，当然还有e交易公司的混合所有制共享；共治体现为公司的治理要发挥每个股东的积极性，我们在产全云公司章程里明确了话语权相对均衡的协商机制；共赢就是大家通过合作一起把蛋糕做大，共同分享发展成果。正因为有这样的理念才有今天的样子，而且我们还在e交易平台发展过程中不断地强化这些理念，最终让我们大家都拥有了在互联网思维下联合发展的共同目标。

另外一点，为了适应客户的交易习惯，云平台不断向电商化迭代。互联网技术的进步已经具备了产权市场信息更加对称的条件，我们不

能再按照传统的公告模式与客户沟通了，而是要让客户尽可能身临其
境去了解项目、甚至频繁与平台互动，只有我们去适应市场需求，我们
的工作才能体现出成效。举个例子：前年有一个项目在我们中心网站上
挂了两天才 200 多次点击率，同样在 e 交易上却是 7 500 多次的关注，
这个差距正是平台电商化的成效，而目前的 e 交易数据流量已经在行业
内遥遥领先，成为实打实的行业第一。e 交易的合格投资人按照属地原
则分布在全国所有的省市自治区，包括香港、台湾、澳门都有。我们过
去用短信，现在用 APP 与客户、投资人和供应商相互沟通，这就一下
子实现了我们中小机构用多少年都未必能够实现的一个覆盖面，解决
了我们花上百万元、上千万元都未必能解决好的问题，这些数据资产的
含金量很高，都是我们大家共享的资源。所以我们相信，这些成果一定
是降低了交易机构的运营成本和买卖双方的交易成本，而且很容易复
制扩大，这是我们平台上线以后最重要的收获。我经常在想，互联网时
代是一个线下主体应当结伴而行的时代，通过共同的平台，相互都是对
方的资源，这是多么好的一个时代啊！

　　马志春所谈及的联合并非空穴来风，内蒙古近几年由量变到质变
的发展速度也得益于各中小机构抱团取暖式的合作。云平台的建设加
之交易品种的丰富，使得内蒙古产权交易中心的收入和客户资源都得
到了大幅度的提升，而这两者又相互促进形成了良性循环，进而提高了
中心的品牌知名度。

　　但看似相互独立的行业机构实则存在着一荣俱荣、一损俱损的关
系。而市场化的条件下，机构之间的竞争不可避免，而过度的竞争实际
上是行业的内耗。如今的产权行业，在准入门槛放低的情况下，不仅仅
存在原来的产权交易机构，外面的平台、企业也对这个行业的资源虎视
眈眈。

　　记者：您前段时间写了一篇文章，谈及产权市场的改革亟待突破。
文中您认为产权行业目前存在一些严重的竞争局面，您认为各机构应

该如何化解和面对这一竞争局面？

马志春：产权市场本身就是一个制度建设，而当初的定位就是要通过交易机构相互竞争实现市场效率提升的目标，但市场发展到现在，非交易机构的介入事实上已经打破了由交易机构集体垄断的市场格局，这也说明我们的市场越来越大了，这本来是好事儿啊！可同时交易机构容易挣钱的日子也快过去了，我们未来一定会面临完全市场化的竞争环境，交易机构要完全依靠自身的能力生存。在互联网社会，这个能力首先就是信息化的能力，但我觉得每家交易机构自己搞信息化既没必要，效果也不会太好，归根到底还是要依托大平台，所以全国大部分分散存在的交易机构携手应对跨界竞争可能是唯一的选择。那么就平台而言，如果我们再不联合成一个平台，就一定会被更大的平台取代。

现在我们有部分政策支持，加上这么多年的经验积累，还有我们的系统从技术上和专业性上暂时还具备一些优势，但是能不能维持的住是个问题。其实行业外的很多大平台无论从资金实力还是技术能力上都比我们强，只要假以时日这些平台很有可能会做得比我们好。如果用户和市场对其提升了认同度，特别像金融资产、涉诉资产、央企资产等相对市场化的业务会不断选择离开产权交易机构，到那时，我们再抱团也晚了。

所以我们的优势其实恰恰是我们原来的劣势，就是分散在各地的产权交易机构，还有就是经过这么多年业务磨炼的成熟团队，以及多年积累的客户资源，特别是我们多年形成的行业品格——公信力，这个优势最为难得。只要有这些优势垫底，我们共同来打造统一市场的云平台，提升客户对于统一市场的认同感和满意度，我们的成功概率还是相当大的。所以，无论用什么方式，整个行业资源的整合势在必行。

内蒙古有一个"熔铁出山"的传说，象征着蒙古先民们勇于开拓的精神。马志春也笑谈，内蒙古太大了，资源也太分散，画地为牢是不行的，不断与外界交流学习是唯一出路。遥想南北朝时期从蒙古高原发

源的鲜卑族建立了北魏政权，在公元 494 年，北魏王朝正是从呼和浩特
的盛乐起步，经平城迁都到洛阳，为的就是加强与中原地区的交流学
习。谈及此处，马志春认为，交流是一种非常好的学习方式，就是集合
大家的思维一起创新。

马志春：创新无非是品种创新、技术创新、制度创新、组织创新
等，但是我觉得大家基于自身的基础，可以做很多种的创新，但是不一
定能做出好的效果。而联合起来的创新就有一种被市场放大的效应，既
能检验创新的生命力，也能为行业作贡献，关键是创新成本会更低。联
合创新的思维不能局限在自己机构的这一点点变化上，更多的是要借
助外力来实现提升自身能力的效果。

实践证明，产全云、e 交易和线下各产权交易机构所构建的生态系
统不仅是内蒙古产权市场创新的基础，更是全国同行应对环境变化做
出的共同创新，内蒙古产权交易中心只是为兄弟机构作了第一个吃螃
蟹的人，同时也是最大的受益方。我们作为一个经济欠发达、资源高度
分散、业务辐射面有限、人才资源不足的产权交易机构，只有利用互联
网平台才能够跳出相对封闭的发展环境，融入全国统一市场体系，将我
们所拥有的资源放大，从我们的区域优势中找到让我们成为全国性、差
异化、非标要素资本市场的独特资源，为构建全国非标产权大市场贡献
我们的力量。

在马志春的眼中，眼前的这些成绩远未达到他的设想。结合着中心
将要制定的"十四五发展规划"，e 交易在内蒙古产权交易中心的未来
发展中将具有举足轻重的意义。内蒙古产权交易中心为全国产权市场
转型升级进行的有益探索，走联合发展道路的 e 交易联盟实现了小机构
撬动大资源，边疆所联通全国市场的发展新路径值得祝贺。但更重要的
是，e 交易联盟背后的理念是否能普及和影响到产权交易市场未来的发
展方向呢？

后　记

　　本书的出版源自 2018 年的一次机缘，那天是 12 月 22 日，正是 40 年前党的十一届三中全会闭幕的日子，当时我正在广州参加由广东省交易集团主办的"中国市场体系改革与发展暨大湾区要素和产权市场创新探索"学术研讨会。会议期间，我国产权行业的元老之一、中国企业国有产权交易机构协会党委原副书记、副秘书长何亚斌先生找到我，谈到他正在策划由中国产权市场部分老一代开拓者共同整理出版一套源于实践提炼的学术丛书，希望我能够参加。何亚斌先生是湖北省产权市场的创始人，在他的带领之下，湖北产权市场成了全国的典范。他退休之后还一直在以自己的影响力为行业发展贡献力量，我们都亲切地称他为"何老师"。说实话，能跟随行业元老们一同结集出书，我虽觉荣幸，但也惴惴不安。可是何老师当时的一句话让我很感动："你在内蒙古干了这么多年，我知道你有自己的东西。"

　　我是 2004 年正式开始领导内蒙古产权交易中心这个国有企业的，当时的内外部发展环境并不理想，机构很小，经营上的困难也不少。2008 年，为了推广和宣传内蒙古产权市场，创造更多的业务机会，我们创办了一个企业内部刊物《碰撞》，按月免费寄给客户。我当时就给自己定下一个目标，每月写一篇文章在内刊上发表，并把这个习惯坚持到退休。我这样做有两个目的：一个是我要以文求解，强制自己不断思考和总结日常工作中的收获和得失，好让自己不断提升认知、改进管理；另一个是我想以身作则，带动员工刻意训练文字表达，力争提升团队素质、提高工作质量。这一晃儿就是十几年过去了，我也坚持写下了 100 多篇各种文章约 40 多万字，其中不乏有些为时间所迫的应付之作，也有一些思考较为深入，并在行业的期刊和当地报纸上发表过的文章，此次结集出书的全部内容都是从这些文章当中选出来的。

现在回头来看，从这些文章中可以厘清我这些年的思想脉络和这家交易机构的变化轨迹，我还是要郑重感谢这个时代和产权市场这个平台。2003 年 3 月，国务院国资委成立，中国产权市场进入规范发展的轨道，随之迎来全国产权交易机构快速发展的黄金时期，各省兄弟机构可谓八仙过海、各显神通，全国迅速成长起来不少优秀的产权交易所，有的甚至发展成为大集团，而我也恰恰参与和见证了内蒙古产权交易中心的快速成长。我文章中的很多内容都来源于我在实际工作中的真实体会，这些理解很有可能并不准确，但我力求客观；其中很多观点也并非原创，但我争取能够说明问题。所以，通过本书未必能让读者收获有价值的认知，却可以借助我的视角来观察中国产权市场这十几年的变化，来发现内蒙古产权市场的与众不同，这也算是一段独特的历史记忆和看问题的角度吧！

在本书的编辑过程中，我非常荣幸地得到了国务院国资委产权局原局长邓志雄同志的关心和帮助，他就像当年倾注大量心血在产权市场一样，拿出宝贵时间亲自为此书作序，我真是无以为谢。我还得到了《中国产权市场蓝皮书》原编辑丁志可老师的大力帮助，他出于对产权事业的热爱，无偿为我编辑修改文稿，为之付出了巨大的心血。何亚斌老师更是在本书出版方面帮了我的大忙，也给了我很多真知灼见。我的同事杨文亮则为收集、整理、传递和编辑文稿尽心尽力，我在这里一并表示衷心的感谢。此外，还要特别感谢中国金融出版社以及责任编辑王雪珂同志的辛勤付出。

面对这个发展太快又纷繁复杂的时代，每个想改变现状的人都难免会有些焦虑，我的儿子已是青葱少年，作为父亲我也想通过这本书告诉孩子一个思维方法，就是人要有梦想就得认准一个正确的目标，不怕苦、不怕累地坚持下去，这本书也算送给他的一个礼物吧！

马志春
二零二零年五月四日于家中